Art of Freedom

自由的技藝

登山的受苦、涉險與自我塑造

The Life and Climbs of Voytek Kurtyka

Bernadette McDonald

柏娜黛・麥當勞 著　　葉品岑 譯

在山間，一晤清洗靈魂的大神

——終於到來的歐特克·克提卡繁體中文傳記

撰文 詹偉雄

登山家是創造的，不只是運動中的參與者而已。這創造性體現在攀登的風格、對未知領域的探索上，我深信「神秘」對登山而言是本質性的。當一個人置身於創造性的登山時，哪些事物向這個人開顯了，就會創造出山岳經驗的全新紐帶。

——歐特克·克提卡，〈受苦的藝術〉，《山岳》（*Mountain*）雜誌，一九八八年第一二一期

澳洲登山家葛雷格·柴爾德（Greg Child）在他一九九三年出版的山岳散文集《百感交集》（*Mixed Emotions*）中，描繪了第一次見到這本傳記的主人翁——波蘭登山家歐特克·克提卡的現場狀況，時間是一九八七年，地點是世界第二高峰K2（巴基斯坦和中國的邊界）那位於冰河舌末端的基地營。

那一年，柴爾德剛滿三十歲，而克提卡則在基地營度過了他的四十歲生日。克提卡與他的夥伴、小他一歲的瑞士登山家尚·托萊（Jean Troillet）正準備嘗試一條由K2西壁登上峰頂的新路線。

當時，克提卡與托萊已是名滿天下的大神級人物，克提卡在一九八三年完成了加舒爾布魯

木I號（八〇八〇公尺）與II號（八〇三四公尺）兩座八千公尺大山的新路線，又在隔年完成神奇的布羅德峰（八〇四七公尺）三連峰（北峰、中央峰、主峰）高海拔稜線十公里縱走，一九八五年，他與奧地利登山家羅伯特．蕭爾（Robert Schauer）攀登世界第十七高峰加舒爾布魯木Ⅳ號峰（七九三二公尺，簡稱GⅣ）的西面大岩壁，雖然功敗垂成，但攀登中展現的高度創造性、撤退時的果斷和堅毅，廣受讚譽。

而托萊，則是在前一年與他的同胞夥伴艾哈德．羅瑞坦（Erhard Loretan）完成了史無前例的四十三小時往返聖母峰頂的速攀紀錄，他們由北壁下的雪原，先是順著日本隊當年衝頂的岩溝夜攀，往上接上美國隊路線鴻賓雪溝（Hornbein Couloir，以一九六三首位攀登此路線的登山隊員命名）底部，在日頭中休息取暖片刻，於日落後再度開始攀登，哆嗦跋涉一整個星夜後，次日下午一時登頂，接著半滑半衝地下山回到基地營，只花了五小時。托萊和羅瑞坦採取的「阿爾卑斯式攀登」——不請雪巴架繩與負重、不搭建高地營帳、極輕量的裝備、用最快速度直上直下、高海拔露宿，與克提卡信仰的登山美學不謀而合，他們都認爲人的身體在最原始狀態、不經由幫手中介與山直接對應，最能萃取到神聖與神秘的自然體驗，因而，在一九八五年與同胞夥伴亞捷．庫庫奇卡（Jerzy Kukuczka，第二位完成十四座八千巨峰的攀登者）拆夥後，克提卡便邀請瑞士二人組一齊進行高海拔探險，而無人走過的K2西壁，正是他們此行的目標。

對於柴爾德來說，他是帶著小小的自負，來到波蘭人與瑞士人的家庭式帳篷的。眼前，托萊正用小鋁鍋燒煮發泡奶油，克提卡則是賣力打發一坨巧克力慕斯，切下幾片麵包，打開裝著酒瓶的箱子，爲訪客倒上伏特加酒。這一年的柴爾德，名字才剛剛受到國際登山界的注目，前一年，他與兩位澳洲夥伴由西北稜登上了G IV，也就是稍早克提卡撤退的那座大山，以「Shining Wall」（閃耀之壁）著稱。這是義大利登山家沃特．波納提（Walter Bonatti）和卡羅．毛里（Carlo Mauri）於一九五八年自東北稜首登以來，第二次有人登上（海拔雖不及八千、難度卻比K2高上不只一倍的）這座大山。柴爾德攀登的西北稜，正是克提卡與蕭爾攀登整面兩千五百公尺的西壁、抵達北峰頂，卻連續遭遇三天大風雪，最終不得不下撤的路線，雖說沿著整條稜線攀緣而上，其冒險犯難程度遠不及直上整座「閃耀之壁」來得扣人心弦，但也算是新路線的首登，最起碼，來到大神們的家庭帳，有了可開啓話題的談資。

柴爾德驚奇地看著帳篷裡應有盡有的裝備，這時克提卡將一卷錄音卡帶拋進收錄音機，一道熟悉的旋律刺穿了冰河上的薄霧，是英國女歌手瑪莉安．菲絲佛一九七九年的專輯《破爛英文》（*Broken English*）。菲絲佛崛起於六〇年代，被滾石樂團的製作人發掘，一九六四年以一首單曲〈淚光之中〉（*As Tears Go By*）爆紅歌壇，繼而以滾石主唱米克．傑格女友身份活躍於鎂光燈下，但也因太早進入盛世，菲絲佛縱慾於海洛因、古柯鹼和性關係，導致演藝生涯急轉直下，不僅衆叛親離，還一度流落倫敦蘇荷區成爲遊民。《破爛英文》是新製作公司 Island Records 協助她東山再起的轉捩點之作，由於多年吸毒、抽菸和酗酒，菲絲佛出道時的民謠少女嗓音已經完全變質，不僅粗礪、暗啞還帶點神經質，但這種聲音剛好跟上龐克的新時代潮流，大受歡迎。《破爛英文》在澳洲的發行成績比英國更好，因而這首歌就成了柴爾德寒暄的起點，他問克提卡：菲絲佛在波蘭也很紅嗎？當年團結工聯的罷工正震撼全世界，這首歌的副歌歌詞或許十分應景：別說俄語，別說德語，且說破英語。

克提卡解釋：原本他並不知道這張專輯與其同名單曲，是他更早的一位英國登山夥伴艾利克斯·麥金泰爾（Alex McIntyre）在某次登山旅途中送給他的。麥金泰爾是英國登山界非常傳奇的一位年輕小伙子，在里茲大學跨領域研修地理、經濟與法律，曾與克提卡連袂攀登強卡邦峰南壁、道拉吉里東壁，是克提卡認定的登山靈魂伴侶，孰料在一九八二年安納普納南壁的一次攀登過程中，被從天而降的一塊落石砸中，當場喪命，時年只有二十八歲。克提卡一直帶著對麥金泰爾的懷念而爬山，他對柴爾德說：第一次聽《破爛英文》時，他很驚訝怎麼會有女人用如此沙啞、憂鬱的聲音，唱著這麼憤怒的歌詞（歌詞描寫當年德國赤軍旅創辦人之一，西德女記者 Ulrike Marie Meinhof 的一生，她死於獄中，咸認是被謀殺），麥金泰爾回答說：「她是瑪莉安·菲絲佛，她的生平有如波蘭歷史：所有人都來到她身邊，所有人都給她帶來巨大傷害。」

自此，在這篇題名為〈錘子與鐵砧之間〉（*Between the Hammer and the Anvil*）的散文中，柴爾德收起了他青年小小的自負，好好地記錄了克提卡口述的「前中年」浪跡冒險人生，他敏感地察覺到：克提卡之所以能創造那些路線稀奇古怪的高海拔登山紀錄，有其複雜跌宕的國族歷史因素，也有孤而不群的叛逆成長過程：克提卡的父親是波蘭文豪，但對兒子的要求卻是實事求是的理工導向，畢竟鐵幕下的營生太過艱辛，克提卡離開童年的大自然搬到工業化大城，是夢幻殞滅的開始，直到他接觸到高山與攀岩，並且在頻繁出入國境（遠征喜馬拉雅）後，變成了倒買倒賣的走私商人，陰錯陽差地活在「某個介於德布西與魔鬼之間的地方」。柴爾德也從大神口中得知，波蘭登山家能在號稱「黃金年代」的八〇年代寫下八千巨峰七次冬攀、二十四次新路線首登紀錄，仰靠的正是「錘子」和「鐵砧」間敲打出來的群體剛性與韌度，只是克提卡最終選擇了和祖國分道揚鑣，與其不斷地爭取國際冠冕與注目，他寧願和麥金泰爾兩個人孤伶伶地踏上征途，選擇荒僻的路線，摒棄基地營無效率的分工和爭吵，快速直上直下，享受縱浪行的無邊際快感。

在這本《自由的技藝》出版之前，〈錘子與鐵砧之間〉是唯一一篇近距離觀察「攀登傳奇」歐特克．克提卡的完整紀錄。

從一九八七到一九九〇，克提卡與托萊、羅瑞坦總共五次設法挑戰K2新路線，但都沒有成功，倒是柴爾德在一九九〇年循傳統路線爬上了K2，而羅瑞坦則在一九九五年登頂世界第三高峰干城章嘉，成為繼義大利人萊因霍爾德．梅斯納爾和波蘭的庫庫奇卡之後第三位完登十四座八千巨峰的登山者。一九八七年那次會面之後，克提卡在隔年與羅瑞坦攀登了巴托羅冰河（Baltoro Glacier）旁標高六二三九公尺的川口塔峰，這座地標般高聳的尖塔雖然海拔不高，但其一千五百公尺的垂直岩壁難度級數卻非常高。之後，在一九九〇年卓奧友峰（八一八八公尺）的西南壁與希夏邦馬中央峰（八〇〇八公尺）的南壁，都是新路線首登，這其間，除了偶爾投稿英語世界的山岳雜誌外，克提卡完全遠離世人的視線，隨著同時代登山家一個接一個亡故，始終倖存的他卻逐漸成了謎樣的人物。

撰寫《自由的技藝》的柏娜黛．麥當勞女士，出生在加拿大西部的草原世界，大學修習音樂教育，因緣際會地在上世紀八〇年代加入了洛磯山區的班夫（觀光勝地）山岳祭，一路作到主策展人，在祭典與其他山岳界的聚會中，她迷上非常冷冽、極度孤高的喜馬拉雅登山者故事。二〇〇六年她辭去工作，成爲職業作家，專事八千公尺高寒攀登者傳記的調查採訪，這一系列著作中，探究斯洛伐尼亞鬼才登山者托瑪茨．胡馬爾（Tomaž Humar）的同名傳記《托瑪茨．胡馬爾》是開端，接續是書寫波蘭「冰峰戰士」一整個世代命運故事的《攀向自由》，再接著是斯洛伐尼亞登山社群（他們和波蘭同僚一樣，以膽大包天、刻苦卓絕知名）的《阿爾卑斯戰士》（*Alpine Warriors*），再接下來便是這本《自由的技藝》。在前言中，她提及自己是如何艱難取得了主人翁的同意，讓這位登山界的謎樣大神首度對外揭露他的內心世界。讀完全書，身爲讀者的我們，也終於將昔日的片斷記憶補綴起來，組合出整全的形貌，即便是這個形貌中，仍包含著主角生命幾次激進的撕裂和重組。

相較於前幾本傳記中的許多風雲人物，克提卡展現的是全然對立的另一種登山家典型。他登山，不以攻頂爲前提（雖然他公開坦承就差幾百公尺未能登上GⅣ，是無比地痛徹心扉），而是以山岳路線能帶給身體與心智何種原創的美學體驗爲目標，因此，人數精簡（剛好能組成繩伴的兩人是最好）、大岩壁與新路線是首選，一些成功的遠征讓他名聲遠播，但許多失敗的嘗試，也因他所選路線的奇特詭譎以及身體置身其中的沉醉癡迷（最終化身爲洛陽紙貴的「攀登報告」），而成爲山岳社群爭相傳頌的經典，「閃耀之壁」的故事——六天攀登二千五百公尺卻鎩羽於GⅣ北峰的總計十天經歷，被美國《攀登》（*Climbing*）雜誌總編輯麥可．甘迺迪（Michael

Kennedy）譽爲二十世紀登山史上最偉大的攀登，即爲一例。

但克提卡並不全然是神級人物，本書的讀者會知道，他之所以能在七十歲高齡接受「金冰斧獎終身成就獎」（二〇一六），一方面是因爲他的同輩幾乎都過世了，另一方面是他的身體對大自然發出的危險訊號更敏感，及時煞得住車。他最自豪的是一生攀登生涯中，沒有任何繩伴落難，而他的同胞庫庫奇卡則有五位隊友喪命，最終自己也殞命在洛子峰南壁。克提卡雖然在乎安全，但也同樣在乎冒險，在一次訪問中他說：每個人都不應冒他人與自己生命的險，但如果你決定永不冒險，你一樣會緩慢地死亡，「你會在精神上死去！」而登山之於他之所以是自由的象徵，在於高海拔攀登表現了生命中自我持存的驅力與測試死亡需求間的經典對立，登山者一旦感受到自己能掌控自身的命運，同時也就將精神自凡人的皮囊中解放了出來，這是一種弘大的自由，克提卡說：也就是感受到這些邊界，一位登山家體驗到他最巨大的快樂。

全世界有無數山岳文學愛好者在手機桌面上儲存著GⅣ「閃耀之壁」的照片，這是由巴托羅冰河往上逆溯，要攀登K2、布羅德、GⅠ、GⅡ四座八千巨峰之前，必會正面照會的高拔奇景：一面輝耀著夕陽金光的幾何大岩壁。有些照片還標示著一九八五年克提卡路線的高地露宿位置，這不啻是一位絕世登山家所創造出來的完美圖騰？看完了書，神與人的距離縮近了，但不是神終於成了人，而是像當年小伙子柴爾德感受的那樣，山藉由克提卡，像一本雲霧飄渺的宗教一般，瞬時瀰漫了我們的胸臆和情懷。

目次

序言

山岳不是我滿足個人野心的競技場，而是我實踐信仰的大教堂。

——安納托利．波克里夫（Anatoli Boukreev），《攀登》（*The Climb*）

人唯有充滿矛盾，方能成功。

——尼采（Friedrich Nietzsche），《偶像的黃昏》（*Twilight of the Idols*）

歐特克．克提卡（Voytek Kurtyka）早起，沖了杯咖啡，漫步到窗前看黎明蒼穹甦醒。他在天空從蠟筆色調褪成珍珠粉彩時走到辦公桌旁。一如往常，他收到供應商發來的電郵，還有晚點得處理的一些波蘭海關問題。有些攀登者來信詢問路線資訊，還有個叫克里斯提昂．卓曼斯多夫（Christian Trommsdorff）的人寄來出乎意料的訊息。「很榮幸邀請您擔任二〇〇九年四月二十二至二十五日在霞慕尼（Chamonix）舉行的金冰斧獎（Piolets d'Or）評審。」

素有登山界奧斯卡之稱的金冰斧獎，每年表彰最無畏且具新意的高山攀登，也頒發登山家終身成就獎。卓曼斯多夫是霞慕尼登山嚮導，也是金冰斧獎委員會的主席，他想邀請歐特克，史上最受尊敬的登山家之一，幫忙挑選今年最佳攀登獎的優勝者，但他絕對料不到歐特克會這樣回覆。

衷心感謝您的邀請。抱歉，我不能參加……我瞭解這世界是懸掛在瘋狂的競爭及隨之而來的獎項榮譽所構築的駭人結構上。但這個結構與真正的藝術為敵。受獎項榮譽支配的地方，容不下真正的藝術。我由衷相信登山會增進攀登者的身心健康，使攀登者獲得智慧，但獎項與榮譽助長的是攀登者的虛榮心及自我中心。參與競賽……對攀登者是危險的。我還沒準備好加入這場競賽，因此無法接受您的邀請。

除了對「競賽」有出於哲學考量的不安，歐特克覺得在「駭人又瘋狂的競爭」中給攀登排名，根本是不可能的事。要怎麼比較法國登山家皮耶．貝辛（Pierre Béghin）的馬卡魯峰縱走和日本攀登家南裏健康為期四十天的川口塔峰獨攀？或克里茨多夫．維利斯基（Krzysztof Wielicki）的聖母峰冬攀和艾哈德．羅瑞坦（Erhard Loretan）同樣在聖母峰的「空身夜攀」？試圖將萊茵霍爾德．梅斯納爾（Reinhold Messner）的開拓精神和亞捷．

庫庫奇卡（Jerzy Kukuczka）的超人耐力比出高下也顯得荒謬。歐特克表示：「這種活動沒什麼道理，就像在問性愛和聖誕節何者比較好。」

歐特克堅持登山運動因爲太過複雜，無從排名和比較。登山有好多面向：美學的、身體的、形而上的、後勤補給的、開創的。而且要承受極大痛苦。你怎麼量化登山者所承受的痛苦？「媒體創造出頭號明星（以利他們消費）的壓力，是企圖把登山家縮減成單一向度。」他在回覆中說道：「這是在貶低登山。」

卓曼斯多夫回想這封措辭強烈的電郵時笑了出來，不過他沒有因而灰心。隔年，他寫了一封更大膽的信，這次是請歐特克**接受**金冰斧終身成就獎。歐特克再次回應。

卓曼斯多夫，你好：

這是個邪惡的提議。我總是有意識地逃進山裡躲避日常生活中的狗屁社交，現在你竟提議我一起加入。我總是逃進山裡尋找令人鼓舞的證據，證明我擺脫了獎項和榮譽的社會束縛，現在你竟要頒獎給我。我總是滿懷希望地奔進山裡，希望能夠訓練自己超越人性弱點，然後現在你試圖把最危險的人性弱點加諸於我，讓我幻想自己有多傑出。我的一生都在對抗那個幻想。我非常清楚，渴望獲得獎項和榮譽是自我最容易掉入的陷阱，也是虛榮心的證明。抱歉，我不能參加。我不能接受金冰斧獎。老實說，我非常擔心，因為驅使我拒絕你提供的終身成就獎的……你知道嗎，很可能也是虛榮心。請別費心表揚我，想都別想。攀登者都擁有非凡的自由意識，我希望你能理解這天大殊榮給我帶來不安。

不只攀登者得面對這種不安，詩人也是。李歐納．柯恩（Leonard Cohen）描述自己不想接受某項表彰其畢生作品的加拿大獎項時說：「人想避開這種東西的其中一個原因在於，它們會勾起一些很深沉的情感……你的作品得到他人無條件的接受，這種情況很少發生在藝術家或作家身上。」但柯恩最終仍是**出席受獎**，他對觀眾說：「我們在自己做的曲子後頭來回踱步，踱進了名人堂。」[1]

固執是卓曼斯多夫的特長。他可能以為歐特克只是靦腆害羞，值得再試一次。二〇一〇年，他寄出第三封信，再次表明希望頒發終身成就獎給歐特克。歐特克很困惑。他之前的回信不夠明白嗎？於是他試著更堅決些。

敬愛的卓曼斯多夫：

噢天哪，我不可能接受這個獎項。受獎有違我的本心……我承認我……渴望被人善待，被人喜愛，但我很怕受人景仰。我得心虛地承認，我受人景仰時驕傲得像隻孔雀，不過這恰恰是我不能接受大獎殊榮的原因……這些獎項近乎褻瀆。你會因為一名隱士長年靈修而公開表揚他嗎？我們不是隱士，但我們的體驗有時近似某種改變一生的開悟……我想保護那些珍貴的時刻不受破壞。我無法拿這些時刻換取公開表揚……克里斯提昂，我誠心感謝你的邀請，但很抱歉，我無法受獎。

你的朋友

歐

歐特克有所不知的是，極盡所能想頒獎給他的人不光是卓曼斯多夫而已。世上最受尊敬的登山家都不懂歐特克爲何還沒獲得這項表彰，都在敦促金冰斧獎委員會糾正此一疏忽。二〇一二年，克里斯提昂又來函邀請受獎，歐特克的耐心被磨光了。

敬愛的卓曼斯多夫：

對不起。不，不！我不會再回覆關於金冰斧獎的信。我已經把我的理由告訴你。不要把我當傻瓜看……

歐

什麼樣的人會再三推拒來自同儕的終極致敬？畢竟，決定金冰斧終身成就獎得主的可不是電影製作人、政界人士或登山俱樂部主席。這是**登山家對登山家**的認可。然而，歐特克拒絕受獎，聲稱想避開公開表彰的陷阱。他的態度似乎很高尚，又有點不太禮貌。這無疑耐人尋味，因爲世上沒有人比歐特克更值得獲頒此獎。

歐特克改變了一九七〇年代喜馬拉雅山脈攀登的發展軌跡，因爲他證明以精簡隊伍在世界數一數二的高山上攀登艱難路線是可行的。他的紀錄包括興都庫什山脈、喜馬拉雅山脈和喀喇崑崙山脈共十一面大山壁，其中有六面位於海拔八千公尺以上的高峰。

歐特克幾乎是從第一次接觸岩石、第一眼瞥見山巒起，就採取了獨樹一幟的攀登方式。當多數喜馬拉雅山脈攀登者以傳統遠征隊的形式登山時，他使用阿爾卑斯式攀登*——他稱之爲「脫韁」（unleashed）的攀登。當阿爾卑斯式攀登在亞洲最高山脈群*成爲常態時，他已經前進到單攻，以及單趟攻頂多座八千公尺高峰。當他開始在波蘭徒手攀登過去需要裝備輔助的路線時，他開發出一套新的評等系統，以更準確地表示路線的困難程度。這套系統至今還未被取代。當其他波蘭攀岩者推動以繩索和先鋒攀登的裝備去攀岩的標準時，他徒手獨攀他們最艱難的路線。他的做法富有創見，而且總是忠於自己所見。他拒絕爲了登頂而損害自己秉持的價值。即使在夢寐以求的K2峰上，他寧願錯過登頂的機會，也不要攀登他不感興趣的路線。

他的方式從來都不是單向度的。他擁抱攀登的體力面、運動面，也著迷於攀登的智力挑戰，不斷做決策、解決問題和制訂策略。對歐特克而言，更重要的是登山的美學面向，在某些登頂挑戰中，美學考量達到了精神層次。他是雄心勃勃的登山家，深受偌大的冰壁、挑戰技術的岩壁，以及連續的高海拔縱走所吸引。在迷人的峰巒上尋找新路線時，他敏銳地捕捉美，也渴望成爲英勇無畏的人。他說：「美是通往另一個世界的門。」[2]

我記得我們在二〇一〇年的初次會面，那時我正在撰寫波蘭登山家的書籍，他同意接受我的採訪。[3]我很謹慎，因爲他以避開登山界出名，特別是記者。然而，他顯得很有禮貌，毫無勉強，甚至很友善，在他的公寓裡遞給我一杯杯（即溶）咖啡，並和我暢談他的攀登故事長達幾小時。我們保持聯絡，後來我提議寫他的傳記。於是我又喝了更多杯咖啡（如今出自一部閃亮的新義式咖啡機），並花很多時間瀏覽照片和日誌。

＊阿爾卑斯式攀登（alpine style）：一種獨立自主的登山風格，由登山者自己攜帶裝備、物資，通常隊伍精簡，和隊伍龐大，會雇用高山揹工、預先架設繩索、設置多個營地，並多次向營地運送物資的喜馬拉雅式攀登相對。——譯注

＊＊亞洲最高山脈群（Greater Ranges）：由喜馬拉雅山脈、興都庫什山脈、喀喇崑崙山脈、帕米爾高原、橫斷山脈、天山山脈、崑崙山脈、外喜瑪拉亞山脈組成的亞洲高山區。維多利亞時代登山家常用的名詞，用來區分亞洲的高峰群和歐洲阿爾卑斯山脈。——譯注

現年七十歲*的歐特克一派優雅，彬彬有禮，舉止莊重。精瘦而結實、個頭不高的他異常強壯，但移動起來又輕盈得像是沒有重量。他非常注重隱私，甚至可以說害羞。他自承是完美主義者，言語、行爲和思想都很愼重。他極度自律，但有時也會展現出孩子般的率性。他思緒深沉，但從來不乏幽默感。他受到世人景仰，但最看重的是友誼。他充滿矛盾。我從我們無數小時的交談中發現，他的激烈情感和力量可能會令人感到不安。

撰寫歐特克的故事，挑戰不在於收集他重要的生平細節，或以合理的順序呈現其生平。眞正的挑戰在於，如何用足以揭露其人生核心價值的方式，讓這些事實具有輪廓與意義，而這些價值全都繞著自由二字。

回憶往事等於揮灑想像，是一種易受影響且不可能臻於完美的活動。對歐特克而言，回顧幾年前、乃至幾十年前發生的重要時刻是有選擇性的。有時，他的記憶彷彿變動無常。而找到那些回憶的眞相（或稱精髓）是理解他性格的關鍵。七年後的今天，在本書即將出版之際，我的發現之旅來到一個休息站——在歐特克追求自由的技藝之路上的一處文字露宿地。

* 本書原文於二〇一七年出版，繁體中文版推出時已年逾七十五歲。——譯注

一
岩石走獸

附近是一個名叫生活的國度。你會認識它的嚴肅性。

——里爾克（Rainer Maria Rilke），《時間之書》（*The Book of Hours*）

神話傳說從很早就開始了。在近七十年的時間裡，歐特克誤導整個世界以為他出生於一九四七年九月二十日。但公平來說，這場騙局不是歐特克起頭的。在波蘭，一九四七年是動蕩的一年。第二次世界大戰造成六百多萬波蘭公民喪生，國家混亂無序，處處斷垣殘壁，記錄出生日期絕不是當時多數人會優先想到的事。一九四七年七月二十五日在小村莊斯克辛卡（Skrzynka）誕生時並沒有任何慶祝儀式的嬰兒歐特克，也直到同年九月二十日才給正式報上戶口。差幾個月有什麼大不了的？至少他才華洋溢但時而心有旁騖的父親塔德烏斯．克提卡（Tadeusz Kurtyka）覺得，晚報戶口沒什麼大不了。在波蘭，塔德烏斯是家喻戶曉的作家「亨利克．沃塞爾」（Henryk Worcell）。

塔德烏斯生於一九〇九年。儘管波蘭很快捲入第一次世界大戰的恐怖之中，小男孩還能在農場長大，四周是地勢起伏的山毛櫸林，有溪流蜿蜒而過。他釣魚，大肆採摘漿果與蕈菇。儘管生性好鑽研，天資聰穎，他反抗學校各種限制，也抗拒勤奮工作的父親對他的種種要求。父親期望男孩在農場幫忙之餘兼顧學業，可是塔德烏斯既討厭農場，又討厭學校，十六歲便離家，搬到附近的城市克拉科夫（Krakow）。

即便波蘭很多地區在戰時遭到破壞，當時的克拉科夫城內仍有許多頂尖大學、聳立的大教堂、博物館、紀念碑和美術館，吸引許多權貴和讀書人流連，至今依然。開設在華麗大道上的高級餐廳，是克拉科夫精英社交生活的中心。塔德烏斯的第一份工作，就是在城內最棒的聚會場所「大飯店餐廳」洗盤子。城市的商界領袖和爭權逐勢者，在這裡和文化偶像見面，共進醇酒美饌，邊聊八卦閒話。

塔德烏斯很快長成英俊瀟灑的年輕人，並從洗盤子小弟晉升爲服務生。他的生活在此時發生了有趣的轉變。大飯店另一名服務生麥克．霍羅曼斯基（Michael Choromański）注意到，塔德烏斯喜歡在工作空檔閱讀經典當消遣，像是托爾斯泰的《克魯采奏鳴曲》等等。身兼作家的霍羅曼斯基於是鼓勵塔德烏斯除了閱讀，也可以嘗試動筆創作。塔德烏斯寫了，而且寫得特別好。很快地，他將個人看法形諸文字，談論在大飯店目睹與聽聞的有趣片段。他臉不紅氣不喘地張大耳朵竊聽，發現自己可以還原帶有生動細節的對話。最後他以筆名亨利克．沃塞爾出版了名爲《誘惑的圈子》（*Bewitched Circles*）的寫作成果。這本一九三六年發行的輕薄小書在波蘭掀起轟動，年輕人的寫作生涯自此起飛。但儘管使用了隱蔽的假名，以城市名流私生活八卦軼事爲主題的醜聞仍威脅著塔德烏斯在克拉科夫的人身安全。他逃到位於波蘭塔特拉山脈（Polish Tatras）的村莊扎科帕內（Zakopane），成爲當地波西米亞藝術家和作家圈的一分子。

塔德烏斯在戰前除了是聲名狼藉的作家之外，還參與了克拉科夫附近的地下運動。該組織的計畫包括暗殺一名重要德國將軍，而他們的密謀行動顯然即將曝光。對塔德烏斯而言，繼續待在波蘭很不安全，倒不如自願到德國勞動營工作，於是他動身前往靠近波蘭邊界的德國邁森勞動營（Meissen Labour Camp）。

在波蘭最遙遠的東隅之外，位於今天的烏克蘭東部、當時的蘇聯，另一個家庭的故事正在上演。安東尼娜．莫茲可科斯卡（Antonina Moszkowska）於一九二二年出生在有六個孩子的波蘭家庭。幾乎沒受過教育的她，成長過程歷盡艱辛。這一帶本住著波蘭人和烏克蘭人，而當德國人於二戰期間進駐當地後，她就被帶到邁森勞動營，這一待就待到了一九四五年。

安東尼娜和塔德烏斯相遇並墜入情網：其中一人是來自東北地區的鄉村姑娘，擁有天使面容，個性溫婉體貼，另一人則是來自西南地區的年輕人，此時已徹底拋棄出生姓名，改用筆名亨利克．沃塞爾介紹自己。

兩人結婚，並在戰爭結束後立即搬回波蘭，但立刻面臨該做什麼和該在哪裡定居的兩難。由於波蘭跟德國以及俄羅斯相鄰的邊界都經過調整，波蘭國內出現一波遷徙潮。根據戰後協議，過去德國最東端到奧得河（Oder）之間的領土，現在都屬於波蘭。基於這個原因，住在這一帶的德國公民不得不離開。同樣的，如今蘇聯也控制了波蘭最東部的領土，並要求波蘭公民搬遷。東部波蘭人向西遷移到波蘭剛獲得的新領土，德國人則再往更西邊遷移。先前由德國家庭擁有並居住的許多房舍和農場，現在由波蘭人接管。新移入的波蘭人與即將搬走的德國人，有時會令人難以置信地暫住在同一屋簷下。亨利克於是把這不尋常的情況當成寫作主題。表面上，他的作品呈現的是那種微妙的、時而尷尬的政治與文化交疊下的公開故事，但從更深的層次來看，他其實在設法解決遷徙造成的情感創傷。多年的恐怖生活使人們變得麻木，日子每過一天，對於過去熟悉的國家，記憶就更模糊一點。

亨利克和安東尼娜在斯克辛卡村莊外發現了一個農場，位於過去屬於德國的波蘭西南部。田園鄉村處處是連綿起伏的丘陵、蓊鬱的森林、滿是鱒魚的河流，以及養生的溫泉。起初，這裡對來自德國勞動營的夫婦而言宛如天堂。兩人搬進了運作良好的農場，但最初幾個月，他們和即將遷離的德國主人一起生活。壓力更大的是，農場不屬於這對新來的夫婦，而是國家財產。

落腳後，他們很快組織起家庭。歐特克是長子，後面還有兩個弟弟：比歐特克小三歲的楊（Jan）、比楊又小三歲的安傑伊（Andrzej）。亨利克以寫作維生，當然還經營農場。四頭母牛、一頭公牛、一匹馬、一匹幼駒、兩頭小牛犢、三隻山羊、兩隻綿羊、二十隻雞、五隻鵝、十六隻兔子、兩隻小豬和十英畝的土地。經營農場需要付出許多心血。因爲語言和觀念才是亨利克大放異彩的世界，農場開始走下坡。苦心經營農場四年之後，他和安東尼娜認清他們不適合豢養動物。

他們搬到隔壁村莊切別紹維采（Trzebieszowice），住進一幢有兩層獨立公寓的白色樓房。克提卡一家住在一樓，亨利克繼續撰寫他充滿挑戰性的創作主題。他非常在乎公正與平等，以及保護那些他認爲受到欺負的人，有時也因爲替人打抱不平而惹上麻煩。在某次衝突中，他被痛毆到一眼失去視力。另有一次，他給人用刀刺傷。家人認定他受粗暴對待是因爲做人有原則，相當以他爲傲。但這是複雜又撲朔迷離的戰後波蘭共產社會，很難確知事情背後有哪些勢力在運作，或共產黨當局最終會對亨利克有什麼要求。

儘管當時的氣氛緊張，克提卡家留在切別紹維采，一直住到一九五七年。儘管亨利克現在已完全專注於寫作，他仍渴望接受文學圈的刺激。因此當波蘭文學聯合會（Polish Literary Federation）表示能提供他鄰近城市弗次瓦夫（Wrocław）的一間公寓，以及寫作的自由時，他完全無法拒絕。這家人於是搬到波蘭第四大城市展開全新生活。

弗次瓦夫是一座優雅的城市，文化歷史豐富。在紀念碑和大教堂林立的城市建築萬花筒，我們可以看到巴洛克、哥德、波西米亞和普魯士等各色傳統。但一九五七年的弗次瓦夫並不那麼美。二戰後期，紅軍與德軍的一場後期重大戰役就是在這裡爆發。戰爭眞正結束的前兩天，德軍終於投降，但那時的弗次瓦夫城已有一半淪爲斷垣殘壁。近兩萬人死於拙劣的疏散，另有四萬人橫死家中。戰爭結束之際，城市人口組成是近二十萬德國人和不到兩萬的波蘭人。接下來兩年，城市恢復爲波蘭治理，波蘭公民塡滿德國人大舉離境留下的人口空白。多數人從波蘭東北地區遷徙到這座城市，其他人則是像克提卡一家一樣從鄰近地區搬來。

克提卡家沒有可靠或固定的收入來源，所幸居住的公寓免付租金。亨利克以寫作賺來的錢養家，但那頂多算是零星收入。每次領到預付版稅，他們就能勉強度日一段時間。不過，即使克提卡家手裡有錢，也很難從商店買到足夠食物，而且排隊購物的人龍總是長得令人想放棄。他們利用公寓附近的一塊地種些蔬菜，儘管從未眞正挨餓，飲食總是匱乏。他們就像當時多數的波蘭家庭一樣，以馬鈴薯和甘藍菜爲主食。

後來，安東尼娜找到接待員的差事來貼補家用。儘管生活節儉清苦，亨利克在弗次瓦夫顯得更滿足，可以結交作家與出版商，並享受豐富的文化生活。

隨家人遷居弗次瓦夫時，歐特克僅僅十歲，搬家使他陷入紊亂的情緒。穿梭樹林間，奔跑爬向小山丘，是他童年最快樂的時光。當他一屁股跌坐在三樓公寓的臥室窗前，俯視堆滿瓦礫碎片的街道轉角，凝望著對街建築燒毀留下的巨大黑洞時，他想念森林。「搬到弗次瓦夫是很痛苦的經驗。」他回憶說：「我很清楚，我失去了對我非常重要的東西。我記得我望向窗外，怔怔看著往來車輛哭泣。」

他經常做一個噩夢，在夢裡，他遇到一個具有邪惡靈魂的鬼魅生物。歐特克會以反抗的態度站在幽靈面前，試著勇敢面對他。有時他試探性地朝幽靈走近一兩步，然後尖叫著醒過來。每個晚上，他都往前多走一步，但每多走一步，夢境就變得更加鮮明，恐懼也更爲原始。靠近一步，他墜落；再一步，他就奄奄一息。

他逐漸適應城市的生活。他沒得選擇。童年早期居住的鄉村小社區向他灌輸強勢保守的衆多傳統，不過歐特克是想像力豐沛的孩子，他持續累積不同的想法與經驗，漸漸想像出屬於自己的人生。儘管城市令人反感，卻也讓他認識許多新觀點、新朋友，以及各種非主流傳統。

夏令營是歐特克逃避現實的出口之一。那時那個地區的營隊很單純，就是讓小孩住在空著的學校，睡行軍床，吃簡單的食堂菜，然後參與運動比賽。歐特克熱愛運動——跑步、擲鉛球、拳擊和擊劍，而且活潑又好勝。但夏令營最吸引他的地方是舉辦地點：波羅的海、山區，以及波蘭湖區。每個夏天總有三個禮拜的時間，歐特克呼吸著鄉間的空氣，在海裡玩水，靈魂煥然一新。「那感覺眞的很棒。」他說。

亨利克的作家名氣越來越響亮，財富也變多。如今他每隔兩年就出版一本書，版稅自然水漲船高，受邀公開演講的次數也倍增。共產黨當局任命他爲弗次瓦夫文學會（Literary Union of Wrocław）會長，他也在波蘭各地巡迴演講和簽書。翻找這個時期的照片，我們會看到一個抬頭挺胸的自信男子和仰慕者交談時得意地叼著菸。他終其一生都是虔誠的人，同時也很貪杯，連喝三天不是什麼罕見的事。歐特克的母親肩負起教養之責，盡她所能給予三個兒子最多的愛與安定感。

亨利克對教會的忠誠在他和長子之間立起難以跨越的障礙。歐特克年紀還小的時候，儘管對高聳的大教堂建築讚嘆不已，可是已經覺得教堂布道無聊至極。「我不曾在布道中感受到任何靈性。」他抱怨說：「還有音樂！我覺得有些教會音樂太過悲傷，甚至恐怖……鮮少表現與上帝交流的快樂，太常傳達人類遭受的痛苦，以及對上帝的懇求。」他說：「宗教似乎被恐懼的感受主宰了。爲什麼？因爲地獄的威脅籠罩著那個宗教，音樂也暗暗地展現出那駭人的可能未來。教會音樂讓我有種強烈的不祥預感，好像我注定會下地獄。從四、五歲起，我就覺得受到壓迫。我把這看作一種宗教的恐怖統治。」

即便如此，他仍是聽話的孩子，每個禮拜乖乖望彌撒，直到十六歲。起初在村莊裡的教堂，後來則是在城市裡的教堂。他參加初領聖體禮，也會到告解室懺悔自己的罪，大概覺得有時做做樣子就能矇騙家人也滿方便的。但他最終還是停止了告解，不久後，乾脆再也不上教堂。「那明顯是在耍叛逆。」他回憶道：「我造反了，我向父母宣告，『我不會再上教堂了。我覺得宗教是鬼扯。對我一點幫助也沒有。我再也不要站在那裡，聽些關於天堂和地獄的神旨。我不相信，也不接受。』」此舉令他父親又驚又怒，母親則是傷心不已。雖然這對父子無法冷靜討論這個情況，歐特克說服母親，他不可能繼續裝模作樣地站在教堂裡，唱聖歌，領聖餐，然後假裝自己是信徒。他解釋說：「那是莫大的操縱，我因為基本的誠實而拒絕配合。」安東尼娜勉強接受他的固執決定，儘管這對她來說一定很困難，畢竟羅馬天主教滲透了波蘭的文化及傳統。

許多年後，歐特克偶爾會踏進教堂，為堂區信徒散發的虔誠而動容。但基督教的基本信條，包括天堂和地獄、上帝的仁慈、上帝的存在，還有在歐特克看來，上帝其實和多數人一樣渴望無限權力、盲目的效忠，而且殘酷——這些他都認為有害心智。

「這神映照出人類最低等的渴望。」他說。話雖如此，在青少年時期，他就瞭解人對周遭靈性的自發感受，以及想要與之連結的本能渴望。他不光是理解，還有親身感受，但不是在教堂裡，而是在大自然裡，而且經常感覺到。聽音樂時，他也會感覺到。事實上，在每個感受藝術表現的情境，他都會感覺到。後來，登山使他更強烈意識到靈性的感受，山岳和攀登成爲他與這種感知交流的工具。

儘管關係不睦，歐特克和父親有很多共同之處。亨利克是理性的人，年輕的歐特克也一樣。亨利克是作家，歐特克最終也會搖起筆桿。亨利克自己是逆子，而歐特克住到城市之後顯然也展現出這方面的能耐。而出人意料地，連繫著兩人關係的，竟是靈性這個不尋常的話題。

儘管亨利克是傳統基督徒，他也愛好神祕主義，而這是受到羅馬天主教哲學家德日進*的著作啓發，尤其是他的《人的現象》（*The Phenomenon of Man*）。德日進的宇宙神學擁抱進化論，這大概是他被當作叛徒，而且最終被逐出教會的原因。他認爲自然界的一切都滲透著上帝的思想或靈魂。「對我來說，置身於自然之中很美。」歐特克說：「我發現，我周圍的一切都有靈性，美得不可思議，因此藉由體驗這種美，我很能接受符合德日進想像的神。」在某種程度上，這是歐特克第一次接觸到這種更常和佛教畫上等號的教義，即便說明這些教義的是羅馬天主教哲學家兼耶穌會神父。德日進無意間成了父子倆共同的哲學偶像。儘管還很年少，大自然靈性中既引人入勝又正面的體驗，使歐特克有信心和依據去批評傳統的基督教概念。

歐特克不僅不服從教會的傳統規範。就像他父親年輕時，他也反抗學校。譬如每個學生都得穿的制服，他就拒穿。「對，這是眞的。」他笑著說：「但學校還滿寬容的，不會像俄羅斯那樣。就算你沒穿海軍夾克去上學，他們也不至於把你趕出去。」他在學校展現過人才智，但總是懶得寫作業。「讓我吃足苦頭的科目是波蘭語。」事實上，情況比他說的更複雜一點。歐特克很清楚自己所繼承的文學傳統，而且自小就有志於寫作。念小學時，他在全班面前朗讀自己寫的一篇散文，卻被指控是拿他父親寫的東西來發表。他把這當作讚美。受到鼓舞的他閱讀內容越來越廣，不停練習寫作，並對自己有很高的期待。但儘管他培養出了豐沛的想像力，文法、拼寫和句法仍有待加強。

進入中學後，他遇到愛找麻煩的老師。巴沃斯卡夫人非常注重作文和文法。歐特克形容她是「典型的老頑固」。他堅稱，她對任何與衆不同——任何被認爲「怪異」的事物都無動於衷。她知道歐特克的父親是傑出作家，也是波蘭文學聯合會的重要人

＊ Pierre Teilhard de Chardin：耶穌會神父，曾在中國傳教多年，漢名德日進。——譯注

物，而這點似乎惹怒了她。她把怒氣宣洩在歐特克身上。「她讓我徹底灰心。我沒有從她那裡學到任何東西。我開始迷惘，變得神經質。她摧毀我對自己寫作能力的信心，這個影響持續了很久。也許直到今天還在！」他憤怒道。

奇怪的是，他沒有和父親談論過自己的寫作抱負。他從未向父親討教，只是把文學夢放在內心深處。亨利克對歐特克的藝術愛好渾然不知，便從務實角度敦促兒子在大學修讀技術專業，而不是人文學科。他的理由是，世界越來越現代化，歐特克或許可以在科學界取得不錯的職業發展。亨利克把歐特克當作科學人，使兩人的距離益發拉大。他漸漸將兒子視爲冷漠的知識分子，和直覺、靈性及情感完全沾不上邊，而這些都是他非常重視的東西。「他幾乎把我當作外星人。」歐特克在多年後表示：「我們漸行漸遠。我絕對敬重我的父親，可是我們並不親。」他們父子關係的不幸在於歐特克其實情感豐沛，心思敏感，可是他的父親沒看到。

歐特克心中還有另一道波瀾，對此，他父親也一無所知。念中學時，歐特克前往波蘭塔特拉山脈健行，第一次眞正和山相遇。「我記得那一刻。」他說：「我當時不是在爬山。我只是看著山。看著，欣賞著。我感覺山彷彿是活的。我屬於那裡。我感覺到山的一部分。我強烈渴望得到群山的回應，而且對山沒有給我任何訊息這點，幾乎有點心痛。」歐特克發現了自己對自然地景的情感，這不僅超越他的理解，而且將父子間的距離拉得更遠。

儘管被父親誤解，歐特克還是多少聽從了父親的建議。他大學讀了五年，畢業時拿到電子科文憑，但他對這領域一點興趣也沒有。他很少上課，總寧願在考前通宵不睡抱佛腳。「一離開考試教室，我就把死記硬背的內容忘得精光。」他笑著說。

某種新知識正在進入他的腦袋。歐特克發現了攀岩。

他的攀岩初體驗發生在一九六八年。伊莉莎白．瓦嘉（Elżbieta Waga），也就是人們口中的艾拉（Ella），在歐特克就讀的大學讀醫科。她與一名助教結伴到附近某處巉崖*郊遊，歐特克也在她的邀請下加入。助教對艾拉的興趣明顯勝過攀岩，歐特克的同行令他相當不悅。但沒有任何事可以扼殺他們在花崗巨岩上蹦跳的樂趣，這座弗次瓦夫近郊的索科利基山（Sokoliki），是城中所有攀岩者學習攀岩的地方。「和岩石的第一次接觸，給我一種彷彿遺忘多時、卻又莫名熟悉的感覺。」歐特克回憶道：「三個動作之後，我馬上就知道，我以後會繼續攀岩。」

他是對的。他很常攀岩。事實上，歐特克攀上了癮。「我當時可能不知道自己會陷得那麼深。」他後來承認。能夠把無聊的電子科課堂拋在腦後，去做自己在理智上

* 巉崖（crag）：在攀岩界通常指和周圍高地不相連的峭壁，表面特別嶙峋不平。——譯注

與情感上都深深著迷的事，對他來說肯定是種解脫。誠如生態學家愛德華·威爾森（E.O. Wilson）在《知識大融通》（*Consilience*）寫到的，人們「會受到助長其遺傳性格的環境牽引」。歐特克受岩石構成的垂直世界吸引，似乎是命中注定。

一九六〇年代後期，弗次瓦夫攀登俱樂部（Wrocław Climbing Club）有一大群優秀的登山家：汪達·盧凱維茲（Wanda Rutkiewicz）、柏格丹·揚考斯基（Bogdan Jankowski）、克里茨多夫·維利斯基，各個都是登山界的明日之星。歐特克很快就成為岩壁上的生力軍。散發剛強氣息的瘦小年輕人蜷起身體，伺機而動。他有無窮的好奇心，觀察力驚人，不僅注意具體事實，也注意細膩的情感。雖然心思敏銳，但他以嬉皮頭巾和花襯衫作為掩飾，在與人交往時展現近乎傲慢的態度。他的天賦和英俊相貌都令人難忘。

歐特克正是在當地的巉崖見到盧凱維茲。這位美麗且矯健的年輕女學生，日後將成為波蘭最著名的女性登山家。她的深邃雙眼與燦爛笑容令他癡迷，但心儀的感覺只維持了幾個禮拜。歐特克的心思被另一個東西占據：他手指頭下的花崗岩。

歐特克還不是登山界的正式成員，至少當時還不是。攀登俱樂部有嚴格的規定，但歐特克早已樹立拒絕規定的個人風格。俱樂部堅持成員應接受理論和實踐指導，並透過考試鑑別專業程度。唯有通過一定次數的測試後，才能在無人監督的情況下攀登。每個年輕攀登者都必須有一本簿子，用來記錄每一次攀登，以及陪同攀登的人。

這能確保新手按部就班受訓成爲專家。達到一定專業程度，在塔特拉山脈甚至阿爾卑斯山脈攀登都無需他人陪同。

歐特克對這種事可沒耐心，他只對攀登有興趣。流暢地向上移動，保持平衡。感受岩石的質地、溫度、對抗性。他琢磨、練習攀附在垂直及外傾岩壁上所需的技巧。他鍛鍊身體，直到變得精瘦又結實，因爲他瞭解身體是從事這項新愛好的工具、媒介。他不斷攀爬。

波蘭山岳協會（Polish Mountaineering Association）沒注意到這個追求完美的人。他們不曾指導他，不曾測試他，因此當然還沒批准他成爲合格攀登者。儘管如此，當歐特克帶著不想要的電子科文憑離開大學時，他已是波蘭最厲害的攀岩者之一。攀爬時憑靠直覺、流暢又自然的風格，使他很快獲得「走獸」的稱號。

二 修煉中的登山家

要認識一座山，你必須在那裡入睡。

——湯姆．隆斯塔夫（Tom Longstaff），《這是我的旅程》（*This My Voyage*）

日復一日，雨下個不停。歐特克裹著薄被，攤在帳篷裡，頭枕著破舊的基本款帆布背包，不時望向帳篷門外，看看雨有沒有變小的趨勢。但雨只是落個不停。一九六八年，波蘭迎來史上最多雨的夏季之一，這也是二十一歲的歐特克在塔特拉山度過的第一個「登山季」。這座壯麗大山構成波蘭和斯洛伐克的邊界。

塔特拉山是喀爾巴阡山脈（Carpathian Mountains）的最高山脈，在波蘭和斯洛伐克兩國都被納入國家公園保護。深谷中覆滿山毛櫸密林，隨著海拔陡升，主要植物變成雲杉和松樹，繼續往上，再轉變成起伏不定的高山草原，沿著陡峭山脊綿延不絕。山脊將地平線切成鋸齒狀，明確劃出兩國邊界。山區縱橫交錯的危峻山徑透過高海拔的狹窄隘口串連一座座深谷。可是，山徑再怎麼陡，和崇山峻嶺相比也只是相形見絀——這裡的山往往是從嶙峋銳利的峰頂猛然陡降到下方山谷。

波蘭塔特拉山的攀登重鎮在莫斯基奧科谷地（Morskie Oko Valley）。雄偉的高峰如僧侶峰（Mnich）和布道壇峰（Kazalnica）形成一座圓型劇場，聳立在閃閃發光、色彩斑斕的莫斯基奧科湖（Morskie Oko Lake）上方。莫斯基奧科的意思是「海洋之眼」。名稱來自一個古老傳說，據說有條神祕的地下通道連接著這座湖泊與大海。塔特拉山展現千變萬化的季節色彩：松樹林明亮的綠色、高山草原溫暖的金色和赤褐色，以及偌大花崗岩壁的濃重深灰色。但在一九六八年夏天，歐特克對這幅美景視而不見。他只看到雨。

營地距離赫赫有名的莫斯基奧科木屋（Morskie Oko Hut）僅八百公尺，歐特克無疑渴望木屋內的舒適與溫暖，但他只靠數學家教賺取在塔特拉山度過一季的費用。存款夠他露營一個夏季，卻住不起相對奢華的莫斯基奧科木屋。

他幾乎是兩手空空來到谷地，連一條繩索或一套安全吊帶都沒有。不過，塔特拉山的登山老手欣賞他的熱情和天賦，把他需要的道具都借給他，包括長度足夠製作一副胸前固定帶的繩索。歐特克最早是在弗次瓦夫附近的花崗岩石學會攀岩，因此當他發現塔特拉山有類似的純花崗岩時，信心大振。大膽又強壯的「走獸」，這下發現了更大的遊樂場，可供他到處攀爬。他稱之爲「動物最快樂的遊戲」。他感到如此快樂，部分原因在於他很顯然是谷地最厲害的攀登者。

當時既有的難度等級遠比今天要低，難度最高的攀登路線爲VI級，約等於法國的5c級，北美的5.9級。對歐特克這樣的天生好手而言，各種路線都不是問題。他見了就爬，享受領先群倫的感覺。「我得老實承認，那讓人自我意識膨脹。」他在多年後笑著說：「我受到崇拜。而人一旦受到崇拜，當然都想要更多。這是陷阱。很多年後，我越來越清楚那是陷阱。」但在二十一歲的年紀，他對將逼近的陷阱渾然不覺。

他攀登巉崖時主要採用頂繩攀登，這在當時的波蘭是標準做法。可是在塔特拉山脈，他必須學習如何判讀眼前的地形，此舉不僅是爲了攀登，也是爲了將保護點放到岩石中，以防墜落。弱點*在哪裡？他可以將岩釘敲進哪些裂縫？事實證明，歐特克學得很快。「你馬上看出該怎麼做。」他說：「看到裂縫，就放個岩釘。你知道在做高難度動作之前，務必先放岩釘。這是很自然的本能。」

儘管糟糕的天氣搞砸了一九六八年的夏季，歐特克此行所見已足夠讓他明白這是

＊弱點（weakness）：攀岩的本質就是借用岩石的「弱點」，譬如裂縫、岩壁上的凸起，都是所謂的弱點。攀岩者想攻頂，必須找到一連串持續不間斷的岩石「弱點」。——譯注

他的未來。他並不孤單，波蘭的登山界正以驚人速度壯大。當時另一位也很活躍的攀登者盧德維克．維爾辛斯基（Ludwik Wilczyński）反思攀登在戰後波蘭共產社會的重要性時寫道：「那個年代的生活經歷是熱情、貧困、囚禁感和社會福利（大概是最爛的那種）構成的古怪混合體。我這代和六〇年那代都沒受到史達林主義的恐怖影響。我們周遭的世界乏味得要命，幾乎連身體都感覺得到。」這就是登山造成深遠影響的原因。「史上第一次，登山是在探索……自由。這樣的探索，存在於登山新手初體驗的本質中。但在自我表達有限的世界裡，這個體驗變得更加強烈。從震撼、啟發，再到冷靜地看待『社會主義現實』，這些就是我們登山的第一項成就。」[4]

攀登者很快將自己定位為波蘭社會的次文化。登山作家史沙潘斯基（J.A. Szczepański）被譽為二十世紀上半葉的波蘭攀登界知識領袖，他寫道：「登山不是人生的象徵或詩意隱喻——登山即人生。」[5] 歐特克無疑耳濡目染了這種思維，史沙潘斯基的哲學就像為他量身訂製。他加入這群獨立的人，他們忽視功能失調的大環境，拋棄職業抱負，將尚未實現的希望和被壓抑的精力，一股腦地導向對山與冒險的熱情。山是他們的庇護所，是他們得以發揮才能和創造生活意義的地方。在山裡，他們可以信奉歷史比極權主義國家更悠遠的原則——所有攀登者共有的價值。

◆ ◆ ◆ ◆ ◆

時間來到一九六九年的夏天，歐特克又回來了，著魔似地不停攀爬。六九年的登山季結束時，他已完攀波蘭塔特拉山脈所有Ⅵ級的路線。當時，波蘭塔特拉山脈已沒有難度更高的挑戰。他在莫斯基奧科木屋注意到她，這位比歐特克大四歲的黑髮美女是來自克拉科夫的業餘攀岩者，有著精緻的臉蛋、婀娜的身軀、溫暖的笑容和炯炯的雙眼。她的名字是伊娃．沃爾德克（Ewa Waldeck）。

伊娃的母親是波蘭人，但父親是二戰期間駐紮在克拉科夫的德國軍醫。波蘭女子和德國軍官非常罕見地成了戀人，並生下獨女伊娃。戰爭即將結束時，德國軍官在戰鬥中失去了一條腿，隨後回到德國。伊娃的母親不敢陪他回國，因爲他仍是德國現役軍人，波蘭籍代表的可是德國的敵人。獨自留在克拉科夫一段時間後，她終於決定冒險和丈夫團聚。不過，現在她面臨的是財務問題。她沒有足夠的錢搭巴士，只能把小伊娃放進手推車，一路從克拉科夫步行到德國。這本該是美好的故事，不過事與願違。她很快意識到德國人的心性和她格格不入，只好勉強帶著伊娃返回克拉科夫。在克拉科夫，這是極不尋常的舉動，她因而受到波蘭當局密切關注。

初次邂逅後，伊娃和歐特克便經常在塔特拉山碰面，一起在莫斯基奧科谷地攀登，還非法越過邊界到斯洛伐克那一側的塔特拉山，也一起到馬蘇里湖區（Massouli Lakes）划獨木舟。在莫斯基奧科木屋結識短短不到兩年，歐特克和伊娃就結爲夫妻了。二十四歲的歐特克收拾幾個手提箱，搬進伊娃和她母親在克拉科夫的公寓。儘管私人生活很幸福，歐特克的工作並不順利。他在高中擔任助理幾年後，因爲工作時間會妨礙攀登而辭職，換到附近一家鋼鐵廠，嘗試做測試技術設備的工作。但那也不適合他，於是改行維修電視。他非常討厭電視維修，討厭到後來自己的電視壞掉時竟雇人來修理，而不是親自動手。

他就跟當時多數波蘭公民一樣，對統治波蘭的共產主義制度感到不滿。無論生產效率是高是低，工資都是固定的，這導致人們意興闌珊，消極抵抗，國家經濟幾近停頓。人們寧可把精力用來賺外快，或留給他們的親朋好友。

雖然工作前途無光，歐特克和伊娃的感情相當好，但這偶爾還需要出手捍衛。某天，兩人一同攀完克拉科夫近郊的巉崖後，歐特克和友人繼續攀岩，伊娃獨自到森林裡漫步。她撞見一群年輕男子在伐木，便走上前去。

「你們在幹嘛？住手。這些樹不是你們的。」

這群狂徒咒罵她，用粗俗的字眼侮辱她。她氣沖沖回到巉崖。「歐特克，你得出面處理。」她堅持。

歐特克同意不能就這樣放過他們。畢竟，她可是受到辱罵及恐嚇。他們於是踏著疲憊的步伐去找那幫傢伙，但想也知道，他們早已不在原地。伊娃和歐特克再多走四公里，到距離克拉科夫不遠的扎別茹夫（Zabierzów）火車站，整路上，伊娃滔滔不絕地細數她遭遇的不公。

「他們罵我婊子。」她怒斥說：「他們恐嚇我。」

「好，一切都過去了。妳要冷靜下來。」歐特克勸解道。

兩人一走進火車站，伊娃便大喊：「歐特克，歐特克！你看，他們在那裡。那些就是欺負我的傢伙。」

他們一共有五個人。

歐特克知道自己必須做點什麼，於是走上前對他們說：「嘿，你們冒犯了我太太。你們應該道歉。」五人中有三人立即做勢要打架，朝歐特克高舉拳頭。這瘦皮猴以為自己是誰啊？隨便揮出幾拳，他肯定就會落荒而逃。他們對歐特克的拳擊技巧、他的敏捷、他的體力一無所知。

一轉眼，其中三個男人倒在地上，另外兩個逃跑。他們當中有個人一直拿著吉他，當歐特克朝他出拳時，吉他被砸在牆上發出嗡嗡巨響。他們爬起身時，歐特克看得出他們被激怒了。他不僅傷害了他們的自尊心，還無意中毀了那把吉他。幸好緊要關頭一群當地青年晃了過來。他們看到剛剛發生的衝突，準備出手相助。「你們最好離開。」他們威脅攻擊者：「否則，你們會後悔的。」於是對方撿起摔碎的樂器，從車站溜走。

多年後，歐特克回想那趟返回克拉科夫的火車，笑了出來。「沒錯，伊娃對我的表現非常滿意。」他說。

◆ ◆ ◆ ◆ ◆

他與伊娃在一九七〇年回到塔特拉山脈，這次是到禁止進入的斯洛伐克那一側。他們翻越鄰近莫斯基奧科谷地的一道山脊，向下穿過連綿的高山草叢和一片矮松林。再翻越另一個山脊，走上一段漫長的鬆動碎石坡，終於看到此行的獎賞：小米勒峰（Maly Mlynarz）三百公尺的山壁美景。同行的還有歐特克的攀登夥伴：米豪・伽百耶（Michal Gabryel），還有華沙的攀登家及奧運等級的擊劍運動員雅努什・庫爾扎布（Janusz Kurczab）。庫爾扎布比歐特克年長十歲，是五官精緻勻稱的美男子。三人開始攀登小米勒東峰險峻、陰暗岩壁上的一條新路線。新路線超越了魔幻般的VI級難度，獲得VI+級的評等，成為塔特拉山脈最困難的攀登路線。庫爾扎布（歐特克當時的登山導師）負責規劃這次的攀登，歐特克則提供征服這面山壁所需的攀登技巧。

攀完小米勒峰僅一年，歐特克就因攀岩初期的另一位良師益友過世而大感震驚。雅修．弗蘭丘克（Jasiu Franczuk）於一九七一年在昆揚基什峰（Kunyang Chhish）的首登中喪命，那是巴基斯坦喀喇崑崙山脈喜士帕爾峰（Hispar Muztagh）的支脈。波蘭隊是由德高望重的遠征領隊安傑伊．扎瓦達（Andrzej Zawada）率領，也是波蘭在亞洲最高山脈群最早寫下的重要成就之一，向世界宣告波蘭登山家的才華和毅力。當弗蘭丘克掉進山勢低處的一道冰河裂隙時，遠征差點失敗。但在哀切的悼念儀式結束後，他們繼續完成任務。歐特克更懷念的是弗蘭丘克待人處事的特質，而不是他的攀登技巧。「我覺得他不同凡響。」歐特克說：「他對世間一切都很公正，極富正義感，謙虛到難以置信，而且自然不造作。」弗蘭丘克比歐特克大三歲，有種似乎可以讓人直觸眞理的簡單和誠懇。歐特克十分思念弗蘭丘克，而那更多是因爲他搬到克拉科夫後就沒再與家人定期聯絡，父子關係也更加疏遠。

攀登和旅行有助於塡補空虛。波蘭山岳協會和法國霞慕尼的國立滑雪登山學校（Ecole Nationale de Ski et d'Alpinisme）合辦很多阿爾卑斯山行程，會挑選最棒的波蘭攀登者，全額負擔他們的旅費，另外發放約兩百美元的法國生活費。由於波蘭攀登者通常一去就是整整一個月，得靠省錢讓津貼撐到最後，因此多數糧食必需品都要從波蘭帶去，還要非法露營。若非如此，營地費會很快就掏空他們的補助金。不過，在離開波蘭之前，他們得取回由護照辦公室扣管的護照。唯有提出赴國外旅遊的正式理由才能讓當局釋出護照，而且申請過程通常要一個月，甚至不止。波蘭山岳協會並不知道，歐特克完全沒有資格加入阿爾卑斯山行程，因爲根據協會訂定的僵化制度，他還不是「通過認證」的登山家。

回到塔特拉山脈，歐特克繼續非法行事，隨意往返波蘭和斯洛伐克。他每跨越國界一次，就犯罪一次。「我們會偷偷翻越隘口，下降四、五個小時到我們的攀登地點，然後在外傾岩壁下方睡覺。」他說明。波蘭攀登者天生叛逆，不會放過任何在禁區攀登的機會。不過，邊界軍人盡忠職守，多數攀登者都曾被逮到。歐特克也不例外。

「有一次，我決定走簡單的路線跨越國界，所以我下降到河邊。」他回憶道：「涉水渡河到一半的時候，我聽見波蘭邊境巡邏兵大喊：『停下來，停，停。不要動。』」這時想逃跑根本沒希望。歐特克身上背著沉重的裝備，再說，他能跑到哪去？他轉身投降，在獄中過了兩晚。對他來說，蹲大牢不難，但當局要求他出獄後持續通報，那就是個大問題了。接下來的兩個月，他每個禮拜都得親自到弗次瓦夫警局報到。然而，他已不住在弗次瓦夫。由於所有攀登裝備都在塔特拉山營地，他被迫每個禮拜花兩天往返山區和弗次瓦夫。浪費錢，又虛度時間！但規定就是規定，於是歐特克認分地長途往返，直到緩刑結束。

某次報到時，警察盤問他，但不是針對他違法越界，而是針對他的國際旅行。他們禮貌甚至友善地建議他，要是看到其他登山夥伴做了任何「令他不安」的活動或行爲，記得要通報警方。歐特克點頭應允，但其實無意配合。下一次會面時，他沒提供任何線報，警察就沒那麼友善了，還隨口提起申請取用護照去國外旅行有多困難。登山者很好說動，因爲如果他們配合，好處會很豐厚，也就是旅行的自由。若不配合，則得面對困在波蘭的黯淡前景。

歐特克聽出這番話是在拐彎抹角地威脅他的自由。該怎麼辦？他知道自己永遠不會暗中監視他的夥伴，但他也知道，這就是當局准許他出國旅行所期待的回報。各種解決之道閃過他的腦海。他想到他可以只待在塔特拉山攀登，這樣就不用暗地觀察登山夥伴並向當局回報。順利的話，他以後都不用參加這令人厭惡的會面了。他向警察解釋自己的狀況，他們同意這是可以接受的，僅再提出一個要求：這些討論從未發生，他也絕不能向任何人提起。

歐特克當然同意了，而且當然也沒乖乖聽話。他知道自己的遭遇並不特別。許多到國外旅行的登山者都會被警察找上，不僅要他們觀察「外頭」自由世界的風吹草動，還要他們暗中監視自己的夥伴。有些人遵從，但多數人都沒有。歐特克屬於沒有的那一群。

◆ ◆ ◆ ◆ ◆

歐特克在接下來的兩個冬季回到塔特拉山，而且一舉衝高標準。他待在莫斯基奧科木屋下方的簡樸登山小屋。由於恰逢聖誕假期，小屋擠滿了波蘭各地的登山者。走廊地板被臭氣沖天的睡袋掩埋，房間被堆得像木柴的登山者塞滿。柴火爐暖和了中央的房間，但小屋各個角落仍冷風颼颼。儘管如此，整體氣氛還是愜意歡快。「那個年代的波蘭攀登者沒有衝突。」歐特克解釋說：「好啦，少數幾人可能不合，可是整體來說，登山圈子感情融洽。大家都是朋友。」雖然老舊木地板嚴禁使用爐子，每個人都無視禁令，煮起摻酒的山友茶和豐盛的冬令進補湯。想要淋浴的人必須事先和小屋管理員講好，請他煮水。多數人會選擇用冰冷的海綿擦澡。

冬攀塔特拉山不是什麼新鮮事。多年來，波蘭攀登者都前往這片覆蓋苔蘚、野草與冰雪的岩壁，測試自己對抗艱苦條件和惡劣天氣的技術和耐力。安傑伊．海因里希（Andrzej Heinrich）、尤金紐斯．克羅巴克（Eugeniusz Chrobak）和庫爾扎布等家喻戶曉的人物都在寒冬學習受苦的藝術，這能力將在他們到喜馬拉雅山脈、興都庫什山脈和喀喇崑崙山脈攀登時派上用場。事實上，塔特拉山的冬攀幾乎和夏攀一樣熱門。「第一個在冬季攻頂的人是誰」和「第一個攻頂的人是誰」可說是熱度不相上下的問題。歐特克展開第一個冬攀季時，以自己高超的夏攀技術爲基礎，針對塔特拉山的冬季獨特條件做了調整，粉碎了人們過去以爲的可能性極限。

以冰岩混合地形爲主的攀登，需要不斷切換岩攀與冰攀技術。塔特拉山冬攀之所以惡名昭彰、挑戰心理極限，原因很多：能放置保護點的地方很少、確保點不可靠，而且路線很難找。找出路線在夏季是重要的目標，而歐特克發現這在冬季甚至更加重要。

他得先用厚厚的手套清除輕軟如羽絨的積雪，檢視岩壁上有沒有任何弱點——也許有可以支撐冰爪的迷你岩階，或可以打岩釘的垂直裂隙。然後他伸長手臂，冰斧往上一揮，留心聆聽是否有冰斧成功鑿進一塊冰或一片凍草時令人心安的「嚓」聲。如果失敗，他得用戴著手套的手緊抓險惡岩面，直到他說服古老的塔特拉山花崗岩再給他一次機會。而下一次揮動冰鎚，又很容易震碎藏在小雪堆底下的岩石凸稜，導致他暫時失去平衡，得努力穩住身體，然後再揮一次。接下來，他得抬起腳，小心翼翼地把冰爪踏到一個已清除積雪的腳點，重新分配身體重量，保持平衡貼在岩壁上，尋找下一個弱點。在冬季稍縱即逝的每個白晝，他就這樣沿著岩壁一吋吋上升，一爬就是數個小時。

攀登冰瀑在當時還是未知的明日運動。不過，遇到近乎垂直的冰面並非不尋常，它們常散布在岩石和凍草的結霜路段上。歐特克雙腳踩著冰爪，帶著一根冰斧和一把冰錘，極度緩慢地推進。「我會耐心用冰斧砍出冰階和手點，爬到稍高處，再挖砍另一連串冰階和手點，不斷重複。」他解釋道。儘管推進的過程單調乏味，他深受陡峭的冰面吸引。「這充滿挑戰。」他說：「新奇、令人興奮。而且冰壁線條越是純粹，就越誘人。」

有些朋友知道他打算在布道壇峰米耶古斯卡威奇卡山壁（Kazalnica Mięguszowiecka Wall）的「直線攀登路線」，挑戰冬攀首登——這是當時塔特拉山脈最具挑戰性的冬季目標。這條直線攀登路線以環境惡劣和欠缺保護點出名。岩壁的底部大部分是凍草，還有幾小段岩石。海拔更高的地方，比例改變，黑色花崗岩變多了，上面零星散落著長有凍草的指洞*。這面岩壁凶險難爬：VI級、A2－A3級。以上要素結合起來，成爲了歐特克眼中的誘人目標。只不過，他不是唯一看上這條路線的人。

一九七一年三月，他和三個夥伴來到莫斯基奧科谷地，發現直線攀登路線上已有一支隊伍。領隊是亞捷．庫庫奇卡，大家都叫他「朱瑞克」（Jurek）。歐特克記得自己有點惱火，覺得被捷足先登，懷疑他的計畫被洩漏給有心人。直線攀登路線這下成爲了賽場，而歐特克覺得自己必須參賽。「那〔直線攀登路線〕符合當時的潮流。」他後來如此解釋：「這一點我很清楚，基於這個原因，我深受它的吸引。」

朱瑞克的天氣運不太好。在他攀登的頭一天，雪開始落下。岩壁很快被一波波風雪淹沒，於是朱瑞克和他的隊伍只好撤退。翌日，天氣回穩，朱瑞克一行人現在得好好休息。歐特克出發攀登。朱瑞克在攀登路線的兩段繩距**留下了固定繩，儘管歐特克的隊伍沒有使用這些現成繩索，但用了幾支已經打好的岩釘。攀登的第二天，歐特克和夥伴爬到岩壁中段時，發現朱瑞克的隊伍正走向岩壁，準備試第二次。歐特克攀越至路線上的外傾岩壁，踮著腳尖在一塊技術難度很高的斜板***上移動時，天氣又惡化了。在狂風暴雪猛擊他的同時，雪從峰頂大片崩瀉，幾乎要將他從光滑的斜板上掃落。

朱瑞克抬頭向上大喊：「嘿，天氣很糟糕。你能把繩索往下放嗎？我們可以用嗎？」朱瑞克的隊伍陷入困境，雖然兩隊人馬正在進行友誼賽，但歐特克完全不可能拒絕他們。他同意幫忙，然後繼續攀登。雪崩從身旁滑落的力道越來越強，而他還得

---

* 指洞（pocket）：岩壁上可容一至三根手指的洞。——編注

** 繩距（pitch）：兩個主保護點之間的距離，通常不超過一根繩長。——譯注

*** 斜板（slab）：指角度小於九十度的內傾岩壁。——譯注

專注面對必須小心處理的斜板，此時，歐特克聽到很遠的山壁下方傳出奇怪的聲音。「一個可怕的叫聲。音調尖銳。好像動物發出的聲音。然後我聽到兩三個重擊聲。我整個人都慌了。」他心想下方會不會發生了什麼嚴重的事，但他不能分心。歐特克正卡在一個不穩的危險姿勢，前一個確保點並不全然牢固，而且他在上一個繩距攀爬了超遠的距離，才找到能放下一個保護點的地方，若不幸墜落，那力道可能會拔掉確保。他絕不能犯一點錯。「我進入一種冷漠的心理狀態，努力將任何關於災難的念頭逐出腦海。」他說。幾分鐘後，他找到比較牢固的位置，於是呼叫下方的隊友，暱稱爲「泰迪」的塔德烏斯．吉賓斯基（Tadeusz 'Teddy' Gibiński）。

「泰迪，發生什麼事了？下面怎麼了嗎？」

「幹，我不知道。」泰迪含糊地說。

歐特克懷疑那只是出於情勢緊迫而撒下的善意謊言，所以他繼續挺進，爬完剩下的繩距，然後設置下一個確保。等泰迪抵達時，他們決定停下來過夜，而不是繼續頂著狂風暴雪往上——此時風雪已全面失控。由於沒有空間可坐，他們站著，擠在一塊，身體爲保持溫暖不住地打寒顫。夜裡，他們聽到更多來自下方的叫喊聲。歐特克輕聲向泰迪追問稍早發生了什麼事，想知道更多消息。天將破曉之際，泰迪終於說出眞相。

「皮奧特．斯科魯帕（Piotr Skorupa）死了。他朝黑湖（Black Lake）摔下去。」

他們後來得知，斯科魯帕以普魯士繩環攀爬朱瑞克那條繩索，那是猶馬上升器（Jumars）發明之前的標準上升技術。普魯士結使攀登者能拉著繩索向上移動，而且不會下滑。攀登者把繩結沿著繩索往上推，隨後踏進與繩結相連的繩環裡，讓繩環托起身體。接著把繩結向上推，身體隨繩環向上移動，再隨之調整重心。如此一來，就能在雙腳不接觸岩石的情況下，緩慢地沿著繩索上升。斯科魯帕差一點就搆到朱瑞克了。朱瑞克當時向他伸長了手，準備將他拉上確保站位，還答應要給他來杯熱湯。但出於不明原因，斯科魯帕抓住了普魯士結，而不是由下往上推動繩結。這一抓改變了繩結的張力，導致他開始向下滑動。驚慌中，他死死緊抓著繩結，始終沒有鬆手。其實只要放開繩結，他理當會立刻停止下滑。他從結冰的繩索往下滑時，發出了歐特克所聽到的原始嘶吼，一路下滑到繩索的尾端，墜入下方結凍的湖面。這是朱瑞克第一次發生攀登夥伴墜落死亡的意外，但不是最後一次。

山壁高處的歐特克身處棘手的情況。由於他們已攀到了外傾岩壁之上，幾乎不可能按原路線直接垂降。當曙光逐漸拂上他們凍僵的身軀，他和泰迪知道，他們得繼續往上爬。眼前還有兩段艱鉅的繩距在等待著他們。悲劇使他們心慌意亂，驚恐萬分，推進的速度極爲緩慢，因而被迫在岩壁上又度過一晚。經過五天的攀登，他們終於登頂，並下降返回莫斯基奧科湖，一群擔心他們安危的攀登者從小屋走出來擁抱他們。儘管鬆了口氣，他們的情緒混雜著哀悼，大大地稀釋搶下冬攀頭籌的喜悅。

那年的十二月，歐特克回到塔特拉山，決定要成爲同一面布道壇山壁上的「下水道路線」（Šciek）的冬攀首登者。當他來到莫斯基奧科谷地，公開此行的目標時，另一組人馬宣布那也是他們的計畫。又要競賽了。歐特克記得當時的氣氛：「圈子裡有幾個厲害的傢伙，有幾次攀登的競爭相當激烈。不過都是健康的運動競賽。」他日後的登山同伴維爾辛斯基回憶說，同好間的競爭不限於冬攀首登。小木屋裡流行較量單手引體向上，歐特克的好勝程度不遑多讓，甚至可能比誰都好勝。

歐特克的隊伍花了六天完成「下水道路線」的冬攀首登：四天架繩，兩天攀登。當他們腳步踉蹌地走回小屋時，聽到屋內傳出歡呼、吶喊、高歌的聲音。樂音響徹暗夜。「群山晃動。」歐特克笑說。他這才想起今天是新年前夕。莫斯基奧科木屋擠滿登山者，人手一杯伏特加，樂聲震耳欲聾。他們以「不折不扣的波蘭風格」慶祝完攀，然後在隔日默默承受宿醉與疲累之苦。

隔年冬天，他成爲冬攀「蜘蛛路線」（Pajaki，難度VI，A3級）的第一人。一九七三年又完成了「超級下水道路線」（Superściek，難度V，A2級，九十度冰壁）。「超級下水道路線」因有長段結冰層，尤其教人聞風喪膽。這段山壁在夏季因潺潺水流而濕透，在冬天變成一大片冰壁。攀登者僅有簡陋的冰攀工具，沒有固定岩楔（nuts）及活動岩楔（Friends），全仰賴岩釘和一種形狀像穿線針的冰樁。第二危險之處在於路線上方名為「避難所」（Sanctuarium）的峽谷有大量積雪。

如同每個波蘭攀登者，歐特克也有一本自己的攀登紀錄簿。起初，他一絲不苟地記錄每次攀登，不過很快便不再熱衷此道，整整一年沒做任何攀登筆記。有趣的是，他持續記錄自己的露宿（通常是沒有事先計畫的山區過夜，有時甚至完全沒有遮蔽）。為什麼？他解釋：「因為我覺得露宿很有趣，勝過攀登。」除了有趣之外，歐特克知道那是寶貴的學習經驗。「在塔特拉山冬攀學到最重要的一課不在低溫或技巧。」他繼續說：「因為每次攀登都要三天以上，你得學習如何在山上過得自在、如何在山上生活，並為自己打造舒服又安全的露宿。這是我們後來帶到興都庫什山脈和喜馬拉雅山脈的知識。我露宿時通常覺得放鬆，很享受美景。」歐特克回憶道：「我愛露宿。」

他可不孤單。露宿在波蘭頂尖攀登者的圈子大受歡迎，他們甚至開始較量誰露宿過最多次，還制訂出一套限定條件：住在帳篷裡不算露宿；使用露宿袋要扣一分；只用背包套住雙腳是最受推崇的露宿方式。「露宿競賽」最終的領先者是堅忍不拔的喜馬拉雅登山家海因里希，擁有數百次的傲人露宿紀錄。

塔特拉山冬攀在波蘭是最崇高的登山形式，需要比夏攀更好的體能水準，以及更有韌性的心理素質。當時既有的設備不可能讓人快速攀升高難度山壁，再說了，何苦搶快呢？歐特克珍惜那種命懸一繫的感覺、在垂直世界的冒險與探索，以及他個人的極限。儘管不是露宿王，歐特克珍惜在塔特拉山巍峨黑壁度過的每個冬夜。

三
興都庫什山脈——脫韁

如羽翼般舒展的大地，在許多處拗摺成山。

——凱特·哈里斯（Kate Harris），《無界之疆》（*Lands of Lost Borders*）

來到阿富汗，就像回到中古世界。黏土牆壁和泥地都鋪上圖紋最精美繁複、五彩斑斕的地毯。餐廳的菜單上只有兩項食物——肉抓飯和烤肉串，而且都以羊肉作成。街頭轉角散發香甜的大麻膏氣味。阿富汗村莊有種古老的氣氛，被時間磨去了稜角，顯得悲傷而凋敝。百姓也未老先衰，因日曬、風吹、沙塵雕蝕而乾癟憔悴。他們是曬成陶土色的沙漠民族。「那是我當時見過最奇異迷人的地方。」歐特克說。

那是一九七二年，二十五歲的歐特克參加了克拉科夫十人登山隊，領隊是雷沙德·柯吉歐（Ryszard Kozioł）。電機工程師柯吉歐有幾年曾是歐特克在某教育單位任職時的上司，後來他成爲教授暨作家，事業有成，如今正率領一支登山隊伍前往高聳的興都庫什山峰。這是歐特克首次接觸高山環境。儘管攀登技巧奇佳，他過去只爬過海拔相對低很多的塔特拉山和阿爾卑斯山。他讀過一些關於高海拔攀登的文字描述，對於設置多個營地和分階段攀登的策略有一點概念。他知道他必須讓身體適應連綿美景中的稀薄空氣，可是他抱著天真的熱情，打算拿在歐洲登山的那一套接近這些峰巒：不設補給營地、不扛氧氣瓶、不架固定繩。「我是個無腦的笨蛋。」如今的他笑著說：「我想，我只是憑自己的想像到處移動。純粹在腦袋裡推估和想像該如何在那裡攀登。」他後來才知道，他的方法被人稱為「阿爾卑斯式攀登」。

他們來到烏爾根巴拉谷地（Urgunt-e-Bala Valley）。一群波蘭攀登者曾在一九六二年來此探索，並成功首登海拔六九九五公尺的特茲峰（Kohe Tez）。[6]歐特克的隊伍在七月二十七日設好基地營，接著又在阿徹奇奧奇峰北壁（North Face of Akher Chioch）山麓的廣袤雪地設立了前進營，那裡有「克拉科夫高原」之稱。這群攀登者程度參差不齊，從一開始便明白彼此的攀登目標會因個人能力而有所不同。

儘管已經盡可能為此行帶上最好的裝備，波蘭攀登者的穿著打扮比較像中世紀的高山浪人，歐特克形容他們是一群俄羅斯古拉格勞動營的生還者。他給自己的羊毛長褲取名「古拉格一九七一年款」，是出自伊娃腳踏縫紉機的原創品。棉質法蘭絨襯衫是「古拉格一九六八年款」，比長褲年份老一些，明顯磨損。泡棉睡墊被暱稱為「古拉格海洋一九六八年款」，海洋一詞是形容無限的吸水能力。然而，當隊伍行經一座座阿富汗村莊，他們襤褸的衣衫卻被當地居民視爲華麗豪奢的高級時尙精品。地方居民羨煞了他們尺寸過大的毛氈鞋「古拉格毛氈一九七二年款」，有隻靴子竟在遠征隊離開當地時神祕失蹤了。實在難以想像單隻毛氈靴能用來做什麼。

「古拉格」裝備儘管看起來破舊，卻是大費周章才拼湊出來的。在一九七二年的波蘭，帳篷、睡袋、羽絨褲、禦寒外套和靴子都不是隨便走進店裡就買得到的，市面上根本沒有這些產品。一切裝備都得從頭製作，向某供應商買布料，再向另一供應商買羽絨，然後請母親或女友將各種材料縫製成帳篷、衣服和睡袋。登山靴要到扎科帕內找鞋匠訂製，冰斧則請地方上的鐵匠鍛造。組織波蘭遠征隊不僅費工夫，而且需要動用廣大的人際網絡。

在附近的山峰適應高度兩個禮拜後，歐特克、亞當．萊萬多夫斯基（Adam Lewandowski）、亞切克．盧謝斯基（Jacek Rusiecki）開始前往他們的第一個目標：七〇一七公尺的阿徹奇奧奇峰和特茲峰之間還無人涉足的西北側，然後再攀爬阿徹奇奧奇峰的西脊。在塔特拉山和阿爾卑斯山攀登時，身邊往往還有數十名登山家，置身阿富汗與巴基斯坦交界處的偏遠地帶則相當不同，有一種貨眞價實的冒險感。「這個踏入未知的機會使我備受鼓舞。」歐特克說。

他對這次攀登最鮮明的記憶之一就是在西北側的露宿。三名攀登者擠滿小小的帳篷，鑽進各自的羽絨睡袋，不住地在「古拉格海洋一九六八年款」睡墊上扭動，想找到舒服的睡姿。夜裡，風不停吹打帳篷，教人心神難定。然後他們聽到了一些動靜。聲音非常清晰，有人在帳篷四周走動。歐特克猛然坐起身，望著盧謝斯基，盧謝斯基卻沉著地注視他。盧謝斯基是公認的撲克牌天才玩家，看家招牌是以溫和堅定的微笑直視對手的眼睛。不露聲色、誘敵入彀的微笑。他就算是在牌桌上豪賭，眼神仍相當沉著從容。倘若對手抓到他虛張聲勢，那惱人的似笑非笑還是會掛在嘴邊。

「你有聽到嗎，外面有人？」歐特克問盧謝斯基，聲音透露出擔心

盧謝斯基一言不發。歐特克很疑惑——難道山上不是只有他們而已？就在此刻，除了本來的腳步聲，又多了呼吸聲。

「肯定有。有人在外面。」歐特克說：「我們該怎麼辦？」

盧謝斯基依舊不動聲色。沒人有勇氣把頭伸到帳篷外，於是他們躲回睡袋裡，文風不動地躺著，不知不覺陷入斷斷續續的睡眠中。

隔天清晨，他們檢查帳篷四周的積雪，沒發現任何足跡。他們所在的海拔還很低，不至於產生幻覺，所以昨晚的聲響究竟是什麼？他們三個人都聽到了。歐特克只能猜測奇怪聲響大概是風搞出來的把戲。

次日，就在登頂前一個小時，萊萬多夫斯基堅持停下來野餐，煮壺熱茶。三人裡面就屬萊萬多夫斯基最放鬆，很懂得在遠征時苦中作樂，譬如快到海拔七〇一七公尺的山頂前，在寧靜的九月天享受一頓高山野餐。他們歇腳、煮茶，無垠的地平線之美盡收眼底。興都庫什山脈看起來是如此壯闊。結束野餐後，他們一舉攻頂，不過短短三天就完成了此行的第一條新路線。

下一個計畫是還沒人爬過的特茲峰北脊。攻頂小隊由歐特克、柯吉歐和經濟學家艾莉卡．貝德納茲（Alicja Bednarz）組成。多年後，歐特克以一篇名為〈三人組〉（Trio）的文章描述他們在特茲峰的經歷。一九七二年遠征留下的檔案照裡，最能引發共鳴的，莫過於三名攀登者回到基地營後眼神空洞的一張合照。他們在完成登頂的下山途中度過了痛苦不堪的一晚露宿。「那是我這輩子最難熬的露宿經驗之一。」歐特克說。

冒險的序曲是柯吉歐、貝德納茲和另外二人受困在山中六千六百公尺處，他們的營地已有三天毫無動靜。歐特克和盧謝斯基剛完成阿徹奇奧奇峰的新路線，正在基地營休息。盧謝斯基的妻子瑪格達（Magda）是受困的攀登者之一，他很擔心妻子的安危，於是說服歐特克和他一起爬到特茲峰北脊，看看他們是否需要幫忙。儘管攻頂阿徹奇奧奇峰後只休息了一天，歐特克和盧謝斯基飛也似地在一天內爬升兩千公尺，順利找到受困的一行人。所幸攀登者都還活著，而且無人受傷，純粹在等待天氣轉好。

確認瑪格達無大礙後，盧謝斯基準備和她立刻下山。柯吉歐的夥伴貝德納茲無意和盧謝斯基夫婦一同下撤。貝德納茲是奇女子，總是用男性的代名詞自稱。「他不要咖啡……他要茶。」她會這麼說。歐特克和盧謝斯基到高地營援救他們時，她說：「他不會下撤回基地營。他想要登頂。」那裡似乎不是辯論的最佳場合，於是歐特克提議和貝德納茲及柯吉歐組隊，準備隔天攻頂。他們確實成功了，成爲第一支從北脊登頂的隊伍。歐特克以標準的阿爾卑斯式攀登，僅用兩天的時間就登頂了，而三天前他才剛完成阿徹奇奧奇峰新路線。看來興都庫什山脈和歐特克是棋逢敵手。

但天氣在下山途中轉壞。傍晚時分，他們困在可怕的冰塔迷宮陣，每座冰塔都可能崩裂，壓死他們。他們躲進雪穴，尋求掩護。布滿濃重冰霧的冷空氣裹在他們的「古拉格款」羊毛長褲及機能更差的棉質襯衫上。離奇的霧氣包覆著他們衰竭的身體，吸光僅存的熱度。深夜裡，就連勇敢且意志堅定的貝德納茲都因絕望而崩潰。「她從男性轉變爲女性，開始哭泣。」歐特克回憶說。柯吉歐因貝德納茲的情緒不穩而焦躁，破口大罵起來，他深信這個洞穴很可能變成冰棺。「我不知道該做何感受。」歐特克說：「我應該同情這個女人呢？還是祈禱她重拾內心的性別認同，化身超人回來？」

黎明沒為險境帶來一絲希望曙光。幽靈白霧取代漆黑暗夜。四肢冰冷僵硬的他們從雪穴裡向外爬，連站起來都很困難。「我們搖晃彼此，把古拉格衣上的冰碎片弄掉。」歐特克回憶說。當他們開始在混亂的冰塔迷宮裡尋找出路，風繼續颳痛他們凍僵的身軀。歐特克走在前頭，尋找逃生路線。「冰塔障礙成了奪命陷阱。」他說：「白霧像颶風一樣兜轉，我越來越常停下腳步，在一片雪白中徹底失去方向。古拉格款的衣物緊貼皮膚，我感覺到殘存的溫度和體力逐漸流失。」他突然陷進積雪，濃厚的白霧讓他看不見自己的夥伴，只能靠著拉繩索感受他們的存在。冰隙在他腳下張開陰森的大嘴，他朝各個方向試探，尋找生路。正當他快失去希望時，就在右前方，有個東西抓住了他的目光。某種黑暗、恐怖的東西。不過，他被那詭形怪狀吸引。濃霧裡，他甚至看不出那是不是冰崖、冰隙或岩石。他只知道右前方的顏色較深，比起在綿延白幕中踉踉蹌蹌地盲目摸索，那裡似乎更有生還機會。漆黑的景物越變越大。突然間，歐特克眼前豁然開朗——這是兩座冰塔之間的巨隙，一條亮晃晃的冰隧道！歐特克無法自制地一腳踏進去，順著和緩的坡度向下走。但這隧道通向何處？它看起來像在作勢躍入山腹，投身地底墳塚。儘管如此，他禁不住沿著隧道繼續向前，每一步都戰戰兢兢，同時發現環境變了。暴風趨於和緩，隧道裡無聲無息，教人毛骨悚然。墳塚也是這麼靜悄悄的，他心想。還有死亡。但這種寂靜變成了救贖——暴風吹不進山腹的冰封心臟。

歐特克回頭看向隧道的入口，發現貝德納茲極度痛苦地躬身，幾乎要被隧道口外的勁疾暴風吹到半空中。歐特克回憶那幅畫面時想像力馳騁翻飛：「她懸掛在白霧中，像一具吊在絞刑架上的軀殼。她凌空的身體旁邊是體型較矮較寬的柯吉歐，宛如一隻邁開大步的蜘蛛。」貝德納茲最終趕上了歐特克，恢復「內心的性別認同」，並且發號施令起來。「他要去那裡。」她手指向隧道的盡頭，對他們下達命令。重拾信心後，貝德納茲很快便率領三人組走出冰塚。柯吉歐不再咒罵，歐特克鬆了一口氣。

多年後，歐特克在〈三人組〉中，邀請讀者仔細端詳古拉格小隊歷劫歸來後在基地營留下的有趣影像。

看著這些筋疲力竭的人，很難察覺到絲毫的英勇，也沒有榮耀與喜悅。不過從他們身上，可能會看到某種平靜和些許自豪。仔細端詳這幾張被風雪摧殘的面孔。左邊那個人〔柯吉歐〕盯著地面，彷彿死刑犯。但他之所以盯著地面，並不是因為預料之中的死刑判決。判決才剛被推延……讓我偷偷告訴諸位我所知的機密，其實，他視線低垂，是因為昨夜與中間那個人有一段不愉快的對話，心裡感到懊悔。

他繼續分析這張照片。「右邊那個人〔歐特克〕看起來有點狂妄。一臉自作聰明。沾沾自喜。擺出一副重要人物的樣子……不過根據我的祕密情報，我可以跟諸位說，他其實只是自滿而已。只有中間那個人〔貝德納茲〕看起來正常。不過，中間這個他其實不是他，而是她。」

他懇請讀者最後再看一眼。「你現在看懂左邊男子〔柯吉歐〕難爲情的低垂眼神了嗎？你有看出中間這位〔貝德納茲〕眼神中的一絲驕傲嗎？你能否原諒右邊那位〔歐特克〕露出自信的神情？這三張臉背後藏著唯有被逼到極限才能獲得的無盡驕傲，因爲唯有在極限狀態……」歐特克的句子在此打住。他的言下之意是：唯有在極限狀態才能獲得珍貴的經驗，譬如某個重要的啓示，或是某些寶貴的眞知灼見。

烏爾根巴拉谷地的歷險記還沒結束。歐特克晾乾他的古拉格裝備和浸濕的泡棉睡墊，回到阿徹奇奧奇峰，準備挑戰更具野心的壯舉，從來沒人爬過的北壁——「興都庫什山的艾格峰」（Eiger of the Hindu Kush）。他的夥伴有盧謝斯基、馬雷克・柯瓦爾切克（Marek Kowalczyk）和皮奧特・雅辛斯基（Piotr Jasiński）。他們攀登了此行最棒的一條路線，很有效率地在三天內登頂，並採用阿爾卑斯式攀登，也就是歐特克口中的「脫韁」攀登。「不知爲何，我就是覺得既然我們都相當適應高山氣候了，就沒有道理搭設營地。露宿地不過是一天結束時睡覺的地方而已。」

阿徹奇奧奇峰北壁攀登可能是第一次有人以阿爾卑斯式爬上海拔七千公尺以上的大岩壁。義大利登山家梅斯納爾和奧地利攀登者彼得．哈伯勒（Peter Habeler）在一九七五年完成的加舒爾布魯木I峰（Gasherbrum I）攀登，被認爲是海拔八千公尺以上的第一次阿爾卑斯式攀登，然而七〇一七公尺的阿徹奇奧奇峰北壁，難度超乎尋常。攀登者形容它有一千八百公尺的路段是VI+級，並不是百分百垂直，但最重要的是，峰形絕美。「那是高海拔大山的艾格峰。」歐特克表示：「回程時，我們帶著一種自豪。我掙脫羈絆後嘗到自由的滋味，再也無法把自己出賣給纏結的網子。我感覺自己和山的關係更親近。下山後，我默默希望山也喜歡我。」

除了這份盼望之外，他也確信自己和夥伴在烏爾根巴拉谷地形成了某種永久的連結。事實上，他們回到波蘭確實已成摯友。古拉格服裝、深入寒冰隧道、鬧鬼的露宿夜和登頂前的野餐，都是這份友誼的根基。但他們的關係終究不如歐特克當初所盼望的那麼持久。

起初，一切都好好的。他們不定期聚會，回味在阿富汗野性巔峰高處的冒險故事。可是，後來怪事一件件發生。二十七年後的一九九九年的七月二十八日，照片中左邊的柯吉歐，也就是懊悔不已地盯著地面的那名男子，在穿越馬路時，再度盯著地面，被一輛呼嘯而過的車迎面撞上，當場不治。

三十年後的二〇〇二年的六月二日，這群人當中最放鬆的萊萬多夫斯基，就是在距離山頂不到幾公尺的時候，仍有閒情逸致享受野餐樂趣的那個人，在克拉科夫一條大街上匆忙地闖紅燈，同樣因而喪命。

頭腦冷靜的賭徒盧謝斯基，就是眼神堅定、通觀全局、深思熟慮又圓滑的那個人，不知爲何，箭步穿越充滿雙向疾馳車輛的克拉科夫街道，他是和誰打了什麼賭嗎？我們永遠不會知道。他被一輛車高速撞上，當場身亡。

只剩下貝德納茲還活著。數十年後，膝蓋發疼、記憶衰退的貝德納茲，總在和歐特克打招呼時咯咯笑地說：「喔，歐特克，你這惡魔，你好嗎？」他的回應是「好，很好。你呢？我親愛的老弟。」

如今，歐特克悲傷又認命地嘆息，承認自己顯然是衆人中最神經質的一個，也許，正是神經質救了他無數次。他經常在印度和波蘭往返出差，必須不斷調整對車輛行駛方向的認知。左望右望，再左望，他總是留心注意可能撞死他的車輛，免得步上柯吉歐、萊萬多夫斯基和盧謝斯基後塵。每次他安全穿越那些繁忙街道，都感受到輕柔的神祕氣息。「我希望盧謝斯基看顧著我。」他說。

◆ ◆ ◆ ◆ ◆

從阿富汗返回克拉科夫後不久，歐特克驚訝地收到寄件者署名為「克拉科夫攀登俱樂部」（Krakow Climbing Club）的一封信，這個俱樂部是波蘭山岳協會的會員。信封裡放著一張「登山卡」。正式的灰色硬紙板證書，將歐特克評為協會最高級別的攀登者。他狐疑地盯著證書，頓時意識到，他這段時間以來一直「非法地」四處攀登。他不曾上過正式課程，也不曾獲得授權，在圈子裡一直是「不能見光的私生子」。有趣極了！要是當初他知道就好了！現在，有了這張登山卡，他可以合法偏離塔特拉山的既定山徑，可以合法在塔特拉山脈攀登，而且可以用登山家的身分合法出國旅行。協會終於發現自己多年前的行政疏漏，急忙發合法資格給歐特克，畢竟歐特克接受協會的旅遊補助和贊助已有好多年。協會的人發卡後肯定鬆了一口氣，但歐特克對於自己具備「合法」身分倒是有些失望。有那麼一點樂趣因而消失了。「就這樣，我成為登山界的合法成員，而且維持這個合法身分直到今天，真是好不容易。」他笑道。

歐特克的雙親安東尼娜・莫茲可科斯卡和塔德烏斯・克提卡。塔德烏斯取了筆名「亨利克・沃塞爾」。*Voytek Kurtyka collection*

在切別紹維采的房子，是歐特克十歲之前，克提卡一家的住所。克提卡全家住在一樓的公寓。
Voytek Kurtyka collection

非常年輕的歐特克。
Ewa Waldeck-Kurtyka

年輕的波蘭攀登者，主要來自克拉科夫俱樂部。上排最左邊是歐特克。*Voytek Kurtyka collection*

雷沙德・柯吉歐、艾莉卡・貝德納茲和歐特克，經歷可怕的下山過程後，回到特茲峰基地營。他們在阿富汗興都庫什山的六九九五公尺高峰上，剛以阿爾卑斯式攀登經新路線登頂。*Voytek Kurtyka collection*

楊・穆斯卡特（Jan Muskat）在塔特拉山脈的冬季「草」攀。*Voytek Kurtyka*

阿徹奇奧奇峰，七〇一七公尺，阿富汗與都庫什山。一九七二年，和亞切克·盧謝斯基、馬雷克·柯瓦爾切克和皮奧特·雅辛斯基，以阿爾卑斯式攀登經北壁新路線登頂。*Voytek Kurtyka collection*；路線繪製：皮奧特·德羅茲特（*Piotr Drożdż*）

歐特克完成巨魔壁首次冬攀後，海恩夫婦阿恩與博蒂前來迎接。
Voytek Kurtyka collection

一九七四年冬天，歐特克在巨魔壁上測試他加掛了木板座的新安全吊帶。
Danuta Piotrowska archive

洛子峰一九七四秋冬／七五年隊伍在華沙聚首。遠征隊領隊安傑伊・扎瓦達位於前排左。右邊數來第三位則是一臉憂心忡忡的歐特克。*J. Barcz*

塔德克・皮奧特洛斯基和歐特克在洛子峰山壁上的三號營（七三〇〇公尺）等待天氣轉好。波蘭一九七四秋冬／七五年遠征。*Bogdan Jankowski*

洛子峰上的歐特克，一九七四秋冬／七五年遠征。*Danuta Piotrowska archive*

洛子峰遠征時的歐特克。*Bogdan Jankowski*

K2 峰東脊遠征，一九七六年。兩名攀登者之間崩落的雪簷是歐特克前一天架繩時弄斷的。*Voytek Kurtyka collection*

年輕的英國攀登者艾利克斯・麥金泰爾，一九七七年參加波蘭英國聯合遠征隊前往阿富汗興都庫什山。麥金泰爾、楊・沃夫（Jan Wolf）、約翰・波特和歐特克脫離大隊伍，朝海拔六八四三公尺的班達卡峰前進。
Voytek Kurtyka collection

波蘭與英國聯合遠征隊準備前往阿富汗興都庫什山，在莫斯科與計程車司機議價。由左到右：沃夫、波特、霍華・蘭開夏（Howard Lancashire）、歐特克、扎瓦達，以及議價不成後走開的俄羅斯計程車司機。*John Porter collection*

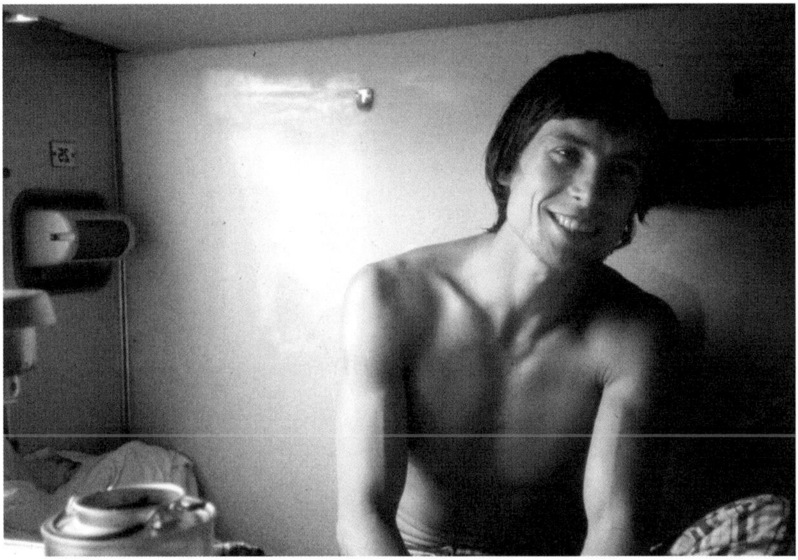

歐特克搭乘莫斯科到帖爾米茲的火車，前往阿富汗和興都庫什山。
John Porter

波特、麥金泰爾和歐特克在班達卡基地營。*John Porter collection*

歐特克和波特在班達卡峰的煙囪地形「迴旋加速器」底部等待落石停止。*Alex MacIntyre*

歐特克攀登班達卡峰的迴旋加速器。鬆落的岩石大概卡在他上方十五公尺的突岩上。*John Porter*

在山上的第五天，歐特克爬到班達卡峰的高處。
John Porter

在班達卡岩壁上的第六天，也是最後一天，波特和歐特克一早享用早餐。*Alex MacIntyre*

班達卡峰，六八四三公尺，阿富汗興都庫什山脈中段。一九七七年，東北壁新路線，阿爾卑斯式攀登，歐特克、麥金泰爾和波特。
Voytek Kurtyka collection；路線繪製：皮奧特・德羅茲特

四 巨魔壁

無論美麗或恐怖，讓一切發生吧。繼續往前。情感並非最遠之物。

——里爾克，《時間之書》

歐特克只在挪威著名的巨魔壁（Trollveggen）待了一天，就知道他需要更好的安全吊帶。他的基本款吊帶在自由攀登時還堪用，因為他是用腳支撐體重，起碼理論上是如此，但用在垂降就不太舒服了，因為垂降時很大一部分的體重壓力落在胸口，而胸部正是安全吊帶和身體相接之處。不過，他熟悉的舊安全吊帶在輔助攀登的表現最教人失望。在兩個保護點之間移動時，他所有的重量都會集中在安全吊帶，導致上身被緊束。雖說短暫的不適還可忍受，可是攀登巨魔壁時，歐特克得面對連續好幾天的輔助攀登，不單單是幾次動作而已。這組安全吊帶會使他無法呼吸。

他下降到翁達爾斯內斯（Åndalsnes）的村莊，和攀登夥伴擠在一輛露營車裡，開始縫縫補補。用膠帶測試這款精巧的新安全吊帶，確保它足以舒適地支撐自身體重後，他的針線飛舞起來。肩帶、腰帶、腿環，最棒的是有塊平坦木板可讓臀部坐著。他給木板鑽了四個孔，用細繩穿過，把木板綁到安全吊帶上。自由攀登時，他可以讓木板鬆鬆地掛著，然後迅速利用木板做一連串輔助攀登。「效果絕佳。」他笑著說：「繩索不會勒痛我，我可以舒服地坐在木板上。有了那個座位，我可以連續做好幾小時的輔助攀登。」

一九七四年二月下旬，歐特克人在挪威，準備嘗試巨魔壁著名「法國路線」（French Route）的首次冬攀。法國隊伍在一九六七年完成首登，總共花了二十一天。夏天就要二十一天了。一千一百公尺高的巨魔壁享有歐洲最高垂直岩壁的稱號。這面炭灰色的片麻岩壁懾人心魄，位於挪威多雨的西海岸附近，結構錯綜複雜：角度很大的內角、通往死路的裂縫系統，高聳的外傾岩壁由常看似已徹底崩裂的岩石組成。巨魔壁極其陡峭，尖銳的山頂峰脊最陡的部分甚至比山壁底部還要凸出五十公尺。此外，這面大岩壁在攀登界還以落石多出名，使攀登者更加聞風喪膽。

挪威媒體接獲冬攀計畫的風聲時，簡直不敢相信波蘭人如此不知天高地厚。挪威通訊社（Norsk Telegrambyrå）的記者聯繫上攀登者，隔天，新聞頭版標題公然否定此舉：這是不可能達成的任務、這是世上最困難的攀登路線之一、波蘭計畫不切實際。擁有廣大讀者群的《挪威日報》（*Dagbladet*）奉勸他們：「拋開攀爬時不惜一死的浪漫心態。暴風雪可能會給捨命的攀登者帶來災難。」[7]

措辭強烈的告誡沒讓歐特克膽怯。一九七四年的他狀態極佳，不僅在阿爾卑斯山交出幾個漂亮的冬季成績，還在塔特拉山樹立冬攀新標準。他和四位傑出的攀登者一起到挪威，包括在波蘭地位崇高的登山家塔德烏斯．皮歐特洛斯基（Tadeusz Piotrowski），朋友都叫他「塔德克」（Tadek）。這個男人孔武有力，留著招牌金色鬍鬚，曾冬攀海拔七四九二公尺的諾沙克峰*，證明他實力堅強。更重要的是，他已攀爬過巨魔壁右邊的「菲瓦路線」（Fiva Route），對巨魔壁可說是相當熟悉。塔德克過去曾受到老一輩的挪威攀登者阿恩．蘭德斯．海恩（Arne Randers Heen）和他熱心的妻子博蒂（Bodil）的照顧。海恩在挪威是家喻戶曉的名人，攀登界的傳奇。他在巨魔壁附近蓋了間小木屋，如今提供給這群波蘭朋友使用。「他們對我們很好，蛋糕超棒。」歐特克說。

歐特克、塔德克和其他成員卡齊米茲．葛雷扎克（Kazimierz Głazek）、馬雷克．凱西斯基（Marek Kęsicki）和雷沙德．科瓦盧斯基（Ryszard Kowalewski）在海恩的小木屋裡待了好

* 諾沙克峰（Noshaq）：阿富汗最高峰，也是與都庫什山脈的第二高峰。——譯注

幾天，靜候冬季暴風平息。他們勘察了以誇張俯角懸垂的岩壁，發現全是單調不變宛如夜幕的黑，只有最初二百五十公尺的表面有深色岩石、蕾絲般的霧凇和鬆軟濕雪，像幅拼布。看來他們得將繩索架在大岩壁的下半部，才能把沉甸甸的裝備送到二百五十公尺上方的第一個露宿平臺。暴風不斷從北海呼嘯襲來，在那兩週，他們只勉強完成三天的進度：一天將裝備背到山壁底部，兩天架繩。十四天只有三天可以做事，前景不太樂觀。

三月七日，他們迫不及待想開始攀登，隊伍披著破曉銀輝行向山壁。同行的還有想參與歷史性（或很有可能變成災難性）事件的一群記者。攀登隊有十大包總重二百五十公斤的裝備和糧食：六百公尺的繩索、兩百根岩釘、一百只鉤環、四十顆瓦斯和十八天的糧食。此行顯然不會是一次快攀。他們攀到山壁上，片刻未歇地直到凌晨兩點，才覓得第一個露宿的恰當位置。由於難度極高，岩況艱險，而且惡劣天氣不見好轉，他們預料每天攀登的進度不會超過兩段繩距。

事實證明，預測正確無誤。三天後，他們只在巨魔壁爬升六段繩距。

媒體持續從下方仰望，不過態度有了變化。大眾對這次攀登的興趣大增，他們意識到眼前正上演一齣扣人心弦的故事。瘋狂的波蘭攀登者持續緩緩上攀，難以置信。他們的進展每晚都登上電視新聞頭條，挪威人也按時收看。越來越多記者到翁達爾斯內斯的麗景飯店（Bellevue Hotel），希望能報導這個活動。飯店記者人數迅速增加，很快便有人被迫打起地鋪。大批人潮搭公車來到山壁底下，睜大眼睛想要一瞅攀登者的英姿。波蘭隊伍的巨魔壁冬攀儼然成爲轟動挪威的運動賽事。

歐特克和夥伴們繼續奮力攀爬，對腳底下方的嘉年華會渾然不覺。不過，第三天晚上，這場攀登差點被火焰終結。葛雷扎克湊著立在岩石上的燭光給小爐子換瓦斯罐，結果靠得太近，瓦斯罐爆炸起火。葛雷扎克雙手的皮膚幾乎燒光，公用露宿袋也有很大一部分燒毀。他被迫沿著固定繩下撤到山壁底部，其餘四人則帶著燒成瑞士乳酪造型的破洞露宿袋繼續往上攀登。

三月十二日，他們抵達第二個露宿平臺，時間又是三更半夜。他們採用膠囊式攀登*，將露宿平臺上移，在巨魔壁上造了一處新家。歐特克對這裡的岩石讚嘆不已：「非常棒的片麻岩，帶有一些大橢圓形斑紋，非常銳利，超適合攀登。」他在幽暗的冬夜發著抖，幻想夏季可能可以來這裡自由攀登，穿著軟鞋，享受北方取之不盡的

---

* 膠囊式（capsule-style）攀登：又稱太空艙式攀登或阿拉斯加式攀登，兼融喜馬拉雅式及阿爾卑斯式的攀登法。在困難地形前先設立營地，並架完所有攜帶的繩子，或是爬過這段困難地形以後設立新營地，然後把下方所有裝備都帶上來，繼續重複。其餘地形則不先設立營地，採阿爾卑斯式快速通過。——編注

日光。

他們現在位於巨魔壁第三部分的正下方，路線中有道巨大的外傾岩壁，看起來有一部分已脫離山壁。歐特克的木椅安全吊帶在此成了一大利器。他打量眼前的外傾岩塊難關，在心裡演練需要做到的連續動作。終於，他不能再耽擱了，於是用岩釘和大岩釘設置保護點，開始從巨大、幾乎呈水平的外傾岩壁下方橫切。他描述此處的輔助攀登連續動作：「這段算是某種難關，我不會說是最困難的部分，但最有趣也最好玩。有點嚇人。我不知道如何處理一大塊已徹底脫離壁面但還懸在半空中的岩石。我到今天還是不懂它怎麼會留在那裡。我得在那顆巨岩下方打幾支特大號岩釘，怕得要命。我害怕它會鬆動，不想敲得太深。我一邊移動那兩三支大岩釘，一邊橫切到右邊。」終於抵達巨岩的另一側時，他深吸了一口氣。「這段在心理上很有挑戰性。」他說。

一旦開始攀爬外傾岩壁，就不再有回頭路了。媒體意識到波蘭隊伍的堅定，群情激昂，然後類似「破釜沉舟，巨魔壁四人組沒有退路」的新聞標題攻占挪威各大日報的頭版。記者再也耐不住只是站在山壁底部觀望，紛紛搭直升機和輕航機飛到四人組附近。

在巨魔壁上，攀登外傾岩壁變得越來越可怕。攀登者以身體懸空的狀態完成大多數動作，幾乎不再碰觸岩石。垂降則在離岩壁好幾公尺的半空中結束。更不容易的是，隊伍通常一直攀爬到挪威冬日的日光消失才開始摸黑垂降。伸手不見五指，落雪不斷，脫離岩面，在漆黑難測的半空中緩慢旋轉——他們每天入夜後都垂降到最後架設的露宿地。歐特克回想當時的下降，覺得粗製濫造、缺乏承重繩芯的波蘭繩索竟承受得住岩石的摩擦及數公里的上升器制動，實屬奇蹟。

攀登者終於爬到壁面最陡處的上方，來到光滑的斜板，儘管爬起來仍非常困難（VI，A2級），但起碼不像先前那麼耗體力。他們發現了一支標出法國隊伍原始路線的岩釘，向右橫切可到達一條通往山頂的陡溝。歐特克和夥伴們討論眼前的選擇：沿法國路線上攀，還是直直上山頂。截至目前爲止，他們都沿著直線路線往上，何不以眞正的「直線攀登路線」完攀呢？前方有更多挑戰。速度極其緩慢。慢到當他們清晨六點架設好在巨魔壁的最後露宿處，終於不支倒地時，距離山頂還有兩百多公尺。

三月十九日清晨，他們把多數裝備從岩壁往下一扔。就在裝備袋高速下墜，又彈又撞，四分五裂時，隊伍帶著最少的必要裝備出發攻頂。他們在晚上九點登頂，旋即下降，走陡峭但乏味的雪原通往伊斯特達谷（Isterdal Valley）。六個小時後，他們氣力耗盡，抵達谷底。海恩帶著出爐不久還溫熱的蛋糕和美味銷魂的熱巧克力，守候在那兒爲他們接風。大批記者也來了。相機喀嚓作響，閃光燈在拂曉前的夜幕中閃爍，爭相捕捉波蘭隊伍的英姿，記錄他們對這趟驚奇冒險的初次描述。五個小時後，攀登者終於逃到小木屋睡上幾個鐘頭。但上午十一點，他們又起床，接受電視直播採訪。奧斯陸的波蘭大使館傳來賀電。挪威攀登者以電報遞送美好祝福。這些反應令這群波蘭訪客大吃一驚。他們大無畏的巨魔壁冬攀似乎吸引了挪威全國上下的關注。挪威的《晚郵報》（*Aftenposten*）提到：「波蘭隊伍在法國路線的成就，標誌著登山史的新紀元。」[8]

這故事令人嘖嘖稱奇。他們懸掛在地形複雜的山壁上十三天，攀登難度不曾低於Ⅳ級，最高則達到Ⅵ+及A4級。這趟冒險更嚇人的地方在於，如果出了事，絕不可能有救援。這面山壁太陡，而且別忘了，當時可是冬天。在歐特克的記憶中，巨魔壁的冬攀與塔特拉山其實大同小異，不過巨魔壁的岩石品質較好，找保護點的位置比較容易，也比較快。「在塔特拉山，爬一段繩距得花一天。」他解釋道：「在巨魔壁，我們一天能爬兩到三段，比在塔特拉山快得多。只是稍微長了一點。」的確，他們的巨魔壁攀登在當時是最長的連續冬攀壯舉。

多年後，被追問是否享受挪威媒體對他們膠囊式攀登出乎意料的吹捧時，歐特克坦言：「是的，我樂在其中。」然後他大笑，搖了搖頭，繼續說：「現在我變聰明了。我知道那是圈套。」這些年來，他對媒體報導和外界讚賞變得越來越警惕，導致他在面對公共關注時總是帶著招牌的謹慎回應，也促使他頻繁自省。「如果你出賣自己的靈魂給這些東西，如果你忽視朋友和使你生活變得美好的人，生活會變得毫無意義，甚至危險。」不過，在一九七四年，歐特克對名氣二字還不若日後那麼熟悉。這位受到友善挪威人歡迎的二十七歲波蘭攀登者覺得，這一切就像是單純無害的玩鬧。「我很喜歡這趟旅行。異國場地，波蘭風格。海恩一家人很棒。隊友很了不起，攀登計畫很具挑戰性。是一次非常棒的冬攀。」

然而，樂趣轉瞬即逝，因爲當這個隊伍回到波蘭時，幾乎沒人在討論這件事。沒錯，波蘭山岳協會很高興官方批准的攀登行繳出佳績。但那時的波蘭攀登者在阿爾卑斯山完成了很多厲害的冬攀登頂，這場冬攀不過天數較長罷了。

◆ ◆ ◆ ◆ ◆

波蘭山岳協會雖不太在意巨魔壁攀登，卻持續關注歐特克的攀登動態，專家也對他印象深刻。接下來兩年，他受邀參加了兩次唯有國內佼佼者能入選的大型波蘭遠征。

第一次遠征在一九七四年暮秋，由一派貴族風範的扎瓦達領軍。高大的扎瓦達臉龐瘦削，有著招牌的大鼻子和迷人笑容。兼具魅力與頭腦的他是天生領袖，對波蘭登山運動抱有遠大理想。如今很明顯，波蘭攀登者在冬攀方面技藝過人，並且正在雕琢受苦的藝術，而事實證明冬攀塔特拉山是完美的實驗場。扎瓦達曾在冬季率隊攻上海拔七四九二公尺的諾沙克峰，當然會想嘗試八千公尺以上的巨峰。最重要的是，此舉將牢牢確立波蘭登山家在喜馬拉雅競技場的地位。他的目標是海拔八五一六公尺的洛子峰。扎瓦達打算在秋天尾聲出發前往尼泊爾，然後在早冬登上峰頂。這支隊伍由多位波蘭山岳老將組成，包括海因里希和塔德克。年輕的歐特克毫不猶豫地接受邀請：「這是波蘭歷史的重大事件，我不可能說不。」

◆ ◆ ◆ ◆ ◆

歐特克和卡齊米茲．盧謝斯基（Kazimierz Rusiecki）和楊．斯特里秦斯基（Jan Stryczyński）兩個隊友在洛子峰冰壁開鑿小平臺，以便搭建四號營時，時間已經不早了。他們對硬石般的冰又劈又砍，卻清不出一個足以立起帳篷的平臺空間，於是只好像掛露宿袋那樣將帳篷掛在營柱上，蜷縮在底下，度過多風的寒夜。整晚沒睡，體力透支的他們無法繼續上山，於是下撤。他們爬到的最高點爲七八〇〇公尺。

扎瓦達和海因里希爬得更高，創下八二五〇公尺的冬攀海拔新紀錄。可是他們沒有登頂。扎瓦達後來說，沒在冬季攻上洛子峰頂是他畢生最大的遺憾。至於歐特克，此行給他的啓發遠大於遺憾。這是他首次參加大型喜馬拉雅遠征隊，他不喜歡這種攀登方式的人際互動。「沒完沒了的策略協商和緩慢的爬升，完全不合我的胃口。」他說。

不過，這次經驗倒還不至於阻止他在一九七六年接受另一支遠征隊的邀請，這回的目標是K2峰。歐特克在塔特拉山和阿爾卑斯山的老搭檔庫爾扎布，正在爲K2峰西北脊的一條新路線招兵買馬，而且想要歐特克加入他們。他怎麼抗拒得了攀登者最推崇的K2峰？而且還是新路線。隊上十九名成員全是波蘭首屈一指的登山家，包括克羅巴克、列社克·奇希（Leszek Cichy，後來成功挑戰聖母峰首次冬攀）、安傑伊·喬克（Andrzej Czok）、海因里希、雅努什·奧耐斯科維茲（Janusz Onyszkiewicz，日後因團結工聯運動而入獄，最終從政成爲國會議員）和弗伊傑·弗洛茲（Wojciech Wróż）。個個都是傳奇人物。

他們在一九七六年六月二十四日抵達，享受了將近一整個月的絕佳天氣。每天步履維艱地沿著山脊爬上爬下，運補、架繩、設立營地，這是標準的重裝遠征。峭峻山脊的每一公尺都有固定繩保護。不過，儘管架設了繩索，偶爾還是會發生小意外，譬如歐特克因爲雪簷崩塌而墜落五公尺。好天氣在七月下旬消失，風暴接二連三掃過K2峰，靄靄白雪覆蓋了山巒，而且摧毀了兩個高地營。

但這支隊伍堅持不懈，八月十三日終於在海拔八〇〇〇公尺建立了此行最高的營地。在爬過山脊上最後的困難路段後，克羅巴克和弗洛茲持續挺進到海拔八四〇〇公尺，才在下午六點掉頭歸營。他們從制高點看到了一場猛烈的風暴即將來襲，冒險在紛飛大雪中垂降了一整晚，終於在早上七點到達五號營。儘管攀登者因身體不適和勞累而筋疲力盡，但庫爾扎布還是設法說服隊上的十三人於八月下旬再嘗試一次。可是天氣再度惡化，他們最終在九月八日放棄攻頂。他們在K2峰的英勇奮戰持續了兩個多月。

歐特克不喜歡這趟遠征的很多面向，包括沒完沒了地拖曳重裝備以及架繩。「我覺得自己像在做苦工，而且似乎沒有必要。」他解釋道。他不喜歡依附在任何東西上，包括山在內。他漸漸對庫爾扎布的領導感到厭惡，他覺得那是「過度民主」，總是在做乏味的討論，然後用不記名投票決定誰要在何時跟誰一起去哪裡。「在K2峰上，（庫爾扎布的）領導宛如殭屍，對山缺乏情感，對每個攀登者的登山動機和動力也一無所知。那純粹是後勤布局：這個小隊去這裡，這個小隊去那裡，所有成員投票——攻頂隊伍的人選就是這樣挑的。透過投票！」有些隊員把票投給了歐特克，可是他和年紀較長的攀登者情誼不深，而他們總是黏在一起，相互支持。不出所料，他沒能入選首批攻頂隊伍。

欠缺同儕支持對歐特克產生了奇怪的影響。在攀登喜馬拉雅山的生涯中，他頭一次也是最後一次遇到海拔問題。「我整個人無精打采。」他說：「攻頂隊伍人選底定，我被分到支援隊伍，跟在他們後頭。直到三號營之前，我都爬得非常輕鬆，完全沒問題，在營地與營地間移動只要花兩個或兩個半小時。」但歐特克替登頂隊伍送氧氣瓶，在四號營及五號營之間往返時，慢到像是在爬行。隨著時間流逝，他越來越虛弱。走一步喘一步。「我虛弱到極點。我從來沒有這樣過。爬到七九〇〇公尺左右時，我的速度慢到不行，整個人筋疲力竭，在我附近的夥伴見狀說：『歐特克，不要再爬了。』於是我在離最高營地只差一百公尺時放棄，那大概是在八千公尺。」他放下氧氣瓶，掉頭下撤。

庫爾扎布後來跟他說，他肯定是拖曳重裝太多天，耗盡了體能。但歐特克不接受這個解釋。「不，不是那樣，我根本沒有鞭策自己。」還有其他可能的原因。這是他在極高海拔的最初幾次經驗，他可能移動得太快了。斯洛維尼亞攀登者弗朗切克·柯尼茲（Franček Knez）在高海拔也曾出現類似的症狀。儘管他是該國數一數二的技術攀登者，在高山地區有時還是會爬得太快。話雖如此，歐特克後來在海拔八千公尺以上的地方度過了無數白晝和黑夜，都沒遇到嚴重問題。海拔當然影響了他，但在整個職業生涯中，他都不曾像那天為K2攻頂隊伍送氧氣瓶那麼疲憊和倦怠。他的一九七六年K2

峰遭遇和隨後幾年在八千公尺高峰的經歷之間，還有另一個可能更爲關鍵的差別。在K2峰，他無法控制自己的命運。一切都由庫爾扎布和不記名投票決定。沒被選進首批攻頂隊伍，歐特克肯定相當沮喪。有些人非常適合當支援者，可是歐特克打頭陣時表現最佳。他尊敬庫爾扎布，也欣賞隊上許多登山老將，可是到頭來，他覺得這次遠征是在浪費他的時間。即便如此，此行是個起點，他從此展開與K2峰阻礙重重的愛情長跑。

洛子峰和K2峰的遠征隊使歐特克明白，阿爾卑斯式攀登是更優異的登山形式，無論從運動觀點或對人的影響來看，都是如此。若採用阿爾卑斯式攀登，歐特克知道他可以仔細挑選自己的搭檔，在山上的關係也會因此更加融洽。

◆ ◆ ◆ ◆ ◆

歐特克從K2峰歸來後，注意到自己與父親的關係發生了變化。亨利克在歐特克二十多歲時對兒子感到失望，難以接受兒子竟犧牲在電子或物理領域工作的大好前程，把才能浪費在遠征上。他除了攀爬，什麼都不做。大材小用。身爲成功的作家，亨利克瞭解什麼是雄心壯志，令他困惑的是，他的兒子儘管潛力無窮，卻似乎胸無大志。

歐特克的一封信改變了他的看法。歐特克給父親寫了信，描述某個嘗試冬攀洛子峰的艱難時刻。他當時人在洛子峰西冰斗的二號營，那是自然的力量在冰坡上挖出的絕境，鎮日受呼嘯的狂風鞭笞。一顆結凍的巨礫，坐落在搖晃帳篷的正上方。在暴風夜裡，歐特克內心的恐懼油然而生，生怕巨礫鬆動，直接墜落到他們脆弱的帳篷上。他敘述風暴肆虐和對抗恐懼的文字引起作家父親的共鳴。亨利克發表歐特克的故事，對兒子選擇的人生流露出不太情願的驕傲。他終於明白兒子肯定是一流的攀登者，才會受邀參加洛子峰和K2峰這樣的大型遠征，而且肯定是超乎尋常的堅強，才能熬過殘酷的冬季天候。他還意識到，兒子有才華把這些經歷描述得生動有力。對亨利克而言，徒手攀登高難度岩壁毫無意義，但攀登洛子峰和K2峰可就不一樣了。終於，他開始對歐特克展現幾分敬意。歐特克說：「我很驚訝，可是我敢肯定，那是因爲這些攀登在國內的重要性讓我顯得有價值。」

讚賞來得有點晚，無論父親吝嗇的認可有多眞實，歐特克知道那放錯地方了，因爲驅動他的並不是洛子峰和K2峰。在阿富汗和一身古拉格風的小隊伍同行，在未知路線上開闢自己的道路，自己做決定，才使他感受到眞正的喜悅和高度的創造力。眞正激勵歐特克的，是能自由在山裡爬上爬下，不受固定路線和預定營地的束縛。那是他想追求的未來。不論他父親是否贊同。

五
班達卡峰——魔多之美*

想像力不放過的美，肯定是真的美，無論它過去存在與否。

——約翰·濟慈（John Keats）致班傑明·貝利（Benjamin Bailey），一八一七年十一月二十二日

波蘭人對興都庫什山脈的渴望，在一九七六年臻至史詩級新高：十三次遠征，一百五十一名攀登者。隔年遠征數達到二十二次，共有一百九十三名攀登者，一百零二人登頂，其中二十九人首登。「那是波蘭的高海拔攀登學校。」登山界著名好手雅努什·馬傑爾（Janusz Majer）解釋道。

那年，波蘭山岳協會提議和英國山岳協會（British Mountaineering Council）到興都庫什

* 魔多（Morder）：托爾金《魔戒》中土世界裡地形獨特的多山地帶。——譯注

山脈進行國際攀登交流。波蘭山岳協會提供火車票、裝備、糧食和登山許可，英國方面則負責出鈔票。波蘭人攜帶九十五度的烈酒「生命之水」（Spiritus），英國攀登者則帶威士忌。此行由波蘭頂尖遠征領隊扎瓦達安排，兩國的攀登者及超過一百桶的裝備在華沙中央車站登上火車後，火車才駛向莫斯科和後續路段。除了攀登之外，這趟冒險最終還會捲入一場大型的國際陰謀和官僚騙術。

那年是一九七七年，儘管波蘭和英國之間的意識形態隔閡逐漸淡化，西方人仍被禁止穿越蘇聯國土。這使得包括艾利克斯．麥金泰爾（Alex MacIntyre）和約翰．波特（John Porter）在內的英國攀登者面臨一些難題。不過扎瓦達是擺平問題的高手。他把波特的姓改成波特維奇，麥金泰爾改成麥金泰爾斯基，然後吩咐他們在搭火車時三緘其口，盡可能保持低調。這對麥金泰爾來說幾乎是不可能的任務，他一頭黑色鬈髮，五官性感，很難不引人注意。

他們順利抵達莫斯科，可是，正當火車隆隆駛離莫斯科車站之際，在人滿爲患的車廂裡，喇叭大聲播放起紅軍合唱團（Red Army Choir）唱軍歌的樂聲。扎瓦達的耐心終於被惱人的轟鳴耗盡，一把抓起麥金泰爾時髦的新款翼龍（Terrordactyl）冰錘，走向喇叭，把喇叭砸個稀巴爛。於是，車廂僅存的聲響就只有麥金泰爾卡式播放機傳出的齊柏林飛船樂團歌聲。

連續數日，他們在車內搖搖晃晃，穿越窩瓦河（Volga）到奧爾斯克（Orsk），從鹹海和裏海之間南下，最終來到阿姆河畔（Amu Darya）的帖爾米茲（Termez），這座古城構成了與阿富汗的邊界。帖爾米茲附近的鄉村宛如農耕伊甸園。果樹、穀物莊稼和葡萄園朝四面八方綿延。可是，裝載卡車、坦克與大砲的火車數量也多到不尋常，全都朝帖爾米茲駛去，看來像是正在如火如荼地備戰。不出兩年，俄羅斯就展開了阿富汗入侵行動。

在阿富汗邊界，全副武裝的士兵要求檢查每個人的旅行文件，氣氛變得凝重。英國隊員的護照是最大問題，上面都沒有跨越國界所需的戳印。「英國間諜」被帶到一家當地旅店軟禁，然後展開了嚴肅的討論。國際攀登交流這下看來是沒譜了，隊員連一隻腳都還沒踏進阿富汗。英國人得回到莫斯科解決這件事，而波蘭山岳協會回到華沙後也得面臨嚴重的外交爛攤子。

一名俄羅斯軍官被派來處理這個棘手情況，攀登者給他起個綽號「屁話索夫上尉」。經過頭一天的討價還價，不滿行程延遲的歐特克決定試試不一樣的協商方法。

「聽著，讓我們考慮一些可能的方案。」他這樣開場：「你如果通報這件莽撞的事，會有好幾天的文書工作要做，而且大概會被上級痛罵一頓。」

屁話索夫上尉點點頭。這話不假。

「何不把這整件事忘掉？」歐特克懇求道：「你只需要放他們通行，我們會繼續上路，你也可以好好過完這天，沒什麼問題要處理。」

大好人上尉僅花了片刻權衡兩個選項。他揮手要他們上到渡輪，然後以嚴厲語氣提醒他們別惹麻煩，把相機藏好，別朝渡輪以外的任何地方張望。

但波特無法克制好奇心。蘇聯邊境每幾百公尺就有一座機關槍塔，他深感興趣，伸手拿他的相機。一名武裝士兵瞥見這個動作，猛衝上來，奪走相機，暴怒地對波特大聲咆哮。歐特克見狀趕忙走向士兵。用俄語替波特說項。不知為何，他竟有辦法讓士兵相信那是無心之過，而且應該原諒這位天眞的英國男子。幾分鐘後，歐特克從容地走向波特，把相機還給他。「藏到你的背包深處。」他咕噥道。

俄羅斯士兵晃過來，繼續以俄語和歐特克交談。當他意識到歐特克是波蘭人時，他說：「啊，好兄弟……你喜歡這裡嗎？」歐特克隨便說了幾句不著邊際的客套話，不是很想和士兵聊天，畢竟相機已經救回來了。

「這裡很熱吧？」士兵說。

「還好。」歐特克回。

「眞的？你覺得冷嗎？」士兵問，打算繼續聊下去。

「不會。」歐特克答。

士兵氣餒地問：「那你對這裡什麼感覺呢？」

「哦，你知道嗎，我的朋友，我覺得好玩又可怕，就像對老虎霸王硬上弓。」眞的只有剛從俄羅斯重裝士兵手裡救了英國隊友一命的歐特克，才會覺得在搭渡輪從蘇聯前往阿富汗的途中，說出「對老虎霸王硬上弓」這句俄羅斯諺語是恰當的回應。士兵困惑不解，搖頭走人。

河的對岸還有宛如另一個星球的景象在等著他們：女人身穿遮住全身的「波卡」罩袍（burka），男人包裹鮮豔頭巾，駱駝商隊，大街小巷都是大麻膏商販。攀登者一窩蜂擠上路邊等待的卡車，興奮得渾然忘我。他們在馬扎里沙里夫（Mazar-i-Sharif）停留近一個禮拜，等待補給裝備送達，適應令人窒息的酷熱。閒暇時，他們討論歐特克早在火車上就提過的祕密計畫：到位於興都庫什山脈中部、海拔六八四三公尺的班達卡峰（Bandaka），以阿爾卑斯式風格攀登東北壁。事實上，歐特克已密謀了好幾天，想帶一支小型隊伍脫離遠征大隊。而現在他很清楚該找誰加入這趟冒險：麥金泰爾、波特和楊·沃夫。班達卡峰岩壁在前一年擊退了一支波蘭隊伍，被認爲極爲凶險。這看法只是徒增它的魅力。不過，在認眞考慮攀登班達卡峰之前，他們得說服這次遠征的領隊扎瓦達。

扎瓦達指出明顯的問題：他們沒有班達卡峰的登山許可。他們的登山許可是發給另一座山谷的曼達拉斯峰（Kohe Mandaras）。身爲領隊，扎瓦達要負責整個隊伍的安危，如果有人不幸傷亡，他將面對登山法庭的審判，而如果死傷發生在未獲核准的另一座山上，責任就更大了。經歷過兩次攀登死亡事故，他已嘗過那種恐怖的經歷，而且他知道假如意外涉及外國攀登者，事態將更嚴重。歐特克和其他人喋喋不休地爭取，直到扎瓦達不得不讓步。但即使已謹愼地談判了幾回，還給了好幾筆賄賂，扎瓦達就是拿不到班達卡峰的登山許可。儘管其他人都已不抱希望，歐特克還是堅持不懈。何不僞造登山許可呢？歐特克在隊伍的阿富汗聯絡官安瓦爾（Anwar）的幫助下，拿出曼達拉斯峰的登山許可，用一小張紙蓋住「曼達拉斯」四個字，然後拍下照片。他們以「班達卡」取代「曼達拉斯」，僞登山許可就完成了。雖然很可恥，不過這招確實奏效了。班達卡峰於是成爲歐特克一長串引人入勝的「非法」攀登紀錄的其中一筆。

波特第一眼看到班達卡峰東北壁時，形容它是「醜陋的龐然大物，但令人目眩神馳」。歐特克的反應截然不同。「我看到班達卡峰時，它就像總能觸動我的美妙音樂，在我的想像力上激烈演奏，感覺很不可思議。」接下來幾天，他們盯著險惡的大岩壁那兩千五百公尺的鬆動岩石和搖搖欲墜的冰塔，熱情降溫了。落石驚心動魄的轟隆聲響持續不輟，如波特所說「頻繁到不用特別去提」的地步。向來懶散的麥金泰爾被逼到近乎驚惶失措。他最不安的是，每顆石頭墜落的軌跡都無法預測：往左偏一毫米，只是耳畔的嗖嗖聲；往右偏一毫米，你就腦袋開花。

為了適應高度，他們爬到主峰左邊海拔約六一〇〇公尺的山坳*。他們在預計的下山路線上留了一袋糧食和瓦斯，然後才從山的另一側返回基地營。一個禮拜過去了，生病的沃夫咳得厲害。歐特克看出他的身體狀況不可能攀登班達卡峰，於是堅持他得離開，前往曼達拉斯峰和其他隊員會合，儘管這代表他得獨自長途趕路。剩下的三個攀登者來回踱步，觀察著大岩壁。他們努力調適，接受眼前複雜的地形、陡峭的山壁中段、持續不斷的落石，以及峰頂附近危如累卵的要命雪簷，但大岩壁步步進逼。

歐特克離開帳篷，一個人去走走，目光徘徊在這座他專程前來攀登的大岩壁：兩千五百公尺純然恐怖之物，規模和複雜性皆超越他過往的經驗。除了一波波襲來的恐懼，他還強烈感覺四周的地景是有生命的。這座山是活的。他渴望和山交流，可是他沒辦法。「我是如此靠近，但山終究沒有回應我。」他說。是他的問題嗎？是他聽不見嗎？會不會山已經和他說話，而他卻不知何故錯過了？波赫士在他的文章〈牆與

---

* 山坳（col）：指兩山之間低窪的地方，但範圍不僅包括鞍部，還包括谷地的兩側。——譯注

書〉（The Wall and the Books）裡寫道，有些地方「試圖告訴我們一些事，或是已經說了一些我們不該錯過的事，或是準備要說些什麼」。對歐特克而言，這次與自然強烈的、靈性的交流，儘管令人洩氣，卻使班達卡峰變成他畢生最重要的攀登經驗之一。

他拚命想要理解當下的感受——他差點就能與這座山進行獨特的、前所未有的直接交流了，也正是此時，他的孤獨散步有了轉變。等到他終於回到營地後，和這片野性大地緊密相連的感受充盈他的心緒——一種無法與人分享的刻骨銘心。

在此同時，麥金泰爾內心也有同樣強烈的感受，他感到強烈的恐懼。像病毒般擴散的恐懼。當歐特克走回自己的帳篷時，麥金泰爾正盤算著離開這座山。「在這次之前或之後，我不曾在踏進山壁之前如此害怕。」他說：「當然，進到山壁向來不容易，可是一旦身體動起來，情緒都會沉澱。可是，走向班達卡峰是我這輩子最困難的一次。」他想起童年噩夢中身分不詳的惡鬼。又一次，他感受到深藏在體內的原始恐懼：對墜落的恐懼、對死亡的恐懼。最後，經過了數小時的平靜討論，黑髮、冷靜又嚴肅的波特向他保證：攀登這面山壁而不喪命是有可能的。決定就是決定，麥金泰爾接受了。

八月九日下午兩點，他們進入班達卡峰的山壁。波特形容開闊的陡溝是「通往地獄的門戶，是由黑暗、恐懼和連綿的威脅組成的世界」。[9]歐特克則描述它是「魔多美景」，吸引他的正是這幅中土世界景象的凶險本質。「我野心滔天，想把魔多變成我的盟友。」他說。他們在一條積雪蝕溝各自獨攀，心知肚明此刻石崩正轟擊著他們左側的雪原。安全取決於速度，在一個地方停留只會加劇風險。一開始，在一面外傾岩壁的掩護下，他們在黃昏時分到達陡溝的頂部。陡溝在此縮窄成小峽谷，如果他們繼續往前，就可能被落石襲擊。他們猶豫不前。夜幕降臨時，落石的火力停了，他們趁勢進入狹窄的岩縫，提心吊膽地藉助頭燈忽明忽暗的光線，加速爬到一處積雪的寬敞岩階。晚間十點，在連續攀登近八個小時後，他們終於抵達第一個露宿地歇腳。

次日晨間，他們爬了兩段繩距的陡峭冰面後，遭遇此行在山壁上的最大挫折：一大片碎岩壁。隨時可能滑落的巨石。一出意外就萬劫不復的地形。歐特克在日誌中寫道：「鬆動得厲害，而且幾乎沒有確保點。難度大概Ⅲ級。不太有攀登的感覺，卻喚醒所有感官戒備。」接下來的地形更是奇特，淡黃色、海綿狀的岩塊，歐特克命名為「哈爾瓦酥糖」（halvah），一種土耳其甜食。他們只能用冰攀工具和冰爪，邊砍出手點與冰階邊爬升。歐特克爬到繩索的盡頭時，在「酥糖」上切出一個小尖頂，並在上面設好確保。這個確保出奇地堅固安全。事實證明，魔多之境的怪獸是可以馴服的。

接近向晚時分，他們已爬到大岩壁最陡峻的部分，落石像帶電般加速衝下。他們稱這段為「迴旋加速器」。當太陽西沉，從他們的視野中消失後，氣溫開始下降，東北壁歸於平靜。落石不再。麥金泰爾為露宿清除地面碎石時，歐特克和波特爬了「迴旋加速器」的頭兩段繩距，通過將外傾岩壁一分為二的煙囪地形。他們留下兩條固定繩，以便隔日能快速起攀，然後垂降回到布滿礫石的岩階。那天夜裡，他們除了要忍受在傾斜岩階休息的不適，還不時被落石從山壁砸落的聲響嚇得發怵。所幸，沒有巨石擊中他們。

第三天，八月十一日，他們醒來聽見不祥的聲響。這座山彷彿變身成暴怒的飢餓怪獸，被日光喚醒，正在尋找獵物。起初是零零落落的滾石，在太陽對凍壁施展黑魔法後，變成漫天猛攻的飛礫。歐特克和波特討論當天的策略，波特想要立刻動身攀登，速戰速決。歐特克傾向等待。後來他承認他當時選擇的策略很不尋常：「在高山上，我們從不等到下午才開始攀登。可是班達卡峰的壁面朝向東邊。你可以說，我的策略部分是出於直覺，但直覺就是接收各種你沒注意到卻仍促使你做出正確決定的信號。」歐特克知道波蘭隊伍一年前被落石擊退，就是因為他們選擇在大清早入山。他堅持他們應該耐心靜候，等太陽翻過山頂到另一側。

他們按兵不動。但老天啊，等待真難。聽著飛彈在他們周圍不停發射，成了某種酷刑。地表上沒有任何聲音能和石頭凌空爆裂相比。午時，接連不斷的轟隆聲趨緩，到了下午一點，他們被詭譎的寂靜籠罩。沿固定繩向上爬的時候到了。然而，他們抬頭一望，發現顯而易見的困境：落石直直瞄準兩條固定繩的位置，猛攻了一整個上午。數以百計，不，數以千計的石頭往「迴旋加速器」猛砸，誰知道有多少顆擦過了他們架設的繩索？誰要帶頭爬？

波特提議抽籤決定。他們沒有竹籤，不過有些小樹枝。歐特克把三根樹枝握在手裡，小心遮住長度。波特抽到最短的樹枝。他二話不說，開始用上升器爬升，歐特克在底下看著，緊張到心臟都要跳出來了。繩索支撐得住。歐特克沿固定繩加速接近波特，麥金泰爾則負責把裝備拖上去。歐特克爬到固定繩頂端時脫下背包，領攀穿越煙囪地形，以驚人的方式爬過裂隙最寬的部分，波特則緩緩給繩。

爬升四十公尺後，艱鉅的障礙出現在歐特克頭頂。波特描述接下來的狀況：「他停在一道大型的外傾岩壁底下，那是嵌在煙囪岩隙中一顆汽車大小的巨石。他暫停片刻，警告我們要小心，然後像跳芭蕾舞般踮起腳尖翻越高高掛在我們頭頂上的外傾岩壁。突然間，一聲驚叫，一半的岩塊鬆脫開來，轟然下墜，差點就擊中我們。不可思議的是，歐特克竟然有辦法跳上另一半穩固的岩石。麥金泰爾和我互望，兩眼直冒金星，鼻端聞到了槍彈味。」10

儘管事後證明，這是山壁上最困難的一段繩距，前方依然充滿挑戰，而且光線越來越暗。波特繼續攀登一道積滿冰雪的煙囪岩隙，然後爬過一段石階，終於抵達通往露宿岩階的出口坡道。歐特克在日誌中寫道：「今天只爬了五段繩距。難度分別是V、A0[11]、VI+、VI、Ⅲ、Ⅲ級。」他們泡了茶，煮點湯和麵條，鑽進睡袋，確信已經破解此行最困難的障礙。歐特克尤其滿意他們那一天延後攀登時間的決定。「要是我們早點開始，肯定沒命。不是一半一半，是百分之九十九可能沒命。」

天氣好了一整夜。歐特克凝望星光熠熠的天空，瞥見遠方的閃電風暴。電光閃現，奇怪的光忽明忽滅，微弱的雷聲在遠處轟隆作響。距離有多遠？一百公里嗎？還是更遠？在平靜無風的夜裡，他心想是不是有什麼季風活動正朝他們逼近。「我很享受。」他後來如此描述那晚。不過，他默默在內心警告那漫天飛舞的電光：「別過來。不要靠近我們！」

在山壁的第四天，他們爬了十五段繩距，快速通過斜板、陡峭的岩階和小片冰原，有時爲了節省時間，還會三人同步攀登。高度上升五百多公尺後，他們在一處舒適的岩階提前收工，張羅露宿，準備度過另一個完美夜晚。冷冽，但清朗。隔天，大岩壁的角度又變陡，但歐特克和波特穩步爬升，麥金泰爾拉著裝備袋殿後。爬了十七段繩距後，他們來到山頂冰原，然後砍出一道冷颼颼的窄小平臺。此時，遠高於鄰近峰巒的他們凝視帕米爾高原在遠處閃爍。當晚唯一破壞氣氛的東西，是上方陰森森俯視著他們的神祕冰凍地形。他們稱之爲「蛙眼」。

八月十四日是他們攀登山壁的第六天，晨曦為群峰鍍上金輝，絢爛奪目。歐特克內心發愁，想著「要是青蛙眨眼怎麼辦？」八段繩距過後，他們順利從青蛙雙眼間的鼻樑直接上攀。可是還有最後一道障礙：面積驚人的倒懸雪簷。就在歐特克和波特討論著眼前的選項時，麥金泰爾帶著裝備袋趕上他們。歐特克對那一刻記憶猶新。「麥金泰爾的舉動完全不合理。他笑盈盈，開心地說：『嘿兄弟，我來吧。』」歐特克和波特先仰望雪簷，然後看了看麥金泰爾，非常驚訝。截至目前為止，麥金泰爾都是此行負責拖裝備的人，從沒有當過探路先鋒。但麥金泰爾是真心自告奮勇。他依然一臉的笑容，拿起冰攀工具，在安全吊帶掛了幾枚冰樁，信心滿滿地出發了。

他將前爪踢入冰面，爬完第一段繩距，僅用一支冰樁做保護點，然後從上方替波特和歐特克做確保，等他們趕上他，他再次動身，終於來到令他們焦慮不安的倒懸雪簷。然後，他就消失了。

歐特克朝上方呼喊：「麥金泰爾，情況怎麼樣？」

「沒問題。沒問題。你們別擔心。我到上面了。」麥金泰爾朝下方大叫。

難以置信的是，他發現一條**穿過**雪簷的斜向通道，從低處完全看不到這條窄槽直接通往冰面的邊緣。他的熱情、自信和直覺挽救了局面。翻上雪簷頂端時，他放聲歡呼。「我們都好高興。」歐特克語氣激昂：「一個小時後，我們就登頂了。」

峰頂高原平坦又寬闊，於是他們多停留了一會兒，煮點茶，感到放鬆又滿足。他們從另一側下山，走了一小段就決定搭營，養精蓄銳——要前往擺放儲備物資的山坳，他們得穿越一整片殘冰構成的尖銳冰柱。他們在山上度過最後一晚，翌日清晨，從南壁下降，終於在第九天返回基地營。

班達卡峰眞的是「食人巨妖」。他們差點魂飛魄散，甚至還未爬上山壁就嚇破了膽。然而，這座山提供難得一見的各種攀登：最初的雪原，然後是「哈爾瓦酥糖」路段，還有「迴旋加速器」的煙囪、外傾岩壁、密集落石，接著是高海拔寒冰組成的峰頂冰原，最後是從山頂俯視的神祕冰塔。每位攀登者都在適當時機作出特別貢獻。除了實際的攀登，正式動身前一天，波特在基地營安撫了他們的恐懼。歐特克正確判斷進入「迴旋加速器」的最佳時間是午後。麥金泰爾像幻影一樣出現在峰頂附近，解決了倒懸雪簷的難題。他們以一流的阿爾卑斯式攀登完成了兩千五百公尺的未知路線。

這支隊伍在回程短暫分開，波特與麥金泰爾在通向主要山谷的隘口紮營，歐特克則留在基地營。在他記憶中，那是愜意的一天，午後陽光和煦。僅有遠處偶爾傳來落石聲，但此時對他也毫無影響了。「我記得那天下午的獨處很快樂。」他說。又是與山一對一交流的珍貴時刻。

一天後，他們抵達夏季放牧聚落班迪堪（Bandikhan）。再次一起露營的歐特克和麥金泰爾煮了鍋摻上大麻膏的番茄湯，不一會兒就飄飄欲仙，大字型躺在睡袋上。波特保持清醒。一群阿富汗人在附近徘徊不去。其中一人晃到歐特克身邊，提議要和他做點青金石的買賣。他開了天價，歐特克當然拒絕了。

波特和麥金泰爾不知道，歐特克早在準備入山的幾週前就已和一些揹工談了筆交易，換得一塊靛藍的青金石。他一直把這顆半寶石藏在口袋，因此當男子糾纏著要賣他一些青金石時，他笑了，表示先前的買賣更划算，同時拿出他的厲害寶石炫耀。站在附近的另一個阿富汗人似乎有點來頭，他對歐特克說，購買青金石是違法的行爲。歐特克一時不知所措。「我知道那是正當交易，那傢伙想嚇唬我。」歐特克沒有交出寶石，而是當著這名阿富汗人的面，把青金石抛向空中，然後接住並順勢擲向融冰河。寶石在擊中湍流前擦過一顆巨礫，碎成千百片。

阿富汗商販目瞪口呆。歐特克躺回他的睡袋，閉目養神。麥金泰爾在打盹，對這事件毫不知情。波特來回踱步，擔心這次爭吵可能帶來不利後果。民眾聚集，當中還包括一群長老，波特確信他們在商討如何處置眼前的異教徒。但幾個小時後，人群散去，波特於是回到一動也不動的隊友身邊，他們這時已鼾聲如雷。

歐特克的自信可能會惹毛別人，因爲那份自信有時近乎傲慢。他之所以能達成目的，是因爲他的長相極爲出衆、身手矯捷，以及堅信自己比任何人更瞭解當地文化。

他大手一揮，彷彿整件事沒什麼大不了，但他不以爲意的態度令人不安。歐特克在那個朦朧午後和班迪堪商販的互動，無疑令波特倉皇失措。

多年後在英格蘭，歐特克在某餐廳用餐，同桌的人還有盧凱維茲及兩名英國攀登者。他和盧凱維茲都是巴克斯頓登山節（Buxton Climbers' Festival）的嘉賓。歐特克在女服務生爲顧客上菜時轉身向她致謝。其中一名同桌的英國人艾德．道格拉斯（Ed Douglas）描述當時的畫面：「那時期的歐特克看起來像紐瑞耶夫*扮成快槍手。」女服務生看到他時大吃一驚，盤子摔到地上。不久後，幾名餐廳工作人員湊過來，大概是相信人多好辦事。道格拉斯繼續講故事：「『你是做什麼的？』一個女孩問，以爲他們一定是電影明星。歐特克用猖狂危險的湛藍眼眸盯著她，回答道：『我是玩俄羅斯輪盤的專家。』女服務生緊張地笑了。服務生不知道他不是在開玩笑。」

讓阿富汗商販認輸的，就是這副猖狂危險的眼神。歐特克隔天在班迪堪又使上一次。

那時揹工要求收雙倍工資，才願意將裝備拖回山谷，雙方因而發生摩擦。歐特克一口拒絕，聲稱他們寧願自己扛裝備，也不接受敲詐。他指示波特和麥金泰爾背起裝備，直接出發，自己則留在原地看守其餘裝備。波特和麥金泰爾對此事態不是很高興，但歐特克拒絕向威脅者妥協。他們蹣跚前進，心情鬱悶又暴躁。揹工們目瞪口呆，歐特克怒瞪回去。他擔心這場較量可能適得其反，他們真的會被迫背負沉重裝備多趟來回，但他不動聲色。結果，波特和麥金泰爾出發才不到兩百公尺，揹工們便走向歐特克認輸，接受了原來的價碼。「就後勤而言，這樣搞很危險。」歐特克後來承認。

到達哲巴克（Zebak）時，遠征隊卡車正在等待他們。他們得知隊伍的其他成員完成了曼達拉斯北峰的首登，還在鄰近群峰攀登許多有趣路線。就連在班達卡峰生病的沃夫都成功挽救了自己的行程。當他千辛萬苦獨自跋涉抵達曼達拉斯峰基地營時，已來不及加入進行中的曼達拉斯北峰攀登，索性獨攀阿富汗的最高峰諾沙克峰。

◆　◆　◆　◆　◆

歐特克返回波蘭，伊娃正等著他。他不在的這段時間，她一直在思索他們的生活，如今她對兩人的未來有個計畫：搬到西德。歐特克猶豫不決。他只渴望攀登。各式各樣的攀登。到塔特拉山、阿爾卑斯山、興都庫什山攀登。最後他同意嘗試看看，不過很快便意識到自己不適合在德國生活。「他們是工作的奴隸。」他說：「受金錢

＊紐瑞耶夫（Rudolf Nureyev）：一九三八年出生的蘇聯時代知名芭蕾舞者，一九九三年過世。——譯注

奴役。從八點工作到四點，一刻不差。我不可能這樣。我知道如果留在德國，我每個禮拜會工作六天。沒有機會攀登。」對歐特克而言，謀生和生活是兩回事，於是幾天後，他告訴伊娃他無法留下，他需要自由，他們得回波蘭。伊娃反對，不過最後的贏家總是歐特克。

他們把行李裝進福斯汽車，繞遠路回家：穿過保加利亞、羅馬尼亞再到阿富汗。歐特克知道他可以在阿富汗做點生意。他非常熟悉阿富汗的稀有商品，因為他先前已成功走私那些商品回波蘭。波蘭的官方經濟是以貨幣茲羅提（zloty）為基礎，但更有活力的非官方經濟是以美元為主要貨幣。由於攀登者會旅行到國外，可以趁機走私，帶產品和外幣回國。只要開發出利潤豐厚的非法貿易路線，他們很快就能有資金維持自己愛好自由的攀登生活。歐特克是做非法勾當的高手。

這趟阿富汗之行，他專注於採購羊皮大衣。「這些外套非常時髦，上面有漂亮的刺繡，剪裁也好。你一定想不到它們有多容易裝進木桶。」他以約三十美元的價格買進，一百五十美元賣出，賺取高額利潤。「你能想像嗎，我用四百五十美元可以買十五件羊皮大衣，而在波蘭，我可以每個月只花二十五美元。」他說：「我是生意人，一年做兩次生意。怪了。」毛皮大衣、唐卡、地毯和青金石……他就靠這個財源維持一家子的生活和自己的遠征，而不是在德國做一份每週六天的工作。

歐特克走私生意的成功讓他下定決定投入攀登，而登上班達卡峰後，他確信高海拔的阿爾卑斯式攀登是他最感興趣的形式，那提供了一切元素：冒險、未知、友誼、創新的挑戰。即使受邀參加波蘭的大型喜馬拉雅遠征計畫，他心意已決，未來將心無旁騖地追求這些目標。他最傷腦筋的問題？接下來要攀登哪座山。

那年稍晚，他對波特和麥金泰爾提出大膽的新目標。這次他們將前往印度。

六
對渴求的渴求

為了美，我不辭千里。

——柯恩，〈為了美不辭千里〉（*Came So Far for Beauty*）

強卡邦峰位於印度加瓦爾喜馬拉雅山區（Garhwal Himalaya）楠達德維保護區（Nanda Devi Sanctuary）的邊緣，過去已有人登頂，不過不是從南壁。這座海拔六八六四公尺的高峰，是由一支英國與印度聯合遠征隊在一九七四年完成首登，兩年後，另外兩面也被征服：日本隊的西南脊路線，以及英國攀登者喬・塔斯克（Joe Tasker）與彼得・博德曼（Pete Boardman）的西壁路線。而今，在一九七八年，歐特克想率領波蘭與英國聯合隊伍攀登這絕美山峰的南壁。

他沒料到計畫開始前會遇到這麼多困難。那年四月他放棄了工作。「我不要再進入職場了。」他宣告說。不過，那時的波蘭當局密切追蹤每位公民，而國家政策規定每個人都得受雇。「完全造假的就業。」歐特克嗤之以鼻道：「好多公司雇用了一堆什麼都沒做的人。可是假如有人沒有工作，就會被貼上社會寄生蟲的標籤，當然也會受到歧視。」不過，失業的人不單單會被歧視，還會無法取用護照——對想要出國旅行的攀登者是一大障礙。「我必須找個雇主。」歐特克說。「於是有些朋友聘我做不存在的工作，我其實並沒有工作。」他還得證明自己有足夠外幣到其他國家旅行。這對他來說倒是輕而易舉，因為他有強勢貨幣的銀行戶頭，而且戶頭定期有黑市進口生意的所得入帳。

出發印度之前，歐特克連絡上波蘭山岳協會，想為這次的強卡邦峰攀登爭取一些財務補助。不過他們經費吃緊，可能是因為已經贊助了其他遠征計畫。有一支二十五人隊伍即將嘗試干城章嘉峰的南峰和中峰，而盧凱維茲正在尋求聖母峰攀登的贊助。即便如此，歐特克是波蘭首屈一指的登山家，已在阿富汗完成好幾條著名的新路線。波蘭山岳協會過去一直都很欣賞他，但這回卻不太願意幫助他。「那可是夢幻目標，他們竟然拒絕。」他語氣透露怒意。他敘述在波蘭山岳協會華沙總部的會面：「副會長微笑著說：『噢，我們已經把全部經費都撥出去了，很抱歉。』

『但是副會長，我該怎麼辦？我需要你支持這次攀登，而且這是國際遠征，由波蘭人和英國人聯手。這對波蘭是好事。』

『實在很抱歉。不過我可以給你一些建議。去問問扎科帕內俱樂部（Zakopane club）。』

『好吧，可是爲什麼要找扎科帕內俱樂部？』

『他們有經費，而且他們俱樂部裡有一位攀登健將，克濟斯托夫・祖列克（Krzysztof Żurek）。你應該邀請他。』」

祖列克是聲譽極佳的登山家，雖然還沒一起攀登過，歐特克覺得可以放心邀他入隊。祖列克個頭矮小、孔武有力，和精瘦的歐特克彼此互補。扎科帕內俱樂部同意了。現在他有了足夠的旅費，可以讓兩名波蘭攀登者、一名波蘭醫生兼基地營經理萊赫・庫雪斯基（Lech Korniszewski），以及波特與麥金泰爾這兩名英國攀登者從華沙前往德里。隊伍編制很完整。

抵達印度後，他們費勁疏通層層關卡，努力處理德里印度當局熱切擁抱的英式繁文縟節。歐特克不過是想取得他的登山許可。印度登山聯盟（Indian Mountaineering Federation）原本已答應核發，但現在似乎有個問題。

波特與泰瑞・金恩（Terry King）跟著歐特克一同進入穆希拉姆先生的狹小辦公室，空間侷促到足以引發幽閉恐懼症，並塞滿了家具和成堆看似重要的文件。金恩來領取他的楠達德維登山許可，歐特克和波特則是要領取附近的強卡邦峰登山許可。兩座山峰都需要進入知名的楠達德維保護區，而問題似乎出在這裡。印度當局還在爲楠達德維保護區裡一個下落不明的核動力「監聽器」手忙腳亂。該裝置當初由僞裝成登山遠征的中情局祕密行動安置在山上，如今被雪崩掃落，不見蹤影，而且此刻很可能正釋放輻射到保護區——神聖恆河的發源地。直至進一步通知前，楠達德維保護區暫時關閉。

歐特克大爲光火。他大老遠來到印度，確信可以領到他花錢申請的登山許可，而現在他們卻被這怕事的小人物拒於門外。簡直不可原諒。

穆希拉姆先生彬彬有禮，不過態度堅定。「我非常抱歉。不過印度還有其他山脈。美麗的山脈。爲什麼不試試戴維斯坦峰（Devistan）？我絕對可以發戴維斯坦峰的登山許可給你。」

歐特克繃著臉。波特坐立難安。金恩再也按捺不住，雙手抓住穆希拉姆先生，猛搖他，罵了幾句髒話，然後怒不可遏地離開辦公室。歐特克的心一沉。

波特跳出來收拾殘局：「眞是抱歉，穆希拉姆先生。」他慰問這名受到驚嚇的男子，然後絞盡腦汁找了個藉口，繼續說：「是這樣的，金恩先生是著名的莎士比亞劇演員，所以才這麼敏感又暴躁。演員經常都是這樣的。」

穆希拉姆先生點點頭。歐特克怒視。波特等待。穆希拉姆先生面無表情地坐著，其他人屏息以待。最後，他建議他們拜訪內政部的一位辛格先生，請他幫忙。

原來，辛格先生是莎士比亞迷。

於是，為期一週馬拉松式的激情表演揭開序幕，他們在越來越高級的辦公室，面對越來越重要的官僚。直到某天，他們坐在總理辦公室外頭。就是這裡了！他們最後的機會。他們終於碰到一個厭倦把時間浪費在這件事情上的人。他發出了登山許可，於是這群攀登者歡欣鼓舞地出發。

當他們終於來到楠達德維保護區時，眼前是滿山遍野的野花和青草。草地上點綴花崗岩巨礫，楠達德維山的東北壁稱霸整片景色。他們在基地營放鬆，分類裝備，猛吃糧食。吃越多，攀登時要背的越少。

在前往強卡邦峰的路上，吃素的歐特克照慣例展開他傳統（且不尋常）的「飢餓日」（禁食）。為什麼？他渴望飢餓。他渴望把自己清空。他鍾愛卡夫卡的短篇小說《飢餓藝術家》（*A Hunger Artist*），因而決心征服自己的基本欲望。即使知道自己不可能贏得這場戰鬥，他必須接近自己的極限，瞭解極限的滋味。「我想這是個尊嚴問題。」他試著解釋說：「把自己逼到極限，擺脫基本需要的束縛。」

但尊嚴不是此舉背後的唯一動機。在某種程度上，他希望自己身體輕盈。歐特克是波蘭最好的攀岩者之一。攀岩者和舞者一樣，對自己的身體有毫不妥協的明確標準。身上有贅肉，就不可能成為最厲害的攀岩者。他把維持精瘦的苛刻紀律用在登山。他不同意唐．威蘭斯（Don Whillans）的高海拔攀登學派，也就是胖胖的入山，瘦瘦的離開。歐特克瘦瘦的來，更瘦的離開。最大的挑戰出現在禁食三天後。他會開始謹慎進食——只吃些水果蔬菜和少量麵包。「那感覺太好了，太棒了。」他回憶說。但這最終將以暴食收場，至少是**他所謂的**暴食。「我會進到這個可恥的循環，飢餓日、暴食、飢餓日、暴食。」儘管他知道這不是在從事困難攀登之前保持強健的方法，他卻難以擺脫這種自我毀滅模式。為了在基地營時不要胡思亂想，歐特克遊蕩到強卡邦冰川，凝視他魂牽夢縈好一段時間的那座山。幾何對稱、水晶般清澈的山。神祕。難以到達。完美的目標。

終於，感受這面岩壁的時候到了——他用手觸摸它。歐特克領攀最初幾段潮濕的外傾繩距。花崗岩不如看起來的那樣堅固。他們垂降返回基地營，在那裡度過了幾天惡劣天候。不過他們已經和這座山建立了初步的、試探性的聯繫。

隊伍只攜帶三十五支岩釘、三支冰樁和一串小型攀岩裝備，以及八天的食物，然後開始全神貫注地攀登。他們成對攀登，一對搭檔整日當先鋒探路，另一對則邊用上升器沿著繩索往上邊拖曳重裝。攀登初期，需要拖曳的東西實在太多，以致爬在前面的人不得不在一天結束後垂降下來幫忙。他們每隔一天交換角色。拖曳是嚴酷的體力勞動。走在隊伍前面當先鋒，探索山壁的祕密，然後徹底沉醉在其中，才是他們每個人最想做的事。但這次攀登採團隊合作的方式，各種付出都很重要。最初的組合是歐特克和波特、麥金泰爾和祖列克。

第二天，歐特克和波特爬在前頭時，波特不小心鬆動了一顆花崗岩，岩石猛墜，重擊了祖列克的肩膀。祖列克痛得大叫，緊抓受傷的肩膀。負傷的他無法拖曳重裝，於是他們改變配對。祖列克和歐特克一起攀登。他們一段繩距接一段繩距，在大岩壁上緩慢上升。某天爬十段繩距。隔天減少到六段。領攀時，幾個小時彷彿一眨眼就過了，但做確保時，分分秒秒都是折磨。緻密的花崗岩不太能放置器材，好不容易有機會放置時，有些裂縫又太淺。敲敲敲，三下，岩釘進去了。再敲敲，兩下，岩釘出來了。這實在太鬆，絕對撐不住墜落時的重力加速度。裂縫一路延伸至上方，穿越花崗岩岩片錯綜交疊的迷宮。有時，岩片似乎根本不相連。接著，裂縫呈喇叭形擴張，變成煙囪地形，積滿了寒冰。這面山壁是岩石與寒冰拼貼而成的巨型幾何馬賽克。

猶馬上升器從結冰的繩索滑落，負責拖曳重裝的那對搭檔心驚膽跳。他們不知道上方的情況。領攀的人是否正穩定爬升？他們做的決定正確嗎？裂縫彼此相連嗎？有遇到死路嗎？他們在又冷又累之際，必須完全信任隊友。

歐特克在日誌裡記錄路線的難度：「Ⅳ，A2，Ⅴ，Ⅳ，Ⅲ，A1，簡單，Ⅴ，Ⅱ和

VI，A0級——不是輔助攀登，而是用岩釘做輔助。蘇格蘭難度IV，VI，A3級。」多年後，他翻閱一頁頁日誌，說道：「沒錯，這不是鬧著玩的。」

每天夜裡，他們一起蜷縮擠在狹窄的岩階上，或是裹著睡袋躺在吊床上，等待黎明。他們取用每件裝備和衣物都格外小心。鍋子、火爐、手套，一樣都不能掉下去。

在山壁的第五天，波特胃痛，祖列克重病。波特在某段技術繩距墜落了三次。第二次墜落時，他大部分的保護點都脫落了，幸好有支岩釘還留在原位。他繼續爬，但費勁攀登加上反覆墜落，導致一個危險的情況。正當麥金泰爾屏氣凝神專注做確保時，波特一小步一小步攀爬一顆光滑的花崗岩，手臂一個無力，墜落時像鐘擺般大幅度擺盪。

隔天輪到歐特克和祖列克打頭陣。祖列克領攀，可是自起攀後，他一天比一天虛弱。就在爬升約二十公尺後，他停了下來，然後向下呼喊。

「歐特克，我遇到一些困難。這裡的輔助攀登眞的很困難。」

「嗯，我看到了。」

「我要設確保了。我很難繼續下去。」

「不，祖列克，這樣太早了。你應該繼續。你太早設了。」

「不會，這是好位置。我打了很多岩釘進去。沒問題的。」

「好吧，聽你的。」

歐特克覺得困惑。他打了很多岩釘進去？這是什麼意思？他知道祖列克正等著他把裝備收齊，離開確保點，並用上升器爬升。可是，歐特克突然感到一股沒來由的恐懼，渾身一僵。

「祖列克，你確定確保沒問題？」

「對，對，很多岩釘，沒問題。」

歐特克還是僵在原地。他不敢離開他的確保點，彷彿他要活命，全靠這個確保點。祖列克等著他上去，但歐特克繼續留在下方，全身癱軟。他往上呼喊。

「聽著，祖列克，現在的繩距太短了。你可以試著再往上爬一點嗎？不然我們會因爲這些短繩距浪費太多時間。」

「好吧，我試試看。」

歐特克還扣在他的確保點上，慢慢放繩給祖列克。他在苦思剛剛「很多岩釘」的對話。爲什麼要很多支？沒道理。祖列克緩慢向上攀爬。半公尺，然後一公尺。又多爬了兩或三公尺。

「小心，祖列克。」

祖列克沒有回應。他正全神貫注。突然間，碰、碰、碰。他墜落了！五支他說沒問題的確保岩釘全都脫落了。祖列克毫不猶疑地重新往上爬，爬到超越墜落點十公尺的地方，然後設置穩當的確保。

「好了，歐特克，你上來吧。」

「確定？」

「對、對。確保沒問題。上來吧。」

歐特克邊爬邊反覆回想這起奇怪的事件。他怎麼知道第一個確保不可靠？是什麼直覺讓他死守自己的確保點，拒絕移動？是因爲祖列克提到「很多支」岩釘嗎？還是敲岩釘的音調像是打進去了，但不夠牢固？還是岩釘的敲擊聲沒有按正常情況出現變化，隨著岩釘打進裂縫深處，敲擊聲應該由低變高？歐特克無法確切知道自己當下退縮的原因，但此舉無疑救了他們兩個。倘若他選擇用上升器沿繩索爬到有問題的確保點，一旦他將自己掛在繩索上，他們將雙雙從山壁往外摔落。歐特克趕上了祖列克，什麼也沒說。他接手領攀，又推進了兩段繩距。

當這齣劇碼在波特和麥金泰爾上方發生時，兩人只是忙著拖曳。就在那天的攀登即將結束時，麥金泰爾準備垂降去取最後一批裝備。當時一陣風從側面猛然吹向繩索和繩套。麥金泰爾收好捲起來的繩索，掛入鉤環，打算邊放繩邊下降，而不是把整卷繩索往下丟，冒著讓繩索被風吹亂打結的風險。這是正確且安全的策略，能避免很多麻煩，不用與繩索和風搏鬥。可是，麥金泰爾百密一疏。他從繩捲的下方而不是上方串起垂降裝置。就在後退離開岩階、踩到岩壁的那一瞬間，人不見了。過了好一會兒，麥金泰爾整整墜落了一根繩索的高度。用來固定繩索的岩釘撐住了。等到波特垂降下來查看情況時，麥金泰爾正在收拾裝備，嚇得臉色發白。

「天哪！麥金泰爾？你沒事吧？」

「我剛這樣可不是爲了得到一個用來紀念我的同名帆布包。」他試圖擠出一個冷笑話。[12]

撐住麥金泰爾墜落的唯一岩釘，也是支撐麥金泰爾和波特用上升器再度爬升的岩釘，就嵌在一小塊岩片裡。波特取出岩釘時，手指輕輕一拉就拔出來了。

翌日，他們爬到「獨眼巨人之眼」（Cyclop's Eye），這是山壁中段的一處雪原。波特趕上歐特克時，跟他說祖列克出現了精神錯亂的行爲。擔心夥伴安危的歐特克垂降下去幫他。拿起背包後，他在一旁陪著祖列克，使用上升器回到「獨眼巨人之眼」的露宿地。祖列克用固定繩，歐特克則是用垂降繩。抵達後，歐特克向波特坦言：「我們有麻煩了。祖列克以爲自己在波蘭。」

歐特克擔心祖列克有生命危險。他空洞的臉龐因疲憊而五官扭曲。歐特克當晚擔心到幾乎沒睡，滿腦子黑暗的念頭。要是他眞的斷氣了，他們要怎麼處理他的遺體？

帶著遺體下山嗎？他們的體力能負荷嗎？還是要把他留在山上呢？他哄著崩潰的祖列克保持清醒時，腦袋不斷被這些問題折磨。這是攀登者最殘酷的道德兩難：夥伴重傷或重病而無計可施時，該怎麼辦，拋棄他自生自滅，還是留下來一起死？

祖列克的病情整夜不見好轉。在山壁的第八天，歐特克領攀最後六段繩距，從費力的冰岩混合地形爬到山頂山脊，然後沿著山脊再走二百五十公尺到達山頂。突然間，美景盡收眼底。彷彿一瞬永恆。當雙眼不再緊盯著面前的山壁，他們才看見周圍的壯闊景致。

有鑑於祖列克的情況，他們沒有時間逗留，於是開始輕快地下山。頭兩段繩距是六十度的山脊，通往強卡邦峰和卡蘭卡峰（Kalanka）之間的山坳。祖列克大喊：「滑降！快點，快點！」在這麼陡的坡度滑降是非常危險的事，可見他已經神智不清了。歐特克飆罵幾句波蘭髒話，停止下降，然後在山脊上一個有遮蔽的地方準備露宿。隔天早晨，他們密切關注祖列克，擔心他的脫序行徑可能讓所有人陪葬。他們還要下降兩天才會到達基地營。

抵達山坳後，他們縱走卡蘭卡峰南壁，然後進入寬闊的冰河裂隙和搖搖欲墜的冰塔組成的迷宮。波特停下腳步，迷惑地看著眼前景象。歐特克從後方喊著要波特等等，讓他走前面。波特詳述他們的前進路線：「路線往右，再往左，然後又回到冰塔之下，再繞過冰河裂隙。歐特克用某種直覺的魔法帶領我們穿越這些恐怖的地方。我累到無法理解當時的危險，很久之後才意會過來。」[13]

祖列克的情況隨著隊伍下山有所好轉，不過他和波特都因攀登、海拔和不明疾病而筋疲力竭，虛弱不堪。他們最終抵達草地，安全無虞，但因爲祖列克與死神擦身而過，勝利的滋味甜中帶苦。歐特克後來表示，這是他在攀登時最可能痛失隊友的一次。

儘管在山壁上消耗了許多體力，歐特克覺得自己還有餘裕。麥金泰爾也是。於是他們在休息兩三天後，出發前往楠達德維山。他們沒有登山許可，不過歐特克不以爲意，身爲英國山岳協會祕書的麥金泰爾似乎也不擔心。「他是做壞事的好夥伴。」歐特克笑著回憶道。他們爬到西北壁海拔六五〇〇公尺處，遇上颶風般的狂風，不得不回到基地營。

終於，他們認爲離開保護區的時候到了。歐特克想起一個關於麥金泰爾的插曲。他說麥金泰爾在營地很「懶惰」，「不烹煮也不善後。」從楠達德維山回來後，麥金泰爾沒幫忙整理營地就出發了，還留下一些個人物品。歐特克發現麥金泰爾的褲子披在一塊石頭上，心想要把褲子放進哪以帶離保護區。行李袋已經塞滿了。此時他瞄到空的壓力鍋，擦乾淨後，便把麥金泰爾的褲子塞進鍋裡。當他們全數抵達下一個營地時，麥金泰爾四處晃，表情有點困惑。

「我的褲子不見了。有人看到我的褲子嗎？」

「哈！有，我有找到你的褲子。」歐特克回：「你想知道它們在哪嗎？」

「想，我的褲子呢？」

「在壓力鍋裡。你應該更愛惜裝備。」

「你幹嘛把它們放到鍋子裡？」

「你應該謝我才對。」歐特克斥責麥金泰爾：「壓力鍋是乾淨的。鬼叫什麼，說謝謝。」

兩個月後，歐特克收到麥金泰爾的和解訊息：「我申請去念烹飪學校。我想在營地當個好廚子。」

事後回想起來，攀登強卡邦峰給了歐特克極大滿足。他們連續八天一氣呵成地攀上一千五百公尺的雄偉大岩壁，晚上睡在懸空的吊床，或在結冰的斜坡上砍出狹窄的平臺。陡峻、幾何狀的岩塊和冰塊充滿優雅的弧形線條，很挑戰技術，在他攀登大岩壁的每一天不斷激發他的攀登想像力。自由攀登和輔助攀登兩者都有難度與挑戰性。不過，他最滿足的部分，是在強卡邦峰感受到的夥伴關係。他重視這支小隊伍的靈活、忠誠、創造性和獨立。他們一起經歷了恐怖的時刻、猶豫不決的時刻、急躁的時刻。但整體而言，他們通力合作。「是的，是的。是支好隊伍。」他說：「應該說是夢幻隊伍。」

• • • • •

三十六年後，歐特克接到祖列克的電話，顯現了這段友誼的深厚。

「歐特克，我眞想再見見你。你想聚一聚嗎？」

「祖列克，眞沒想到是你。當然要聚。下次你到克拉科夫時，就來我家吧？」

「沒辦法，我沒有車。而且我住在離克拉科夫大概一百公里的地方。你願意過來嗎？」

「沒問題，沒問題。我去找你。我很樂意。」

幾天後，歐特克開車到祖列克的住處，他和另一半住在一座養馬的農場。房屋搖搖欲墜，幾成廢墟。屋內沒廁所。灰泥牆面斑駁。但卻如此溫暖又舒適。賓至如歸。他們招呼歐特克，提議在農場繞一繞。他們迎著毛毛細雨，在山毛櫸樹林及平整如馬球場的草地散步。一群馬在樹下躲雨，慵懶地吃著草。幾小時後，他們回到室內，啜飲草本茶，繼續談天說地。終於，歐特克開車回克拉科夫的時候到了。祖列克露出焦慮神情，在門前擋下了歐特克。

「歐特克，我們今天下午相處的幾個小時很美好，但其實我想和你說件事。」

「好啊，祖列克，我們可以下次再聊。」

幾個禮拜後，歐特克收到祖列克的一封電郵，敘述他那天想提出但沒找到適當時機開啓的話題。他寫道：「你記得〔從強卡邦峰下山的〕跟水有關的那件事嗎？那時我從冒水的冰河洞裡爬出來，手裡握著裝水的冷凍乾燥袋，然後你出現，問我說：『小克，給我一些水好嗎？』我說『你自己裝』，然後就繼續往外爬。我踏出冰河洞之後，看著你的身影消失在下方的陡坡。我老是想起這段往事……這就是我那天想跟你說的事……」

歐特克坐在書桌前，震驚不已。他從記憶庫搜索那一刻。他想起來了。他當時確實有些惱火祖列克不遞點水給他。當然，他們都很渴，但是祖列克那時已經筋疲力盡，也才剛從鬼門關走了一遭，不該跟他計較沒有分水給別人這種雞毛蒜皮的事。歐特克又讀了一遍電郵。祖列克默默承受這個折磨多少年了？從一九七八到二〇一四，整整三十五年。歐特克給祖列克回了一封電郵，說明他完全忘記那次喝水的事了，並懇求他別再爲此折磨自己。他深信，祖列克的告解證明他們在山上締結了堅定的情誼。他把這件事存進虛擬盒裡，那裡存放的，都是他最珍貴的回憶。

七
在當下起舞

人皆有夢，但多寡不一。

——T・E・勞倫斯，《智慧七柱》

麥金泰爾在綠色網格的三層公文架上翻揀堆疊如山的文件。身爲英國山岳協會的科員，每個人似乎都需要和他商量一些事。

「這個令人絕望的東西〔公文架〕有快中子增殖反應爐*的特性，而且儘管規定非常寬鬆，可以把文件丟到垃圾桶或地板，但公文架永遠吃不飽。」麥金泰爾寫道。[14]他當天忍住沒把架上的文件丟光，眞是萬幸，因爲文件堆深處有一張明信片，上面印著誘人的冰雪金字塔陡壁照片，背面寫著這面大岩壁的名字：道拉吉里峰東

* 快中子增殖反應爐（Fast breeder reactor）：一種核子反應器，產生的燃料多於消耗的燃料。——譯注

壁，以及一則簡短留言。

親愛的麥金泰爾：

到明信片上的這面山壁享受幾天的難得機會來了。三月十日，我們加德滿都見。

祝好，歐特克

附注：帶個夥伴。

道拉吉里峰海拔八一六七公尺，是世界第七高峰，從尼泊爾的甘達基河（Kali Gandaki）倏然拔起七千公尺。這座絕美高峰的名字有「耀眼、潔白又美麗」的意思。早在一九五四年，一支前往道拉吉里峰的阿根廷軍事探險隊採取不尋常的手段，以炸藥炸掉擋路岩石來打造舒適的營地。他們一路爬到八千公尺，才因暴風阻撓而折返。一九六〇年，一支歐洲隊伍從東北脊首登道拉吉里峰。不過，當歐特克注意到這座山時，它的東壁還沒人爬上去過。

一九七九年，也就是發送邀請函給麥金泰爾的前一年，歐特克和格但斯克（Gdańsk，東部波蘭團結工聯的發源地）的一群攀登者前往道拉吉里峰北壁。他和瓦倫蒂·菲烏特（Walenty Fiut）打算脫隊攀登，目標是東壁。「一條直線，近乎傲慢的線，這概念深深吸引著我。」他說：「它迷人的平坦冰原看起來大有可爲，彷彿一路通向天堂。」

可是，一九七九年山壁上沒有積雪，只有不牢固的岩石和光滑的斜板，無邊無際。他們知道沒機會了，於是回到山的北面和隊伍會合。在惡劣天氣和一名生病的攀登者迫使隊伍掉頭之前，他們已爬到近八千公尺的高度。然而，歐特克默默惦記著未曾有人踏足的東壁，並且發誓一定會再回來。

關鍵在冰。「我看著美麗的道拉吉里峰東壁，心想如果它結滿了冰，形狀也對，我們應該能夠快速攀登。」歐特克在阿爾卑斯山的特里奧萊峰（Triolet）北壁、庫爾特峰（Les Courtes）、德洛提斯峰（Les Droites）積累豐富的冰攀經驗，因此他只是把阿爾卑斯山的經驗投射到更大的畫布上。「只差在這裡的冰多了很多。」他說。

他最喜歡的夥伴麥金泰爾無疑是此行的不二人選。麥金泰爾是冰攀巫師，黝黑的圓臉和歐特克蒼白、稜角分明的樣貌形成強烈對比。兩人的個性也不一樣。除了懼怕落石，麥金泰爾總是平靜放鬆。歐特克急躁、神經緊繃且嚴肅認眞。合作兩次遠征後，歐特克便知道自己喜歡與麥金泰爾一起待在山上。他喜歡麥金泰爾的幽默感、他的悠然自得、他不拘一格的英國音樂收藏，當然還有他的攀登精神。「他在隊伍裡從不搶鋒頭，可是當隊伍需要他時，又會表現得特別好。」歐特克說，他想起麥金泰爾在快登頂班達卡峰時，憑直覺找到翻越懸垂雪簷的路。「他就像威力王牌，撲克牌裡的鬼牌。」15

更重要的是，歐特克重視麥金泰爾的玩興。「我欣賞懂得玩樂的人。」他說：「如果一個人懂得享受生活，懂得自娛娛人，就比較不會那麼自我中心。」毫無疑問，歐特克也貪圖麥金泰爾總是欣然被捲入非法勾當，歐特克就愛違反規則。他們在班達卡峰的登頂是非法的，在楠達德維山的未竟攀登是非法的，而日後肯定會有更多違法的機會。這純粹是選擇問題。

歐特克計劃以英國與波蘭聯合隊伍攀登道拉吉里峰東壁，這就是他建議麥金泰爾帶個夥伴的原因。外國攀登者必不可少，因為他們會帶來強勢貨幣。歐特克在邀請波蘭夥伴時，選擇了維爾辛斯基。維爾辛斯基不僅是了不起的登山家，還是才華橫溢的作家與音樂家。儘管兩人不曾一起攀登，歐特克常在塔特拉山遇到維爾辛斯基。不過，麥金泰爾沒有找英國同胞一起去爬道拉吉里峰，而是邀請很有自信的法國登山嚮導何內．格里尼（René Ghilini），他們曾一同在霞慕尼攀登。歐特克後來表示，格里尼這個人能「安撫」他，就像他最後在朱瑞克身上感受到的平靜。遠征結束三十多年後，格里尼和歐特克在法國再次相遇，格里尼聞此評論露出微笑，坦言歐特克是他遇過神經最緊繃的攀登者。

抵達加德滿都後，他們面對習以爲常的阻礙：沒有登山許可。這讓格里尼見識到波蘭式的問題解決之道。取得登山許可的協商觸礁。格里尼於是坐到一旁，看歐克特和觀光部的官員交涉。歐特克帶著安撫的笑容開啓對話，竭盡所能地以奉承的陳腔濫調，盛讚尼泊爾與外國攀登者合作的種種優點。接著，歐特克裝腔作勢，拿出一份禮物頌揚雙方偉大的合作精神。格里尼看到禮物，心頭一驚：一部破爛生鏽的電晶體收音機。一文不値的東西。歐特克在想什麼，竟然拿出這樣侮辱人的禮物？出乎他意料，官員很有風度地接下禮物，露出狡詐笑容。他向歐特克道謝，熟練地滑開收音機背後的小彈簧鎖，裡面有一大疊美元。他把收音機和美元塞進辦公桌抽屜，停都不停一下，繼續大談合作、合夥和國際關係。之後，登山許可很快就發下來。格里尼問歐特克這是怎麼回事，他聳聳肩回說：「我們在波蘭都這樣辦。」

登山許可到手後，他們在土庫查（Tukuche）雇用揹工，然後開始朝道拉吉里峰前進。土庫查位於卡利甘達基河谷，是攀登者張羅人力物力的重要村莊。天氣糟透了。他們再走幾小時就能抵達海拔五二〇〇公尺的丹普斯隘口（Dhampus Pass），此時情勢急轉直下。厚重的烏雲在四周翻騰，籠罩了通往隘口的雪地。揹工越來越擔心小命不保，終於拋棄背負的裝備，逃往下方谷地。歐特克感到無助。「我知道如果沒有他們，我們絕不可能翻越隘口，把全部的糧食和裝備運送到隱蔽谷（Hidden Valley），然後翻越更高的法國山坳（French Col）到基地營。」他說。他的夢想、計畫，還有所費不貲的登山許可，全都泡湯了。

這支隊伍在暴風中蹲守了三天，大啖一碗碗摻了大麻膏的番茄湯，邊聽瑪麗安·菲絲佛（Marianne Faithfull）悲傷的樂曲。「你會為什麼東西不惜一死？這不是我的現實。」她唱著。儘管正萬分苦惱，這位陌生女子引起了歐特克的好奇。「我問麥金泰爾她是什麼樣的人，因為她的歌詞是那麼憂愁，那麼悲傷又厭倦。」他說：「麥金泰爾告訴我，『她就像波蘭的歷史，每個人都到過那裡，每個人都造成很大的傷害。』」

天氣放晴後，歐特克回到土庫查雇用更多揹工，其他隊員則躺在營地，幾乎一動也不動。八天後，他們踉踉蹌蹌地來到基地營，因為在鬆軟新雪上奮力前進而筋疲力盡，全身濕透。但至少他們到了，裝備也到了。格里尼從法國帶來絕大多數的技術裝備：冰爪、Simond 冰斧和 Kastinger 登山靴。歐特克為眾人準備了波蘭的羽絨衣和睡袋。格里尼對於羽絨品質、縫紉技術和服裝設計都相當佩服。「不過沒有拉鍊，只有鈕扣。」他笑著說：「我們的外套、背心、睡袋，都是一整排的扣子。」

現在到山上了，他們需要適應高度。活潑的麥金泰爾和隊友分享一個適應高度的策略。「這個過程……需要吃大量的蒜頭，搭配攜帶型日本製迷你卡式錄音機播放的華格納旋律，用一連串兩指俯臥撐的姿勢連續做愛幾小時，然後單腳踮著腳尖跳上山丘。這訓練能讓身體變壯。」[16]玩笑歸玩笑，他們**確實**需要適應高度，於是想出一套計畫，但計畫執行有賴另一支遠征隊隊員的配合。

在他們基地營附近有一支打算攀登東北脊的瑞士隊伍。歐特克找他們商量，想用那條攀登路線進行高度適應訓練，瑞士隊伍無奈地同意了。他們上上下下，六五〇〇公尺、七〇〇〇公尺、七五〇〇公尺，在這個中等難度的路線每來回一次，就變得更耐操、更強壯。某次在進行適應高度的攀登時，歐特克和維爾辛斯基在之後從東壁離開可能會經過的山脊上藏了一份糧食。「我們當時離峰頂只剩兩小時左右，看起來很容易就能登頂。」歐特克說：「但我一直期待能從東壁直接登頂，不想破壞那份得償夙願的喜悅，……我想保持對東壁的忠誠。一旦登頂，誰知道我們在東壁的嚴峻環境中會做出什麼事？」

多年後，歐特克解釋，在當時，沿著任何既定路線攀登對他都不算是挑戰。「我完全沒有動力攀登那些正規路線。」他說：「少了未知，它們就失去了登山最不可或缺的精髓。再說了，這些路線在技術方面大多很簡單，坡度平緩，因此缺少了垂直的美學。而使我展翅的正是垂直之美。少了翅膀的攀登有什麼意義？還剩下什麼？只剩粗活嗎！那就免了，謝謝！」他嘲笑自己年輕氣盛：「可能是那時候我有錯誤的認知。現在我不需要那麼激昂的劇情了。我和山的關係轉變成一種更著重冥想的態度。只願能接近山的美！現在重要的是成為山的一部分。」

完全適應高度後，攀登者準備迎接東壁的挑戰。他們於五月六日凌晨二點四十五分出發。麥金泰爾記得那是「罕見的美麗夜晚，月光灑遍大地，澄澈得一望無際」。[17]冰爪底下結實的積雪咯吱作響。一個小時多一點，他們便從山坳爬到山壁底部。麥金泰爾如此形容當時的景象：「東壁盛裝以待，一身冰藍向我們招手。」[18]第一道障礙是緻密的岩石帶，他們爬了三個多小時才度過。他們在第一段的V級難度繩距僅使用繩索一次。繩索已覆上一層薄霜，現在他們丟開繩索，開始徒手攀登，在岩石帶上方移動，迂迴穿越冰雪通道，尋找可以攻克的弱點，搜索通往更高處的一條條積冰。他們努力避開屋瓦狀排列奇特的岩石，朝雪白之處移動。但那全都薄得令人失望。光滑易碎的冰、冰晶碎片、輕薄鬆軟的雪片。在岩石鬆動的斜坡上，他們幾乎沒有保護可言。

第一天中午，他們發現了一個適合喝杯茶小歇的小岩丘。坐在岩丘上，他們注意到幾縷纖細的條狀雲朵掠過遠處。由於無法獲取天氣預報，他們不得不仰賴自己的登山直覺。這可能只是午後的雲層聚積。確實有些令人不安，不過這在這座山每天都會出現。

他們繼續前進。

不久，隆隆雷聲傳來，一道不祥的低矮雲堤吞沒了他們，厚重而晦暗。當柔和的午茶微風力道增強，雪片也跟著落下。他們繼續攀登，仍然各爬各的。「我們沒考慮結成繩隊。」歐特克說：「路線不是非常陡峭：仰角五十到五十五度，偶爾有六十度。海拔更高的地方有幾段冰岩混合的繩距。」每個攀登者都有自己的一套方式，按照自己的速度移動，尋找自己的節奏，在山壁上相隔二十到三十公尺。每個攀登者都在雪片飛旋、飛雪四濺的小小世界裡單打獨鬥。

午後過了一半，他們在一處岩壁下躲避降雪和飛雪。此刻看來，山壁顯然不會提供任何舒適的岩階，因此他們在海拔約六四五〇公尺處挖鑿可棲身的狹窄平臺，這將是三處極不舒適露宿的頭一個。歐特克記得，他們不太說話，只是不斷砍，又不斷砍，然後擺放露宿袋，準備了好幾個小時後，才終於開始棘手又危險的炊事。歐特克保持樂觀。「不知何故，第一天過後，我們開始相信發生大型雪崩的可能性變得比較低。」他回憶說。接著補充了一個務實的警告：「話雖如此，我們上方還有一千公尺的山壁，如果真的遇到大雪崩，就麻煩了。」儘管不舒適，但第一晚的露宿和隔天相比，簡直是五星級豪華享受。

他們繼續沿著冰凍山壁獨自開闢路線，避開有厚雪、鬆雪或透明薄冰的地方。隊伍的每個成員都擅長雪攀和冰攀，這代表他們可以獨自安靜不語地移動，又快又穩。隨著他們爬得更高，結冰變得越來越堅硬，被風打磨得黝黑發亮。雷聲不止，飛雪在他們四周翻騰。維爾辛斯基和麥金泰爾在前爪攀登時，一度發現自己被嘶嘶作響的洶湧飛雪困住，擔心被掃到谷底，既無法移動，也無法調整裝備。

經過一天漫長的攀登，是時候準備他們的第二處露宿了。歐特克對此記憶猶新。「空間不夠做兩個平臺。」他提起在山壁砍出的超小平臺時這麼說：「他們〔麥金泰爾、維爾辛斯基和格里尼〕總之設法擠進了一個雙人露宿袋。可是沒有多的空間給我。我在外面，甚至沒辦法躲進自己的睡袋。我們沒有開伙。那裡不是很陡，或許有六十度，但不可能砍出平臺，因為我們才砍二十公分就敲到岩石了。」歐特克把自己套在繩環裡，半坐在破碎的、超小的冰架上，他的露宿袋上下顛倒地蓋著頭，保護他免受風吹起的雪粉不間斷攻擊，同時試著忽略四周的混亂狀態。第二晚既沒有食物，也沒有飲水。只有提心吊膽的小睡。這在波蘭的露宿層級中，實屬最高等級。

天剛破曉，他們便逃了。向上爬時，他們不禁注意到許多新形成的烏雲堤正朝他們翻湧而來。他們躲在某個大型岩石扶壁的背風處，開火煮茶。麥金泰爾描述當時的場景說：「我們在這裡喝茶，像早晨的通勤者一樣，茫然地站著啜飲一杯溫茶，然後繼續向上挺進，最後在傍晚的餘暉中離開山壁，在冰岩混合地形上跌跌撞撞地前進，來到稜線上一塊巨礫下方的露宿位置，躲開怒吼的道拉吉里峰狂風。」[19]在最高的那段山壁，他們才第二度使用繩索。歐特克向上爬，通過暴露的煙囪地形，把確保繩丟給下方的隊友，然後逃離山壁。他們的第三個露宿地是在海拔約七九〇〇公尺處的東北脊。歐特克記得，那晚他們終於可以爬進睡袋。他記得他們凍得厲害，而且腰痠背痛。

但他們破解這面沒人爬過的東壁了。儘管雷聲隆隆，罡風刺骨，降雪不停，現在就只剩爬上山頂這件事了。他們在午夜過後不久的五月十日凌晨醒來，開始準備攻頂。首先，他們需要補充水分，於是花了幾小時把雪融化來喝。黎明時分，惡劣天氣顯然沒有趨緩。真要說天氣有什麼變化，也只是變得更加惡劣。在深可及膝的積雪中移動了三十公尺後，他們意識到，通往山頂的路線上極有可能發生雪崩。他們每跨一步，積雪就發出塌陷的悶響。險惡的裂縫撕裂雪坡，留下鋸齒線條。唯一選項是從東北脊撤回基地營。

歐特克深受打擊。

從稜線火速下撤後，他們發現瑞士隊被這駭人的天氣嚇壞了，還躲在營地。他們休息了幾天，討論該怎麼做。歐特克說：「各位，我不認爲我們做到了。我們還不能離開這座山。」他建議再爬一次東壁，這次是一路登頂。

麥金泰爾不可置信地搖了搖頭。「不要傻了。我們已經爬完東壁，可以從正規路線登頂，這樣就夠了。」歐特克承認回到山壁的想法不太吸引人。但他強力主張：「我們得爲這次登頂做點什麼。」他猜格里尼和維爾辛斯基並不在乎爬或不爬，不過他們最終同意經東北脊回到山上。在稜線待了四天後，五月十八日，正午剛過，他們終於踏上道拉吉里峰頂，然後在五月二十日全員回到基地營。任務完成。不過，對歐特克這個完美主義者而言，這仍是次美中不足的小失敗，他的理想是由東壁直登山頂。歐特克後來以他一貫的輕描淡寫描述這次攀登的性質。

攀登的部分不難，只是要持續在仰角五十度或五十五度的冰面上移動。有些部分的冰較硬，爬起來有點累。其他部分是既硬又結霜的雪。我們用冰斧砍出階梯，站到上頭，讓小腿歇息。白天我們不進食。攀登當下，絕不可能。進食會耗掉太多時間。有時我們吃點甜食，尤其是巧克力。我們沒有打冰樁確保自己的安危，因為沒有必要。如果你持續不停地攀登，不知為何感覺似乎是安全的。當然啦，倘若你跌落，一摔就是兩千公尺。換外套或脫背包有個簡單的解決方案：把冰斧牢牢插好，然後掛在上面。反正在這個海拔高度我們每爬幾公尺就得停下。這裡的冰並不易碎，所以我們不擔心高空落冰。我們的動作不激烈，因為我們只使用冰爪，以及揮動手中的冰斧。重複性很高的動作。這種攀登的挑戰在於乏味和精神耐力。

被問及那是否有趣時，歐特克回答說：「有趣的是感受到峰頂的距離，然後頑固地克服自己的弱點繼續移動，向上移動，偶爾心滿意足地發現，我比自己的弱點更強大。」道拉吉里峰東壁是他首次突破海拔八千公尺的天花板，就是在這裡，他認識了將自己推向極限的極限運動。回顧事實，歐特克坦承攀登任何八千公尺巨峰主要都在受苦。「這是高海拔的精髓。」他表示：「每一步都等於戰勝你的弱點。由於完全沒有垂直的樂趣，這種高海拔的創造力僅僅是在於克服你的痛苦。而克服痛苦會帶來令人振奮的解放感。」

他認爲朱瑞克是這項運動的大師。「朱瑞克一心只追求這個目標，他是對抗自身弱點的鬥士。」歐特克說：「他享受的不是攀岩運動——攀岩運動講究的是善用身體。對朱瑞克而言，從事這項運動是爲了戰勝個人弱點。挺進再挺進，每天更前進一些，每天更衰弱一些，可是意志強大，努力地追求最終目標：峰頂。這就是他的運動，他對創造性的詮釋。」

◆ ◆ ◆ ◆ ◆

歐特克生活的每個面向都需要創造性，包括他的財務生存。他從波蘭山岳協會籌措到道拉吉里峰之行的贊助，可是還不足以支付全部費用。他自一九七八年四月起便不曾工作。「我靠貿易賺錢，當然是非法貿易。」他笑著解釋：「只要我旅行在外，我就寄送些包裹回波蘭。幾百箱雀巢即溶咖啡，這在波蘭可是奢侈品。還有珠寶和衣服。曾經有趟旅行，我寄了五十個包裹！」歐特克稱之爲「波蘭稱霸的黃金十年」，不僅稱霸喜馬拉雅登山界，也稱霸走私界。「每個人都大賺了一筆。」他說。

不過走私並不如聽起來那樣容易或迷人。印度郵局有限寄兩到三個包裹的規定，而反覆上郵局會被當作可疑人物。爲了解決這個問題，歐特克很快就摸熟德里每個郵局。這還只是寄送端的麻煩而已。交易的另一端是收貨人。同樣的，如果波蘭的同一地址收到太多包裹，也會有麻煩。「我把包裹寄給波蘭的不同人——家人和朋友。」歐特克解釋。每個人都承擔了一定的風險，但每個人也都能賺些利潤。他的家人和朋友很高興有機會在共產波蘭賺些外快。而每筆交易、交易過程的每一步，都是違法的。

歐特克的生意觸角很廣。他從阿富汗寄羊皮大衣到法國，因爲這種大衣在法國特別流行。他從波蘭寄口香糖到俄羅斯，因為俄羅斯人熱愛口香糖。「你相信嗎？共產黨蠢貨沒辦法供應口香糖給俄羅斯人！」他從波蘭進口彩色明信片到尼泊爾出售。他在阿富汗添購繡有艷紅花朵的圍巾，成打賣給帖爾米茲的哈薩克人，儘管俄羅斯官員總以懷疑眼神盯著每個人的一舉一動。利潤豐厚。「賣十盒口香糖到俄羅斯的獲利都夠我買些鑽石了。真的。我可以在波蘭或西德把鑽石賣掉。」波蘭攀登者從事非法貿易是如此普遍，德里和加德滿都塔米爾區（Thamel）的很多商店後來都貼出「這裡說波蘭語」的告示。

攀登道拉吉里峰後，麥金泰爾和格里尼回到歐洲，歐特克和維爾辛斯基回到波蘭，沒什麼人為他們慶賀。歐特克為波蘭山岳協會寫了一份短篇報告，可是此次登頂沒有引來任何媒體關注，儘管他們不用固定繩索攀爬偌大冰壁，展現了高度投入的意志。以阿爾卑斯式在八千公尺海拔攀登沒人爬過的大岩壁，這創下出色的典範，也是在喜馬拉雅山區攀登的未來趨勢。在那之前，唯有梅斯納爾和哈伯勒在一九七五年以阿爾卑斯式攀登八千公尺高峰上的大岩壁，也就是加舒爾布魯木I峰。

波蘭對他們這次攀登視而不見，並不太教人意外，這個國家正專注於更重大的問題。事實上，波蘭正在混亂失序的邊緣風雨飄搖。共產黨提高糧價，引發了全國各地一連串的工廠罷工抗議。罷工是違法的，因此共產黨試圖用一貫的威逼利誘鎮壓罷工者。儘管這項策略過去很管用，這次卻失效了，這有一部分歸功於格但斯克造船廠電工萊赫．華勒沙*不屈不撓的精神。他因從事地下活動而時常坐牢，但列寧造船廠爆發罷工時，他仍接手主導。兩萬名工人把自己關在造船廠裡，大門外還有數千人爲裡面的人加油打氣。全世界都開始關注列寧造船廠，華勒沙的團隊在接下來幾天與政府談判，得到一份適用於全國的協議。「團結工聯」這個名字以及激勵全國的口號「各行各業的工人團結起來」都來自這起罷工。自由工會的誕生，是波蘭朝民主漫漫長路跨出的第一大步。

儘管民衆群情激奮，日常生活仍艱困如常。女人爲買食物花幾個小時站在人龍中，男人則去排隊買瓦斯。除了熟悉的艱困日常和革命性的社會變化之外，私人生活的問題也讓歐特克的生活更加複雜。

「從強卡邦峰回來時，我不確定我太太會不會來接機。」他笑說。伊娃受夠了歐特克頻繁的長期離家。在那個手機還沒問世的時代從事遠征，他就像消失在深不可測的虛空之中，彷彿人在月球一般無聲無息。伊娃是熱情的女人，她想要男人陪她生活，而不是跑到天邊。他們的婚姻變得有些緊張。歐特克甚至不確定遠征之間的空檔是否眞有必要返回波蘭。他待在尼泊爾的時間一次比一次更長，因爲他會留下來安排日後攀登路線的登山許可。他靠著不搭機回國省錢，還不停寄送那些重要包裹，增加自己的淨資產。

歐特克和伊娃的分歧變大，不單單是因爲他長期離家。從群山歸來的歐特克是另一個人，更加內向，完全沉浸於內在的祥和中。

「那種內在平靜的程度，在日常生活中是不可能實現的。」他解釋：「當你處在非常平靜的狀態，當你的內心感受到眞正的祥和，你對生活周遭的感受也會截然不同。你是安詳的。你能接受自己終有死去的一天。」他無法和伊娃分享這些。「登山家很難擁有穩定的家庭生活，你的伴侶可不會接受你老是夢到爬山而在半夜醒來。」歐特克如此評論。他注意到，每次自己在幻想特定的攀登細節時，手心會冒出小汗珠。他稱這個效應爲「神奇幫浦」，並且補充說，伊娃越來越無法容忍他這一點。

歐特克既渴望家庭生活，又逃離家庭生活，可是他對攀登的痴迷已經取代了他對婚姻的痴迷。俄羅斯舞者米哈伊爾．巴瑞辛尼可夫（Mikhail Baryshnikov）說過，藝術家的生活其實比較輕鬆，受苦的主要是藝術家身邊的人。這話也適用於登山家。

＊萊赫．華勒沙（Lech Wałęsa）：波蘭民主化後的首任總統。——譯注

◆◆◆◆◆

接下來兩年，歐特克鮮少在家。先是一九八一年的馬卡魯峰春季遠征，和麥金泰爾及另外兩名夥伴一起挑戰尚未被攀登的西壁。秋季又再造訪馬卡魯峰，和麥金泰爾與朱瑞克挑戰仍未被征服的西壁。一九八二年夏季透過盧凱維茲申請到登山許可，參加K2峰遠征，同年冬季則是和梅斯納爾遠征卓奧友峰南壁。

馬卡魯峰遠征是極度超越時代的一次遠征，因爲他們打算以阿爾卑斯式攀登難纏的西壁，而且絕不向傳統攀登技術妥協。季風前的壞天氣使歐特克和麥金泰爾在大約七千公尺的高度掉頭下山，於是他們在秋天與朱瑞克一同返回。朱瑞克和他那一桶桶的珍饈：教人垂涎三尺的肉腸，還有甘美肥腴的火腿，以及一罐罐可口的德國酸菜。每個人都知道朱瑞克最愛的蔬菜就是火腿。就連吃素的歐特克都難以抵抗這些家鄉味。

從九月四日到十月二日，他們利用常規路線進行高度適應，然後在馬卡魯通道*存放一些糧食和一頂帳篷。從馬卡魯通道橫切過一道雪坡時，歐特克聽到朱瑞克脫離路線踏進深雪，每踏一步，都發出清晰的塌陷悶響。他不想聽到這樣的聲音，於是大喊：「朱瑞克，太危險了。這裡不陡，可是有雪崩的危險。」

「別擔心。不會出錯的。」朱瑞克回應。

「拜託，朱瑞克，停下來。」

「你看，根本沒事。」不耐煩的朱瑞克大聲向下回話。

歐特克開始懷疑自己。他是不是不如以往那麼敏銳了？「我的恐懼是動物性的。」他如此描述那時的感受：「我感覺到一種恐怖的絕望，而這恐懼使我沒辦法安心接受。」就在那一刻，隱形的威脅成眞。震耳欲聾的一聲巨響，朱瑞克的足跡下方整片雪坡瞬間裂成數百萬個小雪塊，開始滑落。斷裂線綿延長達一公里，比他還低的積雪全數崩落。他們不敢相信地瞪大眼睛，看著雪崩從山上掃落，消失得無影無蹤。然後他們抬頭望。朱瑞克上方的巨大雪坡還掛在那兒，毫無支撐。

「兄弟們，現在沒事了。」朱瑞克向下大喊。

歐特克不可置信地搖了搖頭。他怎麼會覺得沒事了？朱瑞克這話大概口是心非，因爲麥金泰爾和歐特克輕而易舉就說服他掉頭回到路線上。

十月四日是他們正式攀登西壁的第一天。每晚的露宿都是磨難，只能在連綿的陡峭冰面上砍出狹窄的平臺，坐著入睡。但他們不斷攀爬嚴峻的山壁，直到在海拔約七

＊馬卡魯通道（Makalu La）：指馬卡魯峰和康瓊策峰（Kangchungtse，即馬卡魯Ⅱ峰）之間的鞍部。——譯注

八〇〇〇公尺遇到一道五百公尺高、鼓起的岩石屏障。關鍵時刻到了。「這就是每個人都沉默不語的那種登山時刻，但我們都在觀察彼此，看著求勝的意志逐漸消逝。」朱瑞克後來如此寫道。[20]「速度趨緩，一切都慢下來，阻力越來越難克服。」[21]歐特克打破緊張氣氛：「我看不到機會。我們不要繼續爬了。」他們需要更多食物和更多裝備才能爬完西壁，可是他們兩者皆缺。他們下撤到基地營，繼續討論。

麥金泰爾和歐特克眼裡只有西壁，非西壁不爬，也一心想著阿爾卑斯式攀登，非阿爾卑斯式不爬。一年後，某場在北英格蘭巴克斯頓舉辦的登山會議中，麥金泰爾有機會和扎瓦達討論這趟攀登。扎瓦達向麥金泰爾提出明確的意見：馬卡魯峰西壁這類的攀登若要確保成功，就要組大型隊伍。小隊伍想攻上八千公尺高峰，注定失敗。「爲什麼要浪費這麼多資源，還冒失敗的風險？」他問。「成功是最重要的。」[22]但麥金泰爾和歐特克一樣，投身於另一種夢想，在這樣的夢想中，「我們追求登頂，但令人痴迷的則是風格。」[23]他們的痴迷，可能是那年在馬卡魯峰西壁最終敗陣的原因，可是對歐特克而言，這是在通往自重和尊嚴的漫長道路上又前進了一步。

然而，朱瑞克最看重的是成功，而成功意味著登頂。這座壯麗的高峰無疑值得攀登，走什麼路線都一樣吧？由於歐特克和麥金泰爾皆不感興趣，朱瑞克於是宣告他將獨自嘗試。麥金泰爾離開前往加德滿都，而歐特克雖然已結束攀登，但還是在基地營等待朱瑞克。

朱瑞克大約在中午啓程，只是去一探究竟。情況不錯，隨著午後天色漸暗，時至黃昏，他仍然感覺良好。在低垂的夜幕下，他還享有遍灑山間的滿月光輝，於是繼續前進。晚上十一點，他發現一頂昔日遠征隊留下的帳篷，半埋在雪裡。他挖出帳篷，鑽進去睡。隔天早上，決定下山的他晚起了。這是場有趣的探路。他煮點茶，從帳篷爬出來。儘管正颳著大風，天空清朗無雲，呈鈷藍色。怎麼做？上或下？他繫好冰爪，選擇向上。

他在海拔七四一〇公尺的馬卡魯通道停下來，他、歐特克和麥金泰爾先前在這裡藏了一頂帳篷。次日清晨，他繼續在未曾有人攀登的西北脊向上推進。到了八千公尺處，他在雪地挖出一道平臺，搭起小帳篷，幾乎就在那一刻，他開始產生幻覺，和一位不速之客聊起天來。隔天早上，他繼續攀登，完全只能靠自己，風險和專注程度都達到最高極限。下午四點半，他成功登頂，留下他兒子的一個塑膠瓢蟲玩具，拍了幾張照，迅速下山。他在那天深夜回到他的帳篷，並於隔日午後抵達基地營。他疲憊地走進營地，面色蒼白、雙頰凹陷，歐特克走上前問他：「所以呢，怎麼樣？」

「我登頂了。」朱瑞克回道。

這是意義深長的一刻，預示了這兩位登山家日後的關係，也讓兩人隱約感覺到，儘管他們在地球最高峰上明顯心有靈犀，但認定的價值和登山方式並不完全合拍。朱瑞克重視登頂，歐特克執迷於風格。他們在馬卡魯峰的行爲和決定都證明了兩人有一些根本的差異，這些差異可能造成衝突，但不會阻止他們一起攀登。

一九八二年夏季，朱瑞克和歐特克搭上盧凱維茲的K2峰順風車。當時戒嚴令已癱瘓了波蘭社會，盧凱維茲還有辦法組織遠征隊實屬奇蹟。軍隊在一九八一年十二月十二日進駐波蘭城市街道，隔天清早，街道已塞滿坦克。國家再次陷入混亂。商店和辦公室都沒開，電話和公車服務中斷，根本找不到資金贊助遠征。然而盧凱維茲是波蘭登山界的明星，而且她意志堅定地想要讓政府知道，她和其他登山家並不畏懼。向當局屈服，等於扼殺他們的精神。他們藉由挑戰戒嚴令是來捍衛自我價值。如果盧凱維茲想要出國登山，她會不計代價去實現。

新婚的盧凱維茲透過奧地利醫師丈夫及新結交的登山界巨星梅斯納爾所提供的人脈，組成一支全女子K2峰登山隊。盧凱維茲不想要有男人（朱瑞克和歐特克）出現在她的攀登路線上，即便只是爲了適應高度都不要。於是他們移到附近的布羅德峰做高度適應。歐特克和朱瑞克無意攻頂，可是也不排除這個可能性。他們並沒有攀登布羅德峰的登山許可，入山的官方說法是負責爲全女子K2峰隊「拍照」。

高度適應成功，他們結束無比甜美的非法登頂，在下山途中遇到正要上山的梅斯納爾。梅斯納爾和歐特克攀談起來。

「嗨，兄弟們。你們去了哪裡？」

「梅斯納爾，你好嗎？我們只是在做高度適應。我們是來爬K2峰的。」

「好極了。你們爬到多高？」

「這個嘛，梅斯納爾，我們爬到很靠近峰頂的地方。眞的滿高的。」歐特克刻意把話說得含混。

但梅斯納爾沒那麼容易被愚弄。「高到山頂了，是吧？」

歐特克侷促不安，而朱瑞克沉默不語。梅斯納爾大笑：「沒事的。我不打擾你們攀登了。」他逕自離開。

等到歐特克和朱瑞克準備嘗試K2峰南壁的新路線時，天氣已經惡化，山上風雲變色，而且盧凱維茲的隊員海莉納·克魯格—史羅科斯卡（Halina Krüger-Syrokomska）猝死在二號營。遠征結束。

◆ ◆ ◆ ◆ ◆

梅斯納爾預定在一九八二年十二月攀登卓奧友峰。歐特克接獲邀請時，一口就答應了，認定此行一定會採阿爾卑斯式攀登。畢竟這可是梅斯納爾的遠征，人人夢寐以求的機會。所有費用都已付清。梅斯納爾等級的舒適（眞的太舒適了）。無需做任何計畫。一切安排妥當。事實上，此行還有個相當有趣的安排：梅斯納爾想像中的遠征不只結合了攻頂，也結合了文化面向。他邀請了一位詩人、一位畫家，以及幾名隊員的妻子和女友，讓名單更豐富。誠如奧地利攀登者奧斯瓦爾德·奧爾茲（Oswald Ölz）在此行的正式報告所言：「我們在四位女性、一位作家和一位畫家的陪同下來到基地營。」[24]基地營有一頂寬敞的八角帳篷，延伸出去的前庭面朝精心挑選的方位，好讓攀登者能保有隱私地坐著歇腳、思考、創作或補眠。「你可以『撤回』自己的前庭。」歐特克笑著說。

出乎歐特克的意料，他發現此行並不會採用阿爾卑斯式攀登，而是圍攻式攀登（siege style）。雪巴人管理基地營，雪巴人搭設山上營地，雪巴人架設固定繩。他們在布滿巨大、斜傾雪蘑菇*的陡峭冰壁上，爬到約七千公尺的高度，然後下撤。對歐特克而言，那次遠征最令人難忘的，是藝術家和攀登者的互動。圍攻式攀登一點創造性也沒有。歐特克心目中的登山不是一味上升。「歸根究柢，登山是超脫自己的艱難嘗試。」他以獨特的懇切筆調寫道：「是伸手擁抱自由。」[25]

恰恰是這份對徹底自由的由衷渴望，促使他選擇「脫韁」的攀登方式。「我比較喜歡用『脫韁』來形容，因爲『阿爾卑斯式』聽起來有點像會計師報告。」他笑道：

「再說了，阿爾卑斯式完全沒有表達出攀登者想要逃離束縛的那種心態。」他對「束縛」的定義是什麼？固定繩索，固定營地，所有在山上纏住人、網住人的裝備。「這些都扼殺了攀登的感受。」他堅持。他承認這團糾纏的東西能提供一種安全感，可是也消滅了自由的感覺，以及攀登者和山可能產生的任何眞實連結。他認爲這等同於被吊索拉著爬一條自由攀岩路線。

「値得一提的是，很多八千公尺高峰的既有路線並不算眞有人登頂過。」他堅稱：「就連K2峰的阿布魯齊山脊（Abruzzi Ridge）首登，也只是把山脊變成一座巨型繩索金字塔，那是徹底人爲的結構，直到今天還是如此。阿布魯齊山脊仍算是未被征服的路線。」他舉出其他山脈及其常規攀登路線爲例，譬如聖母峰，攀登者總是理所當然在冰瀑使用繩索和梯子。他將自己的論點再推進一步，聲稱：「我甚至不想提及俄羅斯人是怎麼蹂躪K2峰和馬卡魯峰這兩座山的西壁！」

歐特克需要從糾纏中解脫，才能感覺和山親近。「唯有擺脫束縛，才能使你與當下共舞。」因此可以理解，和梅斯納爾隊伍一起攀登卓奧友峰的經驗對他來說是可有

* 雪蘑菇（snow mushrooms）：一種大型球莖狀或蘑菇狀的霧淞堆積物，出現在山峰和稜線的上風面及迎風面的岩壁上。——編注

可無。反之，他懷念在道拉吉里峰東壁高處的那些日子，還有和麥金泰爾與朱瑞克試圖破解馬卡魯峰西壁難題的那幾個禮拜。在道拉吉里峰和馬卡魯峰上，他的攀登是一支舞。他、麥金泰爾、朱瑞克已為一九八三年計畫了另一趟遠征，這次他們要到喀喇崑崙山脈。

◆ ◆ ◆ ◆ ◆

歐特克在德里的波蘭大使館時，一群波蘭攀登者剛到。他在走廊漫步，耳機隨著吉米．罕醉克斯的魔幻嗓音震動著：

我的朋友們，
再次見到你們是如此開心，
我太寂寞了，
孤身一人，難以承受……

雷沙德．瓦勒斯基（Ryszard Warecki）在門廳叫住歐特克。「歐特克，你聽說麥金泰爾的事了嗎？」他問。

「沒有。他怎麼了？」歐特克回答，一邊脫下耳機。片刻沉默後，他又問一遍：「麥金泰爾怎麼了？」

「他死了。」瓦勒斯基終於答覆：「在安娜普納峰。」

歐特克最後一次看到麥金泰爾，是在他們的馬卡魯峰之行結束時。麥金泰爾在最後一次嘗試不成後動身前往加德滿都，歐特克則留下來等待朱瑞克。歐特克心想，這消息肯定是誤傳。麥金泰爾很特別，是完美的攀登夥伴。他不可能死了。不可能。歐特克用懷疑的眼神看著瓦勒斯基，可是瓦勒斯基眼神肯定。震驚之下，歐特克掉頭轉身。他得繼續走動。他繼續朝走廊盡頭前進，邊走邊把音量調高。

忘了過去吧，寶貝，
人事已全非，
繼續往前走，
繼續往前直走。

八
壞孩子

人人都祈求自己會贏。

——柯恩，〈人人都知道〉（*Everybody Knows*）

歐特克的加舒爾布魯木群峰計畫變得和他原本打算的不一樣。這趟一九八三年的旅程本來應該有麥金泰爾與朱瑞克同行，打造一支個性互補的超級三人組。歐特克向來讚歎麥金泰爾在山上的想像力，以及他攀登前的策略：攀登前一晚，縱情豪飲。麥金泰爾似乎用宿醉來處理所有人生大事，他的理由是，在高海拔攀登前大規模破壞腦細胞，等到眞正攀登時，就算氧氣不足，腦袋裡能破壞的細胞也不多了。歐特克從麥金泰爾和他的瘋狂想法得到許多快樂。

他們在山上一起經歷了許多。「對麥金泰爾和我來說，登山風格代表一種生活方式，也是一種意識狀態，我們因此愛上了山，無條件把我們的命運託付給山。」[26] 歐特克甚至在《山岳》雜誌（*Mountain*）的一篇文章上寫到麥金泰爾的獨特才能。「我還會再見到你嗎？喔，會的，一個禮拜之後，我將看到無比平靜又自信的麥金泰爾。而當我回顧自己爬過的山，更重要的是，當我回顧每次回到平原的焦慮，我總是極度欠缺又渴望擁有麥金泰爾的寧靜與自信。我會再見到他，他會讓我暫時相信，我能再次抓住這份平靜。」[27]

麥金泰爾在安娜普納峰被一顆落石擊中身亡後，遠征隊縮小為兩人：朱瑞克和歐特克。但這個幾近不可能成隊的雙人組合是一支所向無敵的隊伍。他們已經在馬卡魯峰和布羅德峰證明聯手的能耐。根據其他登山家的觀察，他們在喜馬拉雅山共處了幾個禮拜，互動就像「老夫老妻」。他們在高山營地共用小帳篷，一起開伙進食，共同面對高海拔和風險帶來的壓力。歐特克是「出點子的人」，朱瑞克則為隊伍注入信心和力量。他們似乎從不交談，但又總是流露默契。

歐特克回想他們之間的差異時，笑了起來。「我渾身痠痛的時候，會發現朱瑞克也露出一些輕微的痛苦跡象。當我已經相當害怕的時候，朱瑞克還是遲遲感受不到任何恐懼。當我**極度**恐懼的時候，朱瑞克只是有些擔心。」歐特克周密的計畫和策略平衡了朱瑞克較為隨興且激進的做法。歐特克修長的身材和技術攀登能力與朱瑞克驚人的力量和耐力恰成互補。「我認識的登山家中，朱瑞克的心理素質是最強大的，像大犀牛，承受痛苦的能力無人能出其右，而且臨危不亂。」他說：「除此之外，他具有每個白羊座的頭號特質，一種無法自制必須向前推進的內在衝動。這種人遇到障礙會衝上去，直到摧毀障礙，或是撞斷自己的脖子。」[28]在山上觀察過他們互動的人，用「神奇」來形容這段夥伴關係。

◆ ◆ ◆ ◆ ◆

加舒爾布魯木群峰有六座，環繞著巴基斯坦喀喇崑崙山脈的南加舒爾布魯木冰河（South Gasherbrum Glacier）。又名隱峰（Hidden Peak）的加舒爾布魯木Ⅰ峰是六座中的最高峰，海拔八〇八〇公尺，一九五八年由尼克．克林奇（Nick Clinch）帶領的美國隊伍完成首登。此後，由於印度和巴基斯坦的邊界爭端，該地多年來都不開放遠征。然後在一九七五年，梅斯納爾和哈伯勒以阿爾卑斯式無氧攀登加舒爾布魯木Ⅰ峰，爲喜馬拉雅山攀登樹立了新標準。同年，盧凱維茲帶領一支隊伍登上海拔七九四六公尺的加舒爾布魯木Ⅲ峰，成功首登當時世上最高的未登峰。

加舒爾布魯木Ⅱ峰是加舒爾布魯木群峰的第二高峰，海拔八〇三四公尺。比起加舒爾布魯木Ⅰ峰，Ⅱ峰是更爲嶙峋的完美幾何，由一支奧地利隊伍於一九五六年首登。歐特克和朱瑞克前往喀喇崑崙山脈，準備攀登加舒爾布魯木Ⅰ峰和Ⅱ峰，而且打算都走新路線。

他們到達印巴邊界，卡車滿載一桶桶的食物和攀登裝備，也藏著他們打算帶來賣錢的違禁品：三十六瓶威士忌。他們有一套例行程序：開到邊境，輕鬆通過印度海關，駛過兩百公尺的無人區，從卡車卸貨，將桶子重新裝進掛巴基斯坦車牌的卡車，最後通過巴基斯坦海關。

把違禁品藏在桶內的乏味工作，歐特克一連做了好幾個小時。「我們住在便宜旅館，氣溫很高。」他說：「房內沒有空調，只有一部電扇。我們像野狗一樣出汗。真的很可怕。所以打包時很辛苦。我仔細把每瓶酒放進睡袋或是塞滿襪子和柔軟衣服的袋子裡，然後放到桶子的底部。」大部分桶子是「乾淨的」，但有三個桶子分別裝了十二瓶酒。朱瑞克看好戲般（又有些不耐）欣賞歐特克打包這些珍貴酒瓶，然後分配到三個桶子裡，仔細標記以方便識別，再放到貨物的最後一排，以防在邊界出狀況。他們不擔心離開印度那一段，但是進入巴基斯坦時可能會遭遇困難。

他們的卡車緩緩駛達印度邊境關口。天氣悶熱，豔陽高掛。印度海關人員多疑且脾氣暴躁，命令他們從卡車卸貨以進行檢查。他們一陣錯愕，歐特克提出抗議：「拜託，我們現在是離開你的國家，不是進入。」海關人員咕噥著要他們聽命行事。草草掃視每個桶子的桶頂後，他踱到他的指揮官面前，報告一切看起來都沒問題。指揮官痛斥他一頓，指責他工作不確實，堅持要他重新檢查一遍。

歐特克和朱瑞克已把桶子都裝回卡車裡，這才發現，檢查還沒結束。歐特克雙手直冒汗，朱瑞克開始反胃。威士忌不被認爲是「必要糧食供給」，而且肯定算不上攀登裝備。朱瑞克繞到卡車前頭，坐在地板上，點起一根菸。和他們同行到基地營的還有一名健行客，這名男子驚恐地退到一旁，深信他就要在印度監獄度過餘生。爲了讓自己冷靜，他喝起茶來。

歐特克拒絕協助邊境海關。「我當時想說，不，我不要幫他們。『抱歉長官，天氣非常熱。我們受不了。要開就自己開吧。』」四十多歲的禿頭海關人員打開第一排的每個桶子，一件件檢查。「他把我打包好的東西都弄亂了。」歐特克回憶說：「我本來以爲他檢查幾桶之後就會放棄。當時氣溫超過四十度，他渾身大汗。」檢查完第一排之後，歐特克開始重新打包那團混亂的東西，以爲折磨結束了。

「下一排，謝謝。」檢查的海關人員說。

歐特克努力掩飾不耐，保持鎮靜回答：「沒問題，請，你開心就好。」他描述當時的畫面：「我注意到朱瑞克抽的是第三根菸，健行客的茶也喝到第三杯。我汗流個不停，海關那傢伙汗流得更凶。」

「下一排。」海關人員要求。

「當眞？你想要就繼續吧。」歐特克倒抽口氣說，無奈地雙手一攤。海關人員一件件查完第三排桶子，接著要求打開第四排。

第四排後方就是有鬼的第五排。歐特克回述往事：「我知道那裡面有什麼。怎麼辦？」他想出一個冒險的計畫，把第五排的桶子和放在卡車外已通過檢查的桶子偷偷調包。他又變回樂於助人的樣子，希望可以用熱心合作來惑敵，並用無意義的細節轟炸海關人員。「我開始向他說明。這些是鞋子，這是一個爐子，這是一個睡袋，這些很重的罐頭是肉罐頭。」他邊解說邊設法把一個「不乾淨的」桶子悄悄推向朱瑞克，讓他放到卡車外。朱瑞克緊張得要命，回到卡車前方抽菸。他知道卡車裡只剩兩個桶子，兩桶都「不乾淨」。他連吸了一口、兩口、三口菸。

歐特克回過身幫忙海關人員。「我把包威士忌的睡袋拿出來，小心翼翼放到卡車上，免得發出玻璃碰撞聲。我對他說明，這是我的衣物，這是我的裝備。」海關人員點點頭，開始檢查最後一個桶子。歐特克緊張到覺得自己就要爆炸，每次拿起裝有威士忌的睡袋時，前額青筋爆出，彷彿抱起裹在包巾裡的新生兒。他輕緩到近乎溫柔地拿出裝著厚重襪子和登山褲的袋子，每個袋子都藏有威士忌。神奇的是，這些捆紮都沒有鬆開。

他瞄向朱瑞克，看到他已經抽完整包菸，臉色略爲發青。健行客的臉漲紅，早已沒茶可喝。疲憊的海關人員宣布檢查完了，腳步蹣跚地走開。

他們三人把桶子裝回卡車，擺脫印度人，前進巴基斯坦海關。

「你們有帶酒嗎？」

「沒有，長官，我們沒有酒。」

狡猾的三人取回蓋章文件，加速離去，當群山在他們面前閃耀，腦中想像的濕冷亞洲監獄也漸漸淡出。

成功把所有補給品和威士忌帶進巴基斯坦之後，他們面臨的下一個大問題是雞蛋。他們抵達斯卡都（Skardu），這裡是遠征隊前往喀喇崑崙山脈的起點。他們在聯絡官皮爾·薩迪克·沙（Pir Sadiq Shah）的協助下開始採買新鮮食物。皮爾·薩迪克是莊重的帕坦人*，信仰非常虔誠，總是認眞看待攀登者的需求。歐特克算好每人每天需要兩顆蛋，而遠征預定行程有六十天，他們有兩個人，等於要買兩百四十顆蛋。然後，爲了保險起見，買三百顆比較妥當。朱瑞克不敢相信地搖頭。爲什麼要買這麼多蛋？他們有幾十罐美味的波蘭火腿罐頭。有火腿還吃什麼蛋呢？歐特克在熙來攘往的市集

* 帕坦人（Pathan）：亦稱為普什圖人（Pashtuns），在阿富汗內戰前，占阿富汗人口百分之五十至六十。但一九七九年戰爭開始後，約兩百萬普什圖人離開阿富汗，以難民身分居住在巴基斯坦。——譯注

四處尋覓，檢查雞蛋，又摸又掂又搖，甚至敲開來看，覺得品質糟透了。很多蛋太老，甚至都餿掉了。朱瑞克不理解歐特克為什麼對這些蛋這麼執著。蛋不就是蛋。

經過幾天獵蛋行動後，歐特克心煩意亂。「皮爾．薩迪克，我們的蛋怎麼辦？它們品質好差，雖然不是全部都差，但大多數都不好。我怎麼確定我們的蛋是好的？好的蛋對我們來說很重要。」

「沒錯，歐特克先生，我也很訝異它們品質這麼差。為了保險起見，我想我們得做雞蛋測試。」

「什麼雞蛋測試？」

「喔，你沒聽說過雞蛋測試？測試有三個。我教你。」

第一個，他們得把蛋靠近耳朵搖晃，聽聽是否有不尋常的聲音。發出悶響的蛋要丟掉。第二個，他們得將蛋朝強光方向高舉。透出腐敗、黑色、大血塊的蛋也不能留。最後一個，也是最棒的一個，就是水測試。

「歐特克先生，你得拿一桶水，然後把每顆蛋放進水桶裡。」

「為什麼？我想要吃這些蛋，不是把它們浮起來。」

「沒錯，這就是重點，就是不能浮起來。如果浮在水面就是壞了，別買。如果下沉後又浮到一半，就是老的蛋，別買。如果沉到水底，就是好的蛋。這就是你要的蛋，一定要買起來。」

歐特克擔心做這麼多測試會花很多時間，不過他是完美主義者，對蛋尤其挑剔。而且他知道，朱瑞克絕不會幫忙做雞蛋測試，他只能靠自己。於是他搖晃雞蛋，對著太陽舉高，然後放進水裡。終於，他找齊了三百顆沉水雞蛋，但這才意識到體積都有點小。最好再多買些，於是又加上一百顆沉水小雞蛋，任務完成。

現在他需要一名強壯、腳步沉穩的揹工將雞蛋運到基地營。他再度徵求皮爾．薩迪克的協助。「我們選錯人了。」歐特克後來承認：「他老是跌跌撞撞，損失的雞蛋一天比一天多。某天損失十顆，隔天變二十顆。還有一天，他讓我們一次損失了三十顆蛋。」儘管如此，由於當初有多買，他們抵達基地營時，雞蛋數量還是很多。

終於鬆了口氣，歐特克拿起珍貴的蛋盒，安放在基地營上方不遠處的一塊平坦大岩石上。他有點得意，恭喜自己成功了。在忙著用石頭和帆布搭建廚房時，他們聽到遠方傳來一個聲響，越來越大聲。歐特克和朱瑞克都驚恐地抬頭，看到一顆巨石從山的高處脫落，正朝他們滾來，彷彿被魔鬼追趕般狂奔猛跳。巨礫越滾越快，然後以不可思議的精準度砸上蛋盒。朱瑞克看了歐特克一眼，擠出乾巴巴的微笑，輕聳肩膀。不過他一句話也沒說。「那是朱瑞克的獨特之處，他是非常寬容的人。」歐特克笑著回憶這段往事。

他們還有一個重要問題：他們想要登兩座山，可是只有其中一座的登山許可。早先在伊斯蘭馬巴德（Islamabad）時，朱瑞克看著夥伴無所不用其極地跟觀光部官員穆紐定先生協商，心裡很清楚，他們的目標是兩座山。可是即便賣出威士忌，他們還是負擔不起兩張登山許可，因此暫且先拿到加舒爾布魯木I峰的登山許可就夠了。

他們在基地營研究山況時，很快意識到加舒爾布魯木I峰現在爬起來太危險。覆蓋厚雪的山發出隆隆的雪崩聲。此外，歐特克的計畫一直都是先攀登加舒爾布魯木II峰，於是他開始施展下個階段的策略。

「皮爾．薩迪克，你覺得加舒爾布魯木I峰怎麼樣？現在看起來有很多雪崩。」

「沒錯，先生，正是如此。非常危險。」

「我從來沒見過這種情況。我們很害怕。我們有這座山的登山許可，可是它太危險了。我認爲我們可能會死在上頭。眞是可惜我們當初選的不是加舒爾布魯木II峰。你怎麼看？」

「歐特克先生，登山許可的事情眞的太糟了，可是你不用擔心。我是你的聯絡官，也是巴基斯坦軍隊的軍官。我禁止你爬加舒爾布魯木I峰。」皮爾．薩迪克用權威的口氣宣告：「我不能讓你死在這座山上。我命令你去爬加舒爾布魯木II峰，那裡安全多了。」

「我們不能啊，我們沒有登山許可。」

「我今天會寫封信，寄到相關當局。你回來的時候，登山許可就已等著你了。我堅決要求。我以巴基斯坦軍隊軍官的身分命令你。」

怎麼辦？巴基斯坦軍隊的軍官命令他們攀登加舒爾布魯木Ⅱ峰。他們得聽命行事。歐特克感謝他的眞誠擔憂，然後轉移陣地到加舒爾布魯木Ⅱ峰。

六月十二日，他們開始爲期三天的高度適應，經由加舒爾布魯木冰瀑爬到位於海拔六五〇〇公尺的加舒爾布魯木山口（Gasherbrum La），再到海拔七〇〇〇公尺的金字塔頂峰。這是第一次爬升。六月十五日，他們回到基地營。接下來五天休息。六月二十一日，他們一口氣爬到加舒爾布魯木山口——爬升近一千五百公尺。現在高度適應得比較好了，移動起來快速許多。隔天他們爬到金字塔頂峰。六月二十三日，他們繼續爬升至加舒爾布魯木Ⅱ峰東峰的峰頂正下方，在暴風雪中露宿了一晚。歐特克的日誌描述當晚的情況：「朱瑞克不舒服。下雪的關係，無法開伙。帳篷都是雪。只有一鍋流質食物。」雖然度過難熬的一晚，他們仍在翌日清晨首登海拔七七五八公尺的加舒爾布魯木Ⅱ峰東峰，然後下降到金字塔頂峰。隔天下山返回基地營。

此時天氣放晴了，他們也感覺身體狀態良好。歐特克的靜止心律降到每分鐘四十五至四十八下，證明他的高度適應訓練奏效了。他們在基地營休息了三天，吃吃喝喝，先是和一支即將出發攀登布羅德峰的瑞士隊伍作伴，然後剩下他們兩人，還有瑞士人留下的一堆額外糧食。他們和渡鴉一起興高采烈地翻找剩糧，搜尋瑞士珍饈。

六月二十九日，他們快速爬到加舒爾布魯木山口，中間僅短暫停留在傳統攀登常用的一號營，翻找更多被拋棄的瑞士補給品，再度有渡鴉作伴。隔天他們爬到海拔七四〇〇公尺，然後在七月一日把背包藏在海拔七七〇〇公尺的加舒爾布魯木II峰山頂稜線底部，停下來歇腳，煮壺茶。傍晚四點，他們來到更靠近山頂的短稜線，此時風越颳越劇烈。強風以颶風的風勢拍打，他們緊緊攀附在堅硬如砲彈的冰面上，緩慢爬完最後四百公尺到峰頂的路，在傍晚五點出頭登頂。

討厭的下山路程持續了兩天。回到藏背包的山坳後，他們就地露宿過夜。接下來，他們嘗試先前沒走過的常規路線，頂著暴風雪下山。風狠狠劃過他們的臉龐，給護目鏡塗上一層薄冰，遮掩了部分視線。痛苦的日子總是過得比較慢。他們在視線不良的情況下橫切嶙峋金字塔頂峰下方的危險雪坡，爬過頭二百至三百公尺後，繼續下降，保持接近稜線的路線。他們在垂降較陡的路段時，偶然發現一些前人留下的固定繩。雖然這些繩索不是讓人很有信心，他們還是聊勝於無地使用了。傍晚六點，他們抵達瑞士隊伍的一號營。走到筋疲力盡的他們，倒頭酣睡。

歐特克和伊娃・沃爾德克—喀提卡。
Ewa Waldeck-Kurtyka collection

一九七八年的強卡邦峰隊伍：波特、祖列克、歐特克和麥金泰爾。
John Porter collection

歐特克攀登強卡邦峰的最後一天。*Voytek Kurtyka collection*

從強卡邦峰頂走原始路線下山。*John Porter*

強卡邦峰頂的下山路線漫長又複雜。*Voytek Kurtyka*

登頂強卡邦峰後，麥金泰爾和波特在單調乏味的冰河下降途中休息。
Voytek Kurtyka collection

爬完南壁後，略為消瘦的強卡邦峰隊伍。由左到右為：歐特克、波特、麥金泰爾、祖列克和基地營經理兼醫生庫雪斯基。*Voytek Kurtyka collection*

強卡邦峰隊伍回到華沙後獲得熱烈歡迎。由左到右為：歐特克、祖列克、波特、麥金泰爾。*Voytek Kurtyka collection*

強卡邦峰，六八六四公尺，楠達德維保護區，位於印度加瓦爾喜馬拉雅山。南拱壁新路線，歐特克、麥金泰爾、波特、祖列克，一九七八年。
Voytek Kurtyka collection；皮奧特．德羅茲特繪製路線

歐特克肖像。
Ewa Waldeck-Kurtyka

麥金泰爾獨攀道拉吉里峰東壁，一九八〇年。*Voytek Kurtyka*

道拉吉里峰，八一六七公尺，尼泊爾。東壁新路線（至七五〇〇公尺），阿爾卑斯式攀登，歐特克、格里尼、麥金泰爾、維爾辛斯基，一九八〇年。他們後來經由東北脊登頂。*Voytek Kurtyka collection*；皮奧特・德羅茲特繪製路線

歐特克爬完道拉吉里峰東壁回到加德滿都。*Voytek Kurtyka collection*

一九八〇年的道拉吉里峰東壁隊伍，攝於完攀後。由左到右為：格里尼、歐特克、麥金泰爾、維爾辛斯基。*Voytek Kurtyka collection*

歐特克、朱瑞克、麥金泰爾，馬卡魯峰西壁遠征，一九八一年。
Jerzy Kukuczka collection

歐特克和麥金泰爾在馬卡魯峰，一九八一年。
Jerzy Kukuczka

攀登馬卡魯峰西壁。
Voytek Kurtyka collection

麥金泰爾開始翻越馬卡魯峰西壁的岩石障礙，一九八一年。*Voytek Kurtyka*

歐特克在馬卡魯峰基地營。*Jerzy Kukuczka*

一九八二年，盧凱維茲在 K2 峰上撐著拐杖。在抵達基地營前的幾小時，歐特克和朱瑞克幫忙把她扶到基地營。*Wanda Rutkiewicz collection*

歐特克和朱瑞克在 K2 峰基地營，一九八二年。*Janusz Kurczab*

歐特克參加一九八二年在卓奧友峰的梅斯納爾冬季遠征。
Voytek Kurtyka collection

揹工前往位於巴托羅的加舒爾布魯木峰群，一九八三年。*Voytek Kurtyka*

歐特克在加舒爾布魯木 II 峰東峰頂，一九八三年。
Jerzy Kukuczka

加舒爾布魯木 II 峰，八〇三四公尺，喀喇崑崙山脈，巴基斯坦。東南脊新路線，阿爾卑斯式攀登，歐特克和朱瑞克，一九八三年。*Voytek Kurtyka collection*；皮奧特・德羅茲特繪製路線

歐特克在攀登的頭一天走向加舒爾布魯木 I 峰的岩石障礙。*Jerzy Kukuczka, Voytek Kurtyka collection*

歐特克和朱瑞克完成加舒爾布魯木 I 峰新路線後返抵基地營，一九八三年。
Voytek Kurtyka collection

朱瑞克登頂加舒爾布魯木 I 峰後在高處露宿，一九八三年。
Voytek Kurtyka

歐特克在加德滿都消耗一些多餘體力。*Voytek Kurtyka collection*

加舒爾布魯木 I 峰，八〇八〇公尺，喀喇崑崙山脈，巴基斯坦。東南壁新路線，阿爾卑斯式攀登，歐特克和朱瑞克，一九八三年。
Voytek Kurtyka collection；皮奧特・德羅茲特繪製路線

隔天，七月三日，他們繼續朝基地營前進，用了近八小時摸索一道陷阱四伏、噩夢般的冰瀑：搖搖欲墜的冰塔、軟雪、低垂的雪橋。他們在下午四點抵達基地營，完成加舒爾布魯木Ⅱ峰首次縱走，也是這海拔高度的多連峰首次縱走，全程都以阿爾卑斯式攀登完成。歐特克解釋這路線爲什麼如此誘人：「高海拔縱走是探險的精華。你很難在登山界找到比這更難以預測的冒險活動。」他們覺得自己正處於征服加舒爾布魯木Ⅰ峰的最佳狀態。

歐特克和朱瑞克在營裡安頓下來，靜候好天氣。他們等了又等，那二十天不是下雪就是陰天，唯一的娛樂是看紫黑色渡鴉在上空盤旋乞食。歐特克熱切地想和渡鴉維繫良好關係，而拜瑞士人所賜，他們的額外糧食多到滿出來，於是他餵食渡鴉。渡鴉似乎特別喜歡麵條和火腿，但看到任何燕麥粥或玉米片便搖頭晃腦不屑地走開。好消息傳開後，渡鴉一群群飛來，在營地周圍以笨拙的腳步跳來跳去，朝著彼此嘎嘎叫，等待每天的美食盛宴。歐特克會拿出三公斤的波蘭火腿罐頭，切碎後一把扔給渡鴉，這時渡鴉會俯衝而下叼食肉塊。這些鳥貪婪地大口吃火腿，幾乎都要噎到了。這是很棒的消遣，有助於打發時間。歐特克覺得自己和那些美麗聰明的鳥很親近。

朱瑞克就不太高興了。「歐特克，我知道你不把我當一回事，可是你這行爲，我實在看不下去。」他抱怨道：「我知道我們不需要這些火腿，可是這樣對待食物，把它們丟給鳥吃，很不應該。這是糟蹋食物。」

「可是朱瑞克，我們食物好多。我想不到更好的辦法。」歐特克回應：「你要留食物在這裡腐壞嗎？巴基斯坦人不會要這些火腿。你知道他們不會要的，那違背他們的信仰。」

朱瑞克明白這個道理，可是他爲歐特克不夠尊重食物而惱火，尤其是火腿。歐特克讓步，不再拿火腿餵鳥。烏鴉等著，不住地盯著他看。兩位攀登者越來越無聊，最後撤回各自的帳篷。歐特克閱讀，朱瑞克睡覺，用餐時才一同現身，並等待天氣好轉。

有天，英國攀登者道格．史考特（Doug Scott）和羅傑．巴克斯特—瓊斯（Roger Baxter-Jones）前來拜訪。他們正要翻越K2峰，在等待風暴過去時想找人作伴。歐特克和朱瑞克開開心心接待他們，利用瑞士和波蘭的糧食補給烹製了組合奇異的上好菜式：沙丁魚佐乳酪醬、巧克力火鍋、培根佐馬鈴薯。英國客人離開後，歐特克和朱瑞克再度只剩彼此。他們輪流下廚，一天比一天更複雜離奇的菜單成爲每天的生活重心。儘管伙食極佳，朱瑞克卻變瘦了。對照之下，歐特克體重日增，身手不若以往敏捷。他覺得自己沉重得像麻袋。一旦攀登行程結束，他得餓個幾天重拾理想的肌力重量比。「在廚房花了很多時間。」歐特克在日誌中寫道。

雪和雨仍下個不停。

歐特克首次描述在營地等待的那好幾個禮拜時，字裡行間有時露出深刻的絕望。「我們在冰磧石上煎熬了二十個徹底孤絕的日子……空洞且枯燥的日子。」[29]不過，包括歐特克在內的多數攀登者都承認，壞天氣也有好的一面：放鬆、沒什麼壓力的沉思時光。「學習語言，閱讀，試著思索寫作、文學，結果一個漂亮的句子都想不出來……想家……」他寫道。

歐特克和朱瑞克再也受不了無所事事，便把補給帶到加舒爾布魯木I峰山壁的底部。就在剛放下負重，準備掉頭回基地營之際，山上傳來一個駭人的低沉聲響。他們看著兩塊巨型冰崩刮過整面山壁，衝過冰斗，落在他們計畫攀登的路線上，卡住起點。積雪受到強烈衝擊，形成原子爆炸般的蕈狀雲。然後整座山恢復死寂，白濛濛。震驚的他們沉重又緩慢地走回基地營，冰雪崩的回憶召喚出窒息、墜落、活埋、死亡等各種驚悚畫面。歐特克的日誌透露他的灰暗念頭：「氣壓下降。今天我更想要下山，而不是登山。山壁令我害怕。我想放棄。」

七月十七日，氣壓飆升，溫度下降，萬里無雲。他們也大為樂觀，可是儘管有好天氣，他們的身心都保持高度警覺。歐特克和朱瑞克隔天在苦惱中度過。要考慮的東西好多：致命冰斗、危機四伏的雪況、雪崩風險和山頂的岩石障礙。七月十九日，他們在凌晨兩點醒來。雲層遮蔽了星斗，氣溫暖和（負三度），吹著點風。他們放棄，各自回帳篷。不久後，他們又起床，發現天空澄澈明晰，能見度極佳。氣溫冷卻下來，氣壓增加。換句話說，攀登最佳條件具足。為了降低沒有在凌晨起登的罪惡感，他們不走原路徑，直接穿越雪地趕往山壁底部，替明日節省一些時間。

他們興奮又緊張地考慮眼前選項。再過兩天，揹工就會抵達拆營，把他們的裝備都搬下山。他們有辦法在兩天內以新路線攀登加舒爾布魯木I峰，並且返回基地營嗎？絕對不可能。兩人都清楚，留下無人看管的營地有風險。而且假如揹工抵達時發現營地沒人，很可能會認為攀登者在山上罹難。他們會直接離開，導致朱瑞克和歐特克被一堆裝備困住，或是更慘，連一個裝備也不剩，端看揹工的良心。

歐特克趕忙到他的帳篷，在書本和紙張堆中翻找他所能取得的最大張白紙，接著從帳篷出發走遠，仔細研究山壁。他粗略素描出山的輪廓，然後在山壁上畫了兩個正在攀登的火柴人，搭配指向山頂的箭頭。揹工當然看得懂這幅圖。不，他洩氣地搖搖頭，訊息還不夠清楚。他又在畫面的基地營上補畫五個火柴人，然後畫箭頭指向炊事帳。這樣一來，揹工應該就懂這幅畫是要他們留下來等候，並住在炊事帳中。朱瑞克和歐特克確定訊息夠明確後，拿塊大石頭壓住紙張，將護照和錢小心地埋起來，開始打包整裝。

他們出發的時間是七月二十日凌晨三點十五分。五點半抵達冰斗下方。沒有冰崩，沒有雪崩，沒有半點風。萬籟俱寂，令人發毛。他們凝視眼前的冰崖和冰斗上方的傾斜參天冰塔，之後他們還得橫切過冰斗。歐特克後來這麼描述他們的決定：「我們關掉大腦，亦步亦趨地深入虎穴。十分鐘後脫離險境。」30

開始攀爬陡峭的冰雪壁後，他們很快遭遇一處岩石障礙，阻擋他們通向頂峰山壁上方的冰岩混合地形。他們稱這處屏障叫「叉子」（the Fork）。截至目前為止，他們進度極快，但這段難度V級的繩距拖慢了整體進度。翌日清晨，他們踏入一處由雪地及高聳冰塔構成的炫目美景。陽光灑落一地。無聲穿耳欲聾。他們謹慎地用腳測試積雪層，一次只動一腳。積雪的情況參差不齊，有些地方會倒塌，有些不會。為避開不穩的大片雪壁，他們往左手邊的石柱靠近些，導致冰爪刮磨著岩面。在這個棘手的地形，無法找到攀登的節奏。即便如此，他們士氣高昂，歐特克感覺自己就像在上升熱氣流間嬉戲的渡鴉一樣自由。他感到渡鴉激勵著他，幾乎可說是保護著他。歐特克和朱瑞克在冰塔屏障間穿梭，摸索出一條向上的路線，直到抵達海拔約七二〇〇公尺的高度，在此發現不錯的露宿點。明天就是攻頂日。

他們在七月二十二日凌晨二點醒來，煮了兩壺茶，在五點三十分鑽出帳篷。奇蹟般寧靜的天候維持不變。當淡彩晨曦漸漸照亮山頂高處的陡坡，下方谷地還披著黑暗斗篷。越過上方雪原後，他們來到此次攀登最神祕未知的路段：最高處的岩石障礙。他們選擇了一條稍微偏右的路線，可是兩人對這路線是否可行都不太有信心。他們僅爬完一段繩距，就知道不可能在入夜前登頂。垂頭喪氣的他們停下來，設置垂降，準備回到上一個露宿點。朱瑞克先走，完成第一段垂降後，換歐特克下來。突然，歐特克聽到朱瑞克大罵髒話，向下一瞥，從眼角餘光看到自己的冰爪滾落山坡。大難臨頭！他們緩慢且艱難地回到露宿點，多數時候朱瑞克幫歐特克做確保，而歐特克只靠一個冰爪保護自己。

抵達露宿點後，情勢開始變得嚴峻。他們人在八千公尺高峰的西南壁高處，山腳和他們之間夾著陡峭、複雜的地形，想單靠一個冰爪下山，簡直希望渺茫。峰頂近在咫尺，可是攻頂得用上更多技巧。除了這些壓力之外，他們知道揹工此時大概已在基地營等著他們歸返。朱瑞克出乎意料地提出一個徹底無視眼前險境的解決辦法，不過他似乎覺得相當合理。「我們明天可以橫切到右邊的南脊，從那邊攻頂。」他向歐特克保證。

「用一個冰爪？我不認為。」

「嗯，那是個問題。好吧，那我自己攻頂好了。你可以待在這裡等我。沒問題。我會帶繩索去登頂，然後明天我們一起下山。下降的部分，我會幫忙你。」

歐特克簡直不敢相信他聽到的話。朱瑞克打算帶走繩索，把只有一個冰爪的他留在海拔七二〇〇公尺的加舒爾布魯木I峰西南壁。要是朱瑞克不幸墜落，他就會被丟在山上，無從逃生。時間在小帳篷裡漸漸流逝，歐特克的心情也從不爽變成憤恨，接著又變成一種被徹底拋棄的感覺。最後，一股怒火油然升起，他做出最終決定。如果他將被拋棄在這裡，他寧願死於更危險的地方，那起碼是和夥伴一起赴死。他平靜下來，然後宣布：「不行，朱瑞克，我不會自己留在這裡。好吧，如果你這麼想要登頂，我就跟你一起去。」朱瑞克聳了聳肩，表示沒意見。

隔天他們起了個大早，開始橫切到比先前路線低很多的另一條路線。朱瑞克領頭。突然間，歐特克聽到一聲驚叫。他向上大吼：「怎麼了！發生什麼事，朱瑞克？」

「我找到你的冰爪了。在這裡。」歐特克一邊聽朱瑞克開心地咒罵，一邊趕上他，重新穿上珍貴的冰爪。冰爪整整墜落了五百公尺，但奇蹟似地卡在雪堆裡。現在兩腳都有冰爪了，他們斜上朝南脊挺進，繼續攀登陡峭、嶙峋且雜亂的地形，其中有部分覆蓋不穩定的鬆雪。下午二點三十分，他們抵達峰頂。

雄偉的喀喇崑崙山脈在他們眼底展開。彷彿一座座哥德式大教堂，無數岩石尖峰從眾多冰河冒出，往上延伸直達天堂。「某個偉大且無比沉靜的東西，給我一種模糊又熟悉的親切感……我深刻感受到這份親切。」歐特克後來寫道。[31]彷彿他可以觸及永恆。不過，隨著他們調整視線看向遠處，歐特克注意到另一件事：雲正從下方山谷盤旋而上。他們得盡快下山。

他們抵達露宿帳篷時，已是大雪紛紛。他們吃光最後的剩糧，燃燒最後幾盎司的瓦斯煮茶，闔眼進入深沉的睡眠。隔天的下降漫長乏味，即使有兩套冰爪也無助於事。他們多數時候沿著險峻地形下降，但偶爾還是需要垂降。雖然他們會尋找適合打岩釘的位置放固定點，有時也被迫用只有部分敲入淺縫的單支岩釘垂降。每一支都撐住了。七月二十四日，他們腳步踉蹌地回到基地營。

揹工都在等候。

幾天後，朱瑞克和歐特克來到觀光部辦公室，皮爾．薩迪克的信就放在官員的辦公桌上。歐特克露出笑容，再度和穆紐定先生上演那套阿諛奉承的固定戲碼：感謝穆紐定先生的各種鼎力相助，稱讚皮爾．薩迪克寶貴的忠告，感謝他替他們找到方法應對加舒爾布魯木I峰的危險山況，表示自己確實遵從皮爾．薩迪克要求他們改爬II峰的命令，並承諾一回到華沙就會去找波蘭山岳協會，因爲補發的登山許可是由協會支付。「這筆款項絕對沒問題。」歐特克向穆紐定先生保證：「他們會很樂意付錢。我們在一次遠征中完成了兩座八千公尺高峰的兩條新路線，肯定會讓他們非常滿意，引以爲傲。這對波蘭是好事。」他在心裡默默恭喜自己，整趟遠征竟然只花了約四千美元。「相當便宜的路線。」多年後，他笑著說。

不過，他錯估波蘭山岳協會了。的確，他們非常高興協會的兩位巨星在兩座八千公尺高峰成功攀登了兩條新路線，這是史無前例的成就。幹得好，小子！但這筆不在計畫裡的額外費用是怎麼回事？當初的協議可不是這樣。管理委員會圍坐在協會辦公室的桌子，辯論支付第二張登山許可的利弊。多數人同意，和這麼了不起的波蘭登山成就相比，這筆款項微不足道。但有人不那麼認爲。一位反對者惱怒不已，他認爲這兩個人是在向協會耀武揚威，展現了相當不可取的傲慢與不敬。歐特克和朱瑞克擔心他們可能會被罰不許出波蘭。協會當局的態度最終軟化了，付清第二張登山許可的費用，而歐特克和朱瑞克只是被訓了一頓。不過，歐特克因而得到新綽號，是協會祕書漢娜．威托弗洛斯卡（Hanna Wiktorowska）給他取的：他現在成了「壞孩子」。

在朱瑞克和歐特克的加舒爾布魯木雙峰登頂過後二十五年，俄羅斯登山家瓦列里．巴巴諾夫（Valery Babanov）和維克托．阿法納席耶夫（Viktor Afanasiev），在同一個登山季攀登了兩座八千公尺巨峰的兩條新路線：布羅德峰西壁和加舒爾布魯木I峰。這是超群絕倫的一項成就。可是，巴巴諾夫回想他們的攀登時，仍不由得向歐特克和朱瑞克致上由衷敬意，指他們是遠遠超前時代的先行者。「自從他們登頂，二十五年過去了，卻沒有人在這些山上完成任何類似的壯舉。登山界有進步嗎？還是說這對創造性十足的拍檔，大幅超前他們的時代許多年？」[32]

歐特克回首加舒爾布魯木雙峰攀登時，許多回憶變得鮮活：艱難的攀登，茫然的路線探索，掉落的冰爪。但最能引起共鳴的其中之一，是在營地等待的那幾個禮拜，他感受到全然的自由，以及深層的身心健全。「我一點也不寂寞。」他說：「其實，壞天氣時待在基地營，向來都是種享受。當然，是滿浪費時間的，即便如此，對我來說，那就像度假一樣。我可以讀書、聽音樂。我們每天輪流烹煮，所以我一天當廚子，一天當食客。我們發明很多不可思議的料理。」

他記憶中那些閒散無事的漫長日子，呼應了年輕日本登山家谷口桂的文字。在不幸於日本大雪山系黑岳遇難早逝之前，她寫道：「我不喜歡匆忙趕到目的地，用最短時間抵達某座山峰的底部，然後立刻開始攀登。對我而言，那種方式就像穿著髒鞋進入別人家中。相反地，我比較喜歡先敲敲山的門，打聲招呼，和山說說話，直到我們彼此稍微熟絡一點，唯有如此才能更深入山的心靈。」[33]

歐特克當時的手寫日誌訴說著不同的故事。一個以挫折和厭倦爲主軸的故事。但回憶具有可塑性與選擇性，時間會改變觀點。光陰荏苒，歐特克改變了他對加舒爾布魯木經驗的看法。最終眞正重要的，是在營地度過的時光，逗弄渡鴉，獨自思考，以及慢慢地認識加舒爾布魯木群峰。

九　天際稜線

我知道這超驗性稍縱即逝，但在它消退之前，我沿著小徑奔騰，彷彿獲得自由。

——彼得・馬修森（Peter Matthiessen），《雪豹：一個自然學家的性靈探索之路》（*The Snow Leopard*）

在酷熱難耐的伊斯蘭馬巴德飯店房裡，歐特克坐在黏答答的塑膠椅凳上。他正在為明信片簽名。數百張明信片。在那個年代，喜馬拉雅山遠征隊郵寄簽名明信片給友人與支持者是一貫的傳統（今日則被當作復古趣味）。他心情大好，用花體字給每張明信片簽名，然後在木桌上堆成整齊的一疊。一切都很順利。那是一九八四年的六月二日，他事先安排的加舒爾布魯木Ⅳ峰登山許可已經到手。不僅如此，他不久前才拿到布羅德峰的登山許可。他有一卡車的補給正從波蘭運來，卡車會沿巴爾幹半島、土耳其和伊拉克一路駛到巴基斯坦——這條路線的非官方稱呼是「波蘭絲路」。他現在就只需要等著和夥伴朱瑞克碰面。他露出笑容，繼續簽名並堆疊明信片。

有人敲門。歐特克從椅凳躍起，健步上前。

「怎麼了？」他開門說。

「歐特克先生，櫃檯有您的電話。請立刻過來，是急事。」

他跑到樓下的櫃檯接起電話，另一頭是朱瑞克。

「歐特克，我有壞消息。卡車出了意外。」

「意外？什麼意外？」

「卡車開到路外面了，從很陡的邊坡滑落。掉得很深。」

「有損壞嗎？」

「前軸斷掉。一個輪胎完全脫落。」

「車上的人呢？我們的裝備？補給？」歐特克感覺整趟遠征正從他眼前消失。

「裝備都救出來了。人都沒事。沒人受傷。」

歐特克沮喪地低聲咒罵。現在他有兩張登山許可，和一輛溝渠裡的卡車。他覺得一連串反常的好運最後都會樂極生悲。掛電話後的一個小時，他在通風不良的房裡來回踱步，絞盡腦汁思考該如何處理這糟糕的情況。首先，擺在眼前的事實是，卡車不屬於他，市值大概要七千美元。再來，想想可能性：那卡車在巴基斯坦或許有市場。

在巴基斯坦販賣商品很容易，尤其是西方商品。肯定有人會想要這輛卡車，但不可能願意出到原價那麼高。還是，也許他們可以把卡車修好？巴基斯坦有很棒的汽車修理工，他們可以把廢鐵變成運作正常的車輛，還加裝華麗的流蘇和刺耳的喇叭。

他沮喪地抱著頭，覺得這眞是場噩夢。即便如此，陽光依然閃耀，他健康平安，喀喇崑崙山脈諸峰依然在那兒，等候著他們。他最終安排把卡車拖到修理廠，承諾從山上回來後會去領取。

歐特克和朱瑞克在六月十九日抵達基地營，與雅努什·馬傑爾、雷沙德·帕沃洛斯基（Ryszard Pawlowski）、瓦倫蒂·菲烏特和克里茨多夫·維利斯基等波蘭隊伍的其他成員會合。幸好，由拋錨卡車運送的補給全都在基地營了，裡面包含朱瑞克張羅的一些特殊食品。他不知怎麼辦到，竟在波蘭建立起供應他頂級醃火腿和德國酸菜的地下網絡，由於戒嚴令實施的撙節措施，這些可是一般波蘭公民夢寐以求卻買不到的食品。朱瑞克人脈廣闊，儘管波蘭處於戒嚴狀態，他還是有辦法取得大量物資，足夠餵飽整支遠征隊加上他的家人朋友。

許多人仍覺得歐特克和朱瑞克是一對古怪的組合。他們的個性南轅北轍，在波蘭各有社交圈，而且從沒在塔特拉山脈一起爬山。只有在喜馬拉雅山脈和喀喇崑崙山脈，他們才成爲搭檔，沒有人可以和他們匹敵。他們堪稱波蘭夢幻隊，而且有個大膽的目標，要一次縱走布羅德峰的全部三顆山頭。布羅德峰的「布羅德」（Broad），在英文是指遼闊的意思：超過十公里的稜線高聳入雲，串起三座連峰：八〇五一公尺的主峰、八〇一一公尺的中峰，以及七四九〇的北峰。歐特克和朱瑞克的計畫唯有靈活精簡的小隊才能達成。嘗試以圍攻式攀登縱走，在綿延數公里的高海拔稜線架設固定繩索網，是很荒唐的事。

這對搭檔開始在南脊做高度適應，藉機瞭解他們完成縱走後下山時會面臨什麼情況。只爬到海拔六四〇〇公尺處，歐特克就發現計畫有瑕疵。兩人都看到接下來的四百公尺覆滿硬如砲彈、閃閃發光的水冰。若要攀登到海拔七〇〇〇公尺的南脊，他們得在陡峭的水冰及冰岩混合地形上下四趟，並架設繩索以安全下降。就算在理想天候下，這個準備工作也需要花費數週時間，實在太久了。再說了，架設繩索會破壞他們以阿爾卑斯式攀登挑戰縱走的計畫。

他們移到正規路線做高度適應，很清楚他們得從北側開始走。但朱瑞克不願意放棄南脊。「我們何不回到南側，從那邊開始走。」他提議。「不行，朱瑞克，那沒道理。你很清楚我們的重點是布羅德峰三連峰縱走。這還沒有人做過。如果回到南脊，會浪費太多時間和力氣。」

朱瑞克不輕言放棄，他說：「可是南脊比較有趣。」

歐特克堅守原計畫，「聽著，朱瑞克，如果我們從南側開始，然後花五天登頂……我們會需要很多岩釘，可能多達六十個。我們還需要十天的糧食。我們的背包會重到根本不可能快速移動。」他知道速度是這次計畫的關鍵。

朱瑞克不同意。他想要這條新路線。截至一九八四年，朱瑞克已攀登了六座八千公尺高峰。他開始認眞考慮一項宏圖大業：攀登全部十四座八千公尺高峰。朱瑞克的盤算和梅斯納爾一樣，只不過朱瑞克想要十四座都走新路線或冬攀。攀登布羅德峰南面會讓他多收入一條新路線。

他們爭論不休。歐特克堅持他的計畫是最好的，而且縱走布羅德峰本來就是他提出的點子。朱瑞克最終默從了，於是在七月初的頭幾天，他們和其他波蘭隊員沿布羅德峰的普通路線進行高度適應，最高爬到海拔七四〇〇公尺。他們上上下下，培養體力，增加體內的紅血球細胞。良好的高度適應是他們實現計畫的基礎，因爲他們將在極高的海拔上度過好幾夜。

七月八日，天氣變壞。雪和雨把他們困在帳篷裡。歐特克的日誌透露了他的沉思，內容無關路線或山或高度適應，而是關於美：「美好的人。美好的西洋棋賽。美好的談話。美好的音樂。一切盡皆美好，但美好的意涵到底是什麼？」三十多年後，歐特克根據當年的省思寫下一首詩。

何以我們能夠談論
美好的愛和美好的死？

在沙漠之美和母性之美間
有何美好連結？

世上可有一種
共同標準
能衡量宇宙之美和一支美好的舞蹈？

而美好人生的成就莫非便是
美好的死亡？

還是說，這一切不過是美好的假象？

由於歐特克和朱瑞克同意從北面展開布羅德峰縱走，而那裡比較靠近K2峰，於是兩人在七月十一日搬到K2峰基地營。他們在那裡發現了解悶的方法：盧凱維茲和一群女孩。沒錯，盧凱維茲帶著另一組全女子隊回來挑戰K2峰了。遺憾的是，歐特克和朱瑞克不能逗留，因爲他們的糧食只剛好足夠縱走，必須盡快動身。他們不捨地離開，走到布羅德北峰的底部，準備攀登。

風鬼哭神嚎了整晚。天亮時，已接近颶風的等級。他們延遲出發，一延再延，期盼天氣能稍微好轉。下午過了一半後，當天顯然都不可能出發了。還沒出發，就消耗了一天的糧食配給。這不是好兆頭。

七月十三日，星期五清晨，天氣晴朗冷冽。（歐特克經常宣稱十三號星期五是他的幸運日。）他們各自從一道「山溝的險惡小峽谷」獨攀向上，承受頭頂一排結冰尖柱的連續威脅。抵達山脊後，呼吸稍微順暢一些，接著是在大片憲兵岩*間穿梭，直到發現完美的露宿地點，位於稜線的舒適凹地，靠近一面結凍的迷你冰斗湖。天氣依舊很好。

七月十四日，他們在混合地形繼續各爬各的。「我們不碰繩索，繩索會誤導

* 憲兵岩（gendarmes）：山脊上的一種岩石小尖塔，常見於高山地區，經常在冰河侵蝕程度較低的兩個山脊交匯處形成。名稱源自法國的阿爾卑斯山，被認為貌似憲兵。——譯注

你。」歐特克寫道。有時是歐特克在前，有時則是朱瑞克。「我們各有各的痛苦，緩慢、孤獨地攀登著，彷彿我們徘徊在兩條不同的路徑上。」[34]朱瑞克在前時，似乎不在乎夥伴的狀況，關於這點，歐特克接下來表達了失望之情。「他鮮少轉頭看我。或許這只是我的個人感受，可是他似乎不關心我好不好。」然後他回想起自己兩年前的行為，當時他們非法攀登布羅德峰，朱瑞克的下降速度比較慢。「我的確先走掉了。我只是在營地等他下來。」歐特克坦承道，並補充說：「有時候朱瑞克適應高度的速度比較慢，可是他的身心耐力和動力無以倫比，可能是史上之最。」

在爬到需要繩索和全神貫注的艱困煙囪地形時，歐特克的心情改變。「多美的攀登。」他在日誌裡寫下。他們向上，再向上。「美不勝收，我腳下是兩公里的深度。」在爬升一千公尺之後，他們終於找到可以露宿的地方。他後來一派詩意地描述那畫面：「陽光輕撫喜士帕爾山脊，冰霜在長長的暗處匍匐。但在谷地幽藍夜色加深之際，我們來到一處小小的積雪山脊，就地挖起今晚的小窩。」[35]在日誌中，歐特克以簡單文字寫道：「傍晚時分，奇蹟繼續。天氣依然美好。」

美好的天氣帶來高能見度，而從他們的小窩可以清楚看到布羅德中峰的稜線。那看起來很嚇人。絕望。無法攀登。眼前狀況比他們在波蘭研究的照片糟糕許多。歐特克不知不覺沉入不安的睡眠，思忖著要從哪裡找到力量面對這隻怪獸，希望這座山只是用嚇人的外表來考驗他們。

七月十五日，他們在山上的第三天，下午三點抵達布羅德北峰的峰頂。不到一小時便下降到北峰和中鋒之間的山坳，海拔約七二七八公尺處。「我們現在深入陷阱的核心！不可能撤退了。喔，我們與山同在。」[36]儘管以露宿而言現在時間還早，但山坳似乎是歇息的理想位置。「奇山簇擁。四方山巒連綿不絕，遠處點綴著幾朵小雲。」他在日誌裡繼續寫道：「我毫不懷疑小小雲朵將越積越大。」

就在布羅德峰兩座山頭間的高海拔山坳上，歐特克有了登山家生涯中最超脫的經歷之一。他感受到全然的自信、信任，以及和空間與光線合爲一體。「我記得我彷彿精神錯亂，四處走個不停，無法回帳篷。那是一次難能可貴的奇幻體驗。充滿靈性的體驗。當然，山從來都是美好的，不過這次不同以往。」

歐特克沒有與朱瑞克分享他強烈的感受。他們如今已熟到不覺得有說話的必要。朱瑞克仍待在帳篷裡，準備水和食物，歐特克則陷入美學式的迷離恍惚中，四處遊蕩。（不過今晚本來就輪到朱瑞克烹煮。）光線每變化一次，山的線條就露出更深邃、更隱蔽的美麗陰影。歐特克震懾於山的力量，努力說明：「美像是連結更高世界的某種雷射。我是在縱走途中，從低海拔峰頂爬向中海拔峰頂時領悟了這件事。」而最棒的景色就是布羅德中峰的稜線。這對搭檔現在可以從不同角度觀看那道極爲可怕，如刀片般的稜線，看起來有（一線）機會。山峰很龐大，但不像先前那樣令人膽怯。

隔日整天他們爬個不停：冰、冰塔、垂直岩階、煙囪地形，以及更多陡峭的硬冰壁。終於他們爬到長而和緩的稜線。極長，而且全都在八千公尺以上。他們在迎風面雪坡跨出的每一步聽起來都空洞洞的。不祥的回音讓人緊張，於是他們拿出了繩索。稜線上下迂迴，用長度折磨他們，試煉他們的耐心。「羞愧，因缺乏耐性而感到羞愧，飽受折磨。眼前又是冷酷的白色隆起。」[37]突然間，歐特克看到朱瑞克的雙臂在頭上狂揮，彷彿正在和風鏖戰。但他其實是站上了布羅德中峰的峰頂。時間是下午三點。

此時，天候開始變化。刺骨寒風掏空身體能量，漸漸穿透他們的核心。一道高聳的陰鬱烏雲堤席捲而來，他們開始物色可以垂降到山坳的地方。翻湧的雲、看不透的雪霧構成令人困惑的迷陣，圍住他們。幽暗峭壁朝他們傾身，封住他們的去路。他們在易碎的岩石間尋找任何可穩穩打入岩釘的地形。「我用冰冷雙臂抱住一座鬆動的尖岩塔，一陣狂風襲來，抓住尖塔，將之扔進地獄。」[38]垂降共有五段，每段感覺都不牢靠，彷彿都可能淪爲最後的垂降。歐特克後來描述當時的原始恐懼。「東面是通往地獄，蠕動成抽搐的雪線，剝落成紫色寒冰。冰魔怒號，以冰霜和罡風刻鑿出痛苦及惡意的輪廓。」[39]

三個小時後，約莫下午六點，他們抵達山坳，再多走一百公尺，在布羅德主峰找到一處能舒適露宿的積雪岩階。一陣陣狂風挾帶的縷縷雪束滲透到他們的 Salewa 小型內帳。今晚輪到歐特克烹煮。他費勁地想要給爐子點火，哄勸了數小時後，爐子終於發出令人安心的燃燒聲，順利產出三鍋液體食物。

他們在翌日清晨四點煮早餐，今天是他們在山上的第五天。即便喝了兩壺茶，喉嚨仍像磨砂紙一樣。嘴唇受凍龜裂，渴到喝再多水都不滿足。朱瑞克和歐特克把微薄的隨身物品塞進背包裡，用僵硬發疼的雙手套上冰爪，然後鑽出帳篷。他們在早上七點拖著沉重步伐朝稜線前進，並於九點半抵達山頂，不敢相信經過五天的高海拔攀登，登上主峰峰頂的路程竟顯得頗爲輕鬆。這是他們五天來的第三次登頂。「喔，山巒！」歐特克讚嘆道。細細品嘗這別無所求的片刻，所有期望都已經實現，世界完美如斯。

他們開始沿常規路線下山，儘管移動得比較緩慢，但地形是熟悉的。一小時後，他們停下來，再煮點茶，然後繼續往下到常規路線上的二號營。就在抵達目的地前不久，歐特克差點丟了性命。走在營地上方時，他碰巧看到一條舊的固定繩，於是伸手去抓想保持平衡。不料繩索斷開，他摔了出去，急速下墜。墜落幾公尺後，其中一腳的冰爪卡住了，他才得以將冰斧猛壓入砲彈般堅硬的冰壁，不至於撞上下方懸崖而彈出去。他趕緊站直，繼續下降。

朱瑞克和歐特克在七月十八日凱旋返抵基地營。雖然疲憊不堪，年輕的身體依然強健，腳步輕快。營地一片歡騰。隊伍中有三個成員完成了布羅德峰的常規路線。而有著欺騙世人的輕柔嗓音、厭世面容、雜亂大鬍子，且體型短小精幹的維利斯基則完成了快速登頂，以二十一小時三十分鐘的時間上下各三千公尺。這是八千公尺巨峰歷來最快速的一次攀登，也是首次一日單攻。現在歐特克和朱瑞克又完成不可能的任務：布羅德峰大縱走，這是喜馬拉雅山攀登史絕無僅有的一項成就。

隊伍恭喜這對搭檔，以為他們會想要休息。可是朱瑞克很餓，他走到炊事帳，變出一大鍋義大利麵，足夠餵飽整個營地的人。當晚，朱瑞克並沒有躲回自己舒適的帳篷，而是加入通宵達旦的餐後牌局，也喝了點酒。維利斯基佩服地直搖頭：「他的身體堅不可摧。」歐特克只能點頭認同。

朱瑞克和歐特克都在極高海拔的縱走中達到了某種平靜，過程中，他們願意接下自然天候和崇山峻嶺對他們的要求。生活的沉滓已漂走，留下的是澄明清澈。他們珍藏五天半縱走十公里稜線的寶貴經驗，儘管一九八六年歐特克為《攀登》雜誌（*Climbing*）重述這次攀登時，話說得很低調：「布羅德峰北脊首登的故事平淡無奇，而且缺乏戲劇性的冒險……畢竟，單調、不厭其煩地緩緩爬過數千公尺崎嶇又鍾愛的岩石和看起很不妙的一條條藍冰，朝山頂前進，實在稱不上什麼大事。」[40]這段奇怪的敘述不帶情感，而且沒有提到他在山坳的靈性體驗。

十一年後，才有一支日本隊伍重複這條縱走路線，再之後則是二〇一〇年由一支強大的巴斯克（Basque）隊伍達成。一九八四年、一九九五年，以及二〇一〇年，布羅德峰大縱走顯然不是熱門目標。

歐特克在布羅德峰北峰與中峰間的山坳得到顛覆性的體驗，這證實了他認爲登山會賦予他不同意識狀態的信念，在這個狀態中，世界換上新的色彩和特質。在等待天氣好轉多日後，他帶著這個強化的覺知狀態，跟朱瑞克一起前往附近的加舒爾布魯木Ⅳ峰，準備挑戰下個目標——還未有人攀登過的西壁。很多人認爲兩人隊伍不可能爬上這面龐大的艱險峭壁，但歐特克已說服朱瑞克相信有一條可行的路線。

甫抵達加舒爾布魯木Ⅳ峰前方的冰河後，歐特克的滿腔熱血瞬間蒸發。在雲層上方、高逾六千公尺的山壁上，他們什麼都看不到。即便當下幾乎看不到什麼，但最近天氣暖和，每天午後都有降雪，他知道山壁會覆著一層積雪。他們停下來討論該怎麼辦。考慮到眼前的情況，歐特克斷言山壁上太過危險。可是朱瑞克還是想去，他這個人一旦決定了什麼就絕不放棄。畢竟他們手裡握有登山許可。歐特克嗅到了危險，朱瑞克嗅到的是一條新路線。他們最終同意打消念頭。離開時，兩位攀登者分道揚鑣，各走踏上孤單的旅途。

歐特克試圖用溫和的觀點來看待這次大概頗爲痛苦的拆夥：「到了一九八四年，朱瑞克和我已經有點厭倦彼此，不過我們仍保持良好的關係。」他們在布羅德峰一起度過了許多天。歐特克堅稱他們唯一的共同興趣就只有登山和吃，但他們肯定談過自己對未來的夢想。而此時的朱瑞克顯然志在完攀十四座八千公尺巨峰。歐特克不欣賞他的目標。「打包山頭是一種情感消費，是登山者被收集欲望淹沒的徵兆。」他寫道：「如果世上眞有精神唯物主義，將峰巒占爲己有，而不是認識和接受它們的神祕，就是這種主義的展現。」41

歐特克也確信，朱瑞克的夢想和梅斯納爾的計畫是一場正面對決。多年後，歐特克還以此事挑戰梅斯納爾。「我喜歡你做的事，但是我不理解你說的話……你說：『我從來沒和他人競爭……是其他人在和我競爭……』可是你卻會說：『我，梅斯納爾，是第一個做到的人！』」42

歐特克一直認爲他徹底厭惡競爭，至少在登山運動上是如此。他深信，倘若你得證明自己是最好的，那麼你已經是迷失的人了。「運動」固有的競爭性使他擔憂，因爲那似乎無可避免預示了苦難。不是身體上的苦難。身體的苦難他很熟悉。他指的是情感上和知識上的苦難。對歐特克而言，屈服於野心和自我往往會招致苦難。登山幫助他擺脫自認相當自我中心的自己。可是假如他登山是爲了與人競爭，就不可能擺脫。「它（登山）作爲一項活動，展現了人類的經典對抗，一方是對自我保存的強烈欲望，另一方是測試有限生命的需求。掌控自身命運的感覺會自然而然將靈魂從肉身中解放出來。登山者在感知到這些界限時，體會到至高無上的喜悅。」[43]

歐特克開始察覺朱瑞克散發出難以容忍的危險氣質，他似乎願意忽視所有警訊，強行取得成功的結果。歐特克說：「我聞到危險的氣味。我聞到屍體的氣味！」

兩位攀登者最終選擇尊重彼此的分歧：朱瑞克將專注攀登八千公尺巨峰（事實上，那年稍晚他又完成了兩座冬季首登），而歐特克將尋找有趣的路線。夢幻隊下臺一鞠躬。他們不曾再以雙人組合的形式一起登山。歐特克一針見血地總結：「我們的攀登夥伴關係就像破裂的婚姻。我們不再覺得彼此吸引了。」

儘管他已解釋了分道揚鑣的實際原因，但歐特克在《攀登》上談及這次縱走所露出的一絲悲傷，或許暗示了這個神奇組合的終結。

仲夏一九八四

我和一位友人遊蕩

於三座大山封鎖去路的
沙漠荒地之上
此時，我們剛翻越這些阻擋
風景已變換
而地平線遙遠如以往。[44]

‧‧‧‧‧

歐特克返回伊斯蘭馬巴德時，一項討厭的任務正在等著他。他先是放心得知卡車修理好了，但當幾名車主前來查看時，都不認爲車子能撐過回波蘭的路途。歐特克必須想辦法出售卡車。在巴基斯坦賣威士忌很容易，賣卡車就困難多了。尤其是不走黑市管道的話，手續規定會沒完沒了。他費好一番工夫才做成交易，可是虧了兩千美元。

儘管如此，他與朱瑞克僅推進一次就完成了布羅德峰首次的三連峰縱走。事後回想，他意識到自己並沒有申請全部三座山峰的登山許可。「我從沒認眞想過另外兩座山峰沒申請登山許可的問題。我想我會說，它們是通往主峰的『路線』。幸運的是，他們沒有問我們。」他的「非法」登頂紀錄又添兩筆。

十一年後，歐特克收到了日本攀登者服部徹的明信片，他剛完成布羅德峰縱走路線的首次重走。「新年快樂！我們在布羅德峰度過美好的時光，感受到布羅德峰的友誼。單純的攀登相當美妙，因爲我可以感受到上帝的許多訊息。再次感謝您的建議。」歐特克愉快地讀完這張明信片，確信服部也感受到和山的連結，類似他在北峰與中峰之間的山坳上的體驗。他把這個小寶物也存放到擺放回憶的虛擬盒裡。

布羅德峰縱走三十年後，谷口桂表達出類似的心情，她談到在高海拔度日的歡愉；在高聳的稜線上縱走、探索新地形、吃睡都在高山上，懶洋洋地遁入某種高海拔上的浪遊感。「速度對登山固然重要，但能多花點時間和你鍾愛的山相處，也不賴。」45

類似布羅德峰縱走這樣的攀登，從根本改變了歐特克的人生。他在那些巓峰絕頂所感受到的超自然體驗，強度有別於一般登山。恐懼和焦慮、身心極度疲憊、喪失信心、飢渴，全都是布羅德峰縱走的一部分。儘管大多是負面感受，但每種感受都開啓了正面回應的可能性。喜悅。自信。平靜且與世無爭。彷彿衆妙之門*突然敞開。這所有的一切，是高海拔攀登者獨有的特權。

* 衆妙之門（doors of perception）：一九五三年，英國作家赫胥黎主動參與友人的實驗，在醫師密切監控下使用迷幻藥「麥司卡林」，並將種種知覺變化記錄成為《衆妙之門》，影響西方當代文化甚深。——譯注

十 閃耀之壁

天堂就是讓你不想念其他地方的地方。

——皮科・艾爾（Pico Iyer），《靜思的藝術》（*The Art of Stillness*）

如果有座山會永遠與歐特克相連，那一定是加舒爾布魯木Ⅳ峰。更確切地說，是高二千五百公尺的西壁。有時稱為「閃耀之壁」（Shining Wall）的加舒爾布魯木Ⅳ峰西壁，被一條大理石般的岩帶撕裂開來，在傍晚餘暉的照映下閃爍光輝。美國登山家麥可・甘迺迪（Michael Kennedy）形容西壁「既讓人一窺完美，又是令人生畏的行動召喚」。[46]歐特克在一九七六年第一次看到加舒爾布魯木Ⅳ峰，當時他是庫爾扎布率領的波蘭K2峰遠征隊成員。這座山峰完美的幾何三角形狀令他神往。荒涼而優雅，催生一股無可滿足的渴望，讓人想要高踞西壁，探索其祕密，觸碰其難以企及的頂巔。

高度在加舒爾布魯木六峰中排名第四，海拔七九三二公尺的加舒爾布魯木Ⅳ峰是其中最難攀登的一座。這是一座「攀登者的山」，以其難度及美麗受到推崇，而非海拔高度。加舒爾布魯木Ⅳ峰的海拔差那麼一點就達到魔幻的八千公尺，風采有時被更高聳的鄰峰搶走，包括加舒爾布魯木Ⅰ峰和Ⅱ峰、布羅德峰和K2峰。然而Ⅳ峰沒有一面山壁是容易攻克的，這爲它創造了令人神往的光環。曾經爬到這座山峰高處的隊伍寥寥可數，而且僅三支隊伍成功登頂。坐落於巴托羅冰河（Baltoro Glacier）的東北端，一九五八年由瑞卡多·卡辛（Riccardo Cassin）率領的義大利遠征隊經東北脊首登。隊員沃特·波納提（Walter Bonatti）形容山頂「修長、嶙峋、聳入雲霄」。[47]他和卡羅·毛里（Carlo Mauri）完成了最後的攻頂，從此這條漫長、複雜又險峻的路線再無人踏足。

一九七〇年代晚期和八〇年代初期，英國、美國、日本的多支隊伍嘗試登頂，有些從西壁，有些從西南脊。一九八三年，史蒂夫·史文森（Steve Swenson）率領的美國隊伍嘗試了四次，第二次爬到稍微超過七千公尺的西北脊，最終被不穩固的深雪阻攔。同樣無法登頂的還有甘迺迪和馬格斯·史當普（Mugs Stump），他們從西壁以阿爾卑斯式攀登嘗試攻頂。兩人遇上暴風、雪崩，而物資逐漸耗盡，在被迫掉頭之前，爬到了海拔六九〇〇公尺處。隔年沃納·藍德里（Werner Landry）又率領一支美國隊攀登西北脊，但在上層稜線上海拔約七三五〇公尺的岩石帶掉頭。

歐特克和朱瑞克在一九八四年晃去一探究竟時，視線就牢牢鎖定沒人爬過的西壁。但計畫在兩人討論如何攀登時破局。有些評論家認為歐特克似乎對朱瑞克提議的路線過度焦慮。有些評論家則認為，朱瑞克不顧極限天氣硬要推進實屬頑固不化。歐特克清楚記得，日復一日的暴風雪使西壁的危險性高到難以承受，雪崩的威脅遏制了他心中攀登的渴望。那不是試圖攀登西壁加舒爾布魯木Ⅳ峰的適當時機。

那年的謹慎不意味著他放棄了西壁。他沒有一點放棄的念頭。他牢記山壁的模樣，分析其結構，推論出若從山壁正中央的一道長陡溝爬升，至少能避開一些困難。這條路線讓人得以直接又迅速地前往山壁中央。由於陡溝顯然是雪崩的通道，所有條件必須完美，才可能安全攀登。一九八四年的條件不符。但他可以等。

歐特克在一九八五年和羅伯特・蕭爾（Robert Schauer）一同回到西壁。高大魁梧的蕭爾有張和藹可親的大臉，笑容燦爛。一九五三年出生於奧地利的格拉斯（Graz），這位年紀稍輕的登山家已經有漂亮的登山履歷：普瑪里基什峰（Pumari Chhish）、加舒爾布魯木Ⅰ峰、南迦帕爾巴特峰（Nanga Parbat）新路線，以及登頂聖母峰、馬卡魯峰和布羅德峰。他們起初打算組個三人隊伍，不過另一名奧地利人喬治・巴克勒（Georg Bachler）因為和蕭爾有些意見分歧，在最後一刻決定退出。被問到如何挑選這場重要攀登的夥伴時，歐特克客觀地答覆：「我不認識蕭爾，我們只在前一年的布羅德峰基地營有過一面之緣。他對加舒爾布魯木Ⅳ峰展現濃厚興趣，這是難以忽略的有力優勢，也是我邀請他最重要的因素。再說，我需要曾經攻上八千公尺的人，他在這方面有傑出經歷。我在籌措資金方面也需要他。某種程度上，他是個方便的夥伴。」

這對搭檔在一九八五年六月九日抵達基地營，帶著三十一包裝備與糧食，數量遠多過他和朱瑞克的遠征。歐特克指出，蕭爾帶來比較寬裕的預算，這代表他們能有比較舒服的營地。蕭爾和歐特克研究了西壁，由於季初漫長的乾燥期，山壁上幾乎沒有積雪。一九八五年或許是最佳時機。

他們在六月十四日開始做高度適應，爬上位於西壁左側、西北脊山坳正下方的冰斗。隔天他們沿著美國隊前一年試過的路線，朝山坳攀爬。他們在距離山坳只差一條繩子的長度時，因天候惡劣不得再前進，於是回到基地營，按兵不動了好幾天。六月二十八日，他們再次嘗試，這回在冰斗設了營地。「那裡比印度還熱。」歐特克說。他們脫去衣服，躲在用滑雪杖撐起的帆布底下，免得被太陽烤焦。翌日，他們爬到海拔六四〇〇公尺的山坳。

六月三十日，烈日變成暴雪。他們瑟縮在山坳兩晚，然後於七月一日循著美國隊留下的一些固定繩繼續向上。當他們在濃霧和冰雪中摸索前進之際，風速增強至颶風等級。他們從海拔六七〇〇公尺的高點下撤回山坳，隔天（七月二日）繼續沿著危險的蝕溝撤回冰斗上的前進基地營，而後一路返回基地營。歐特克在日誌中寫道：「下降很危險。」

接下來四天都有霧，他們留守基地營。歐特克在日誌寫下的單詞透露了他的心境：「不確定性。疲累。孤獨。」這份孤獨有一部分來自他對麥金泰爾的思念。蕭爾有些表情，尤其是笑容，常令歐特克想起麥金泰爾。他很想他。

七月六日，天氣好轉，足以離開基地營，爬升整整一千六百公尺到山坳。隔天，他們繼續推進到海拔約七〇〇〇公尺處。七月八日，他們再往上爬一百公尺，存放了一小份糧食，打算在登頂後的下山途中食用。但天候又轉壞，於是他們艱困地下撤回到山坳。七月九日，颶風級狂風把世界都吹翻了，他們只好逃回基地營。歐特克繼續愁眉不展。

天氣最終還是露出了轉好的跡象，而他們因為無從取得天氣預報，只得仰賴直覺，也就是他們的「鼻子」——歐特克是這麼說的。七月十二日，下午三點，他們朝雄偉的西壁底部出發。雖然背包沉重得像裝了鉛塊，裡面其實只放著衣物、一條雙繩、幾樣攀登設備、他們的睡袋、一頂露宿袋、些許糧食、燃料，以及一只爐子。午後他們在深雪中跋涉了四小時，朝山壁前進的時程比預期漫長。在靠近山壁處搭好露宿處後，他們烹煮到晚間十點，然後睡了短短兩小時，再度於子夜點燃火爐。兩人心事重重，幾乎沒說話。天氣依然很好。七月十三日，在破曉前的銀輝下，他們跨越大岩壁底部的冰河背隙*，接著進入陡溝。「那看起來像地獄，深深刻出一道道幽黑的寒冰峽谷。」歐特克寫道。當晨曦曙光慢慢灑在他們身上時，他們才認出那是先前研究過的蝕溝地形。他們沒用繩索，全速前進，各自背負十七公斤的裝備。

回想起來，陡溝頂端的第一處露宿地其實相當安適。隔天出現了冰岩混合地形，歐特克在日誌中記錄：「五十度，Ⅳ級，有些冰岩混合地形，Ⅳ，Ⅳ，Ⅴ級。」七月十四日夜裡，他們抵達第二處露宿，海拔約七千公尺。由於迷你岩階上有岩石凸起，他們無法用露宿袋，只好把睡袋攤在地面，試著以坐姿入睡。雖然不舒服，但這是唯一可行的安排。

隔天由歐特克接手，六段繩距有五段由他領攀。他們現在已在發亮的「閃耀之壁」上，難度在Ⅴ級和Ⅵ級之間波動。起伏的岩面將光線反射成柔和的乳白色調，可是山壁鮮少有能設置保護點的裂縫。他們的確保有多次只是「心理作用」，蕭爾和歐特克都清楚，那些岩釘絕對撐不住任何一次墜落。兩個保護點之間普遍相距四十公尺（幾乎是一條完整繩長）。每一次移動都要精心計算，俐落確實。他們不停向上爬。

不同攀登者對緊張情境的回憶經常大不相同，這取決於當事者的觀點。蕭爾後來寫道，他很介意歐特克執著於設置安全的確保固定點和保護點，覺得那是在浪費時間。歐特克有不同的記憶。雖然他是謹慎又一絲不苟的攀登者，但完全明白固定點間的距離過長令人擔憂卻又無法避免：「多麼美麗，那怵目驚心的長繩，盪啊盪！」[48]雖然是在恐懼中一步步攀向未知，歐特克拒絕撤退。他不顧一切，越爬越高。每次克服自己的恐懼，都感受到片刻的興奮與感激。然後又得面對另一個障礙，另一個魔鬼。這次攀登儼然成了某種心理層面的恐怖攻擊。他在那天結束後所寫的日誌中提到：「三號露宿在海拔七二〇〇公尺……VI級。糟透的露宿，又是在刺人的岩石上，得先用冰錘把難以忍受的尖突敲平。」不過至少無風無雨。喀喇崑崙山脈沒颳大風來折磨歐特克和蕭爾。

在凹凸不平的床上度過難熬的一晚後，情勢在七月十六日變得更加嚴峻。他們那天僅在緻密的大理石上完成五段繩距，在山壁爬升區區一百公尺。蕭爾領攀了一段脆弱的三十公尺A0級斜板，總共花了三小時，宛如酷刑。攀登時有多全神貫注，寒冷漫長的確保過程就有多枯燥。他們在海拔七三〇〇公尺露宿，其實不過是蹲坐在一處積雪岩階。歐特克在日誌描述越來越糟糕的情勢：「災難。狂風。睡眠嚴重短缺。大雪紛飛。糧食快要吃完。長期缺乏陽光。」

隔天他們設法通過冰岩混合地形，爬升了十段繩距，來到海拔約七六〇〇公尺

＊冰河背隙（bergschrund）：冰河裂隙的一種，因移動的冰河冰與上方停滯的冰或萬年雪分離而形成。——譯注

處，這裡危險的程度又是極端等級。軟雪無法支撐他們的重量。積雪底下是岩石，可是他們既看不到岩石，也無法在岩石上設置保護點。這一路的爬升棘手又不穩定，而且確保根本不牢靠。歐特克描述這裡的地形為「高山的詭計。危險且不良的確保。幾乎沒有保護點。糧食不足。缺乏水分」。此時的他們已在山壁度過五天，補給和體力皆要見底了。但最耗精力的，是他們再三思量每個決定所造成的反覆自我懷疑，而且即使感覺很快會再遇到下一個困難，還是得想辦法解決每個問題，短暫鬆口氣。最初吸引他們前來的未知，如今必須拆解為一片片來處理，一次一個步驟，一段繩距接著一段繩距。

七月十八日，蕭爾和歐特克來到海拔七八〇〇公尺。他們抵達通往峰頂的最後幾道斜板和雪原，可是大雪在午後開始飄下。降雪整晚未停，在他們的露宿袋四周越積越深，作勢要把他們從高空推落。他們糧食耗盡，也沒有瓦斯了，這代表他們無法製造更多飲水。風雪不斷，他們幾乎無法從露宿袋探頭出來。他們隔天整日都在等待暴風雪過去，但風暴不息。雪以驚人速度在他們周圍堆積。歐特克寫道：「暴風雪。受困海拔七八〇〇公尺。沒有食物，沒有飲水。」撤退是不可能的，因為他們只剩下十支岩釘，不足以從他們爬升的山壁原路垂降。他們唯一的選擇是和風暴比耐力。

缺乏睡眠、飢餓、口渴，缺氧且心力交瘁，他們陷入一種精神錯亂的狀態。就在這一刻，蕭爾和歐特克都感覺到某種東西——一個在山上的獨身幽靈，對蕭爾而言，每落下一片雪花，這個幽靈就變得更加不祥而眞實。眞實到他們開始期待那看不見的「第三人」發出的信號或行動。蕭爾開始指責這個幻想中的同伴拖累了他們攀登山壁的速度。在雪崩朝他們湧來，推擠他們，幾乎將他們活埋後，蕭爾開始認爲這個第三人想把他從岩階推落，讓他墜入長眠。

隱形人在這種絕境出現的情況並不罕見，可是在多數案例中，幽靈是樂於助人的，會提供建議、支持和陪伴。史蒂芬．維納柏斯（Stephen Venables）在攀登康雄壁*並從聖母峰下山時，被迫在峰頂下方不遠處露宿。然而，他並非孤單一人。當晚及隔天筋疲力竭的下山途中，都有個老人的幻影陪著他。當維納柏斯和老人一同抵達聖母峰南峰，艾瑞克．希普頓（Eric Shipton）的幻象（他已死去多年）卻在那裡迎接他們，還幫維納柏斯暖手。在高海拔地區，善良又無法解釋的生靈不勝枚舉，可是蕭爾遇到的第三人卻莫名惡毒。

歐特克儘管強烈意識到身邊來了個新夥伴，卻忙著做些奇怪實驗，譬如捏自己的大腿，想知道瀕臨死亡時疼痛是否會消失。他享受疼痛，因爲疼痛證明他還活著。

* 康雄壁（Kangshung Face）：聖母峰的東側山壁。——譯注

他已經想像著自己可能變成無生命的人形冰塊，在狹窄的岩階上被飄來的雪片逐漸淹沒。

偶爾，他們會從露宿袋的一頭鑽出，把雪撥掉，以免窒息。他們在岩階不住顫抖，考慮眼前的選項。撤退的想法再度被提起，然後迅速被否決。在這樣的暴風雪中，往上爬也是不可能的事。等待，選項中最痛苦的一個，依然是唯一可行的辦法。飢寒交迫，口渴難耐，他們等待。偶爾他們會以簡短的問候安慰彼此。

「蕭爾，你感覺還好嗎？」

「嗯，還好，我沒問題。」

蕭爾形容這是「薄弱的希望」。[49]歐特克想起自己不曾在攀登時有這麼多「空閒時間」。「我們在上頭度過三天兩夜。我們只是坐著。我們有個爐子，但瓦斯已經用完，所以我們什麼也不能做，只能想事情。」時間被扭曲，可任意延展收縮。一小時和一天沒什麼不同。黑暗降臨，壓迫他們，籠罩他們隨呼吸起伏的肺。那感覺很不懷好意，彷彿要將他們吞噬。

歐特克的思緒漂游到危險的領域。死亡是他過去常思索的事，現在看來似乎躲不過了，而且擔心根本沒意義。對他而言，最重要的是完整感知死亡經驗。全然意識到死去的過程，特別是在這個荒僻的地方，應該會很有趣。

歐特克在默想自己的死亡之際，也開始擔心起蕭爾。他也知道他們有多接近死亡嗎，在這最壞也最好的地方？他開始覺得，確認蕭爾也理解即將發生的事非常重要，也就是他們共享這近乎神聖的體驗。但這是個敏感的話題，歐特克掙扎著該不該和蕭爾提起。終於，他再也忍不住了。他用疲累受凍的啞嗓說：「蕭爾，我……我……我想……」

蕭爾以痛苦的氣音小聲平靜但堅定地打斷他：「我知道你在想什麼。我準備好了。我有心理準備了。別擔心。」

那晚清朗無雲，氣溫驟降。他們無法克制地不住發抖，因爲浸濕的睡袋根本沒辦法禦寒。可是顫抖的感覺很美好，好像起死回生。七月二十日黎明破曉時，歐特克和蕭爾依然活著。他們屈起僵直的雙腿，伸展聳了整晚的肩膀，扭動凍僵的手指和腳趾。「我完全失聲，喉嚨又痛又乾。」蕭爾解釋道：「我不再飢餓，胃裡除了寒氣，什麼感覺都沒有。」50

他們緩緩從雪棺爬出來。凍僵的手指用去三十分鐘才將冰爪穿戴好。今天是他們在山壁上的第八天，但他們只帶了五天份的糧食和燃料。腳步沉重、肚子空空的他們開始攀登小冰溝，溝內的積雪已被雪崩沖走。歐特克回想時覺得那是場愉快的驚喜，因爲儘管他偶爾必須停下腳步，但經過長時間的露宿，他覺得自己幾乎稱得上精力充沛，迫不及待想移動。攀登了兩段繩距後，他們進入雪深及膝的凹地，山壁宛如堡壘聳立。他們不停向上移動。

數個小時過去。最後他們發現露宿岩階逐漸消失在遙遠的下方。當他們再也看不到昨晚的露宿地時，他們知道，他們確實有進展了。

午後不久，他們接近主要山脊。以緩慢有節奏的步伐重重踩陷深雪是件令人滿足的事。歐特克描述這一刻：「當天我們還有很多時間。事實上，我們眼前有無限的時間。我以令自己驚駭的清晰度看清這一點。可是我們每踏一步，就流失寶貴的生命力。我們不想要永恆！我不曾如此確信，我們每向上爬一步就更靠近永恆一步。」他們放眼望去，通往峰頂的路線看來似乎相當好爬。無需言語。正如這趟攀登經常發生的情況，儘管疲憊不已，壓力大到超乎想像，他們的判斷依舊可靠。他們沒有直直往看似近在咫尺的峰頂埡口爬，而是轉向左邊。他們會由此下山，不再往上。三十年後，歐特克對那一刻記憶猶新。「出乎意料，我們在高海拔的表現不錯。可是我知道，應該說百分百確定，要是選擇登頂，我們不會活著回來。」

開始從西北脊下降的那一刻起，連日來壓在他們心頭的不祥感便溜走了，取而代之的是生物幻影和輝煌幻景。即便如此，向下的每一步都極爲費勁。高深的雪牆阻礙他們東倒西歪的笨拙腳步，他們以極其怪異的角度抬腳，尋找積雪裡可供冰爪踢入的弱點，尋找被風吹得硬實的積雪底下的一點柔軟。他們沿著稜線下山，在雪地踩出步階（plunge-stepping），感覺前進的每一公尺，都是一場小勝仗。

蕭爾停步，俯撐在冰斧上喘息。當他挺直了背時，視線從眼前的雪移至上方的天空。一隻渡鴉輕鬆地盤旋著。蕭爾看得出神，想要騰空而起，想像自己是那隻渡鴉，俯視著這個攀附在加舒爾布魯木IV峰西北脊上的可憐蟲。彷彿奇蹟般，蕭爾變成了渡鴉。「我強烈感受到飛翔的每一種感覺：風拂過我的臉龐、刺骨的冰冷、失重的狀態。」[51]

歐特克的大腦分成兩個頻道。頻道一，影像和聲響失控狂飆。一些朋友突然冒出來，在一旁胡言亂語。岩石和雲朵看起來好像人影和人臉。頻道二，從旁觀察和思索頻道一的種種活動，同時關注確保、繩索、冰斧、下降。他知道自己離幻覺只有一線之隔，也覺得這情況相當有趣。後來，當影子和聲音消失後，他開始想念兩者。

歐特克比蕭爾更早一些感知到「第三人」去而復返，他的存在甚至比蕭爾還眞實。歐特克跌入雪中，回頭呼喊道：「蕭爾，我想跟你說件事，不過是件怪事。」蕭爾停止凝視渡鴉，再次撐在冰斧上。

「我知道你的意思。」他倒抽一口氣：「他又出現了。」

「對。」

但這次，第三人不再不懷好意，反而給了他們信心。他們會在這位朋友的幫忙下逃過一劫。蕭爾的思緒轉向食物：飽滿多汁的香腸和塗抹厚厚奶油的酥脆小圓麵包。他的胃這下餓到發疼，眼瞼疲累地下垂，可是全身上下都是幸福的感覺。歐特克的喉嚨疼痛不堪，嘴裡長滿舌苔，又澀又難聞。他滿腦子只想喝茶。抵達西北脊上海拔七六〇〇公尺的地方後，他們停下來露宿。

隔天，七月二十一日，他們繼續下山，打算尋找先前預埋的存糧。自七月十八日起，他們再也沒吃過一口食物，沒喝過一滴水。三天，整整七十二小時。歐特克先帶頭爬到一處稍微下凹的陡溝。他下降約四十公尺，在深可及膝的積雪上踩出一個個洞，由蕭爾爲他做上方確保。積雪不穩。他很焦慮。他隨時可能用完繩索，然後就沒有確保了。屆時，他們得同時在這面潛藏危機的坡面下降。他和自己的疲累對抗，逆轉腳步轉而向上，緩慢吃力地一路爬回蕭爾身邊，向他解釋這面看似簡單的斜坡是個死亡陷阱，往更右邊有一條路線，位於暴露感很大的岩石之間，雖然坡度較陡，可是比較安全。難以想像歐特克在那一刻需要多大的自制力，才能振作起來回到上方，而他身體的每寸肌肉肯定都嘶吼著「向下、向下、向下」。

橫切到右側後，他設置了垂降點，然後他們從山脊安然無恙地下降。「我懷疑有幾個人會這麼做。」三十年後，歐特克笑著說。「朱瑞克絕對不會，這是肯定的。他會選擇繼續下降。他信耶穌基督。我可不信。我決定了，『耶穌啊，祢已無數次證明祢不在乎我們。我不信任祢。』」反之，歐特克相信的是自己的山嶺判斷力。

在海拔六九〇〇公尺的地方，他們找回少量但極其珍貴的儲備存糧：一個瓦斯罐、茶葉、一小塊乳酪和三十顆糖果。整個攀登期間，歐特克一直擔心會有鳥攻擊他們簡陋的尼龍食物袋，把裡面微不足道的食物偷走。發現儲備存糧完好如初時，他們都鬆了一口氣，但也對著眼前峭峻的地形發愁。他們又向下移動了兩百公尺，才停下來點爐火，煮茶喝。現在是午夜子時。四天沒進食，他們的胃無法消受太多食物。於是他們啜飲幾口茶，吃幾顆糖果。睡袋是濕的，背包已結凍。歐特克對在此處的露宿沒有多少記憶，只記得時間短暫。

抵達山坳後，他們停留一個小時半，喝壺茶，並吃點食物。「喔，多麼滋潤的茶，多麼香甜的三十顆糖果！」歐特克在登山紀錄這樣寫道。[52]他們持續下降至深夜，以前爪攀登的方式，半睡半醒地從徒溝下降。歐特克對當晚的描述是：「我記得這段下山的過程——有點像是邊睡邊移動，邊移動邊睡。半睡半清醒。」他們不擔心摸黑從山坳下降，因為他們知道這裡的地形簡單明瞭。可是過去十天有下雪也有豔陽，又是結冰，又是融化，還有雪崩，坡面和他們當初研究的樣貌已大不相同。事實上，這已經稱不上是「坡」了。天候將地形改造成一連串漏斗，每個漏斗的深度都超過人類的身高。山上的第十天，他們開著頭燈，吃力地下降。「我越累，就越是謹慎。」歐特克回想那無盡的夜晚時說：「著魔似的。我用某種方式把疲勞量化，併入危險性的計算之中。」

在重重漏斗之間挪動是件複雜的事。有一段時間，他們決定拿出繩索，和彼此綁在一起，用前爪攀登向下通過漏斗，在山脊和漏斗之間來回穿梭，根本不可能做確保。「我很害怕。」歐特克回憶說：「累到極點。要是我們其中一人墜落，就會兩個人一起摔下去。掉下去變成兩塊牛排。不對，應該是漢堡碎肉。」當從漏斗移動到漏斗變得太過危險時，他們下降到一處特大漏斗的開口。但這也有額外的風險，因為倘若有任何東西從山上滾落，這個漏斗底部的管道會是必經路線。

情勢終於明朗了，他們不能再使用繩索，繩索在此時已成為隱憂。但要交給誰拿呢？「我不想拿整捆繩索，因為我累癱了。」歐特克解釋說：「可是，我不想把繩索給蕭爾，因為他也累癱了。於是我把繩結解開。雖然如此，我也不想斷開和繩索的連結。要是漏斗地形變得太困難，我可能需要用繩索，於是我把繩索放在嘴裡，用牙齒咬著繩索下降。」他邊笑邊形容這技巧「詭異但完美」。如此一來，就算他墜落也不會把搭檔拖下水，但如果他們需要緊急垂降，手邊還是有繩索可以使用，而他們確實有這需求，前後垂降了幾次。蕭爾壓根不知道他只是與歐特克的牙齒相連。無知就是福。

他們以這樣的方式沿坡面向下移動了幾百公尺，但現在疲倦已深不見底。一次又一次，歐特克在確保時邊等待邊打瞌睡。他總是驚恐地醒來，一把抓住確保繩環，以爲自己正在下墜。不過，他拒絕停下來休息，對自己耳提面命：「坐下來的人會永遠香甜酣睡。」這段經歷使歐特克確信，筋疲力盡而死會是毫無痛楚，甚至是愉快的。

他們在七月二十三日的凌晨二點四十五分抵達冰斗，緊挨著彼此，停留了一個半小時，煮茶吃糖。凌晨五點，天還未亮，他們逼自己起身，繼續下山。歐特克的思緒隨著聲音漂游：鳥兒啁啾、喃喃耳語、音樂。他聽得神魂顛倒，竭力找尋聲音的源頭。多數時候，他可以推斷某個聲音來自風，另一個是布料的窸窣聲，或是積雪鬆動的沙沙作響。聲音喚起記憶，讓他暫時忘記疲勞和不適。

後來，聲音越變越大，越來越明確。在他下降時，有個女人唱起情歌，歌聲美到他停下來聆聽。但他腳步一停，歌聲便戛然而止。他好奇心大發，向前移去，歌聲旋即響起。這絕對是芭芭拉·史翠珊的歌聲。他停，她也停。她爲什麼要這樣玩弄他？她用曼妙嗓音唱著撫慰人心的旋律：「我失足傾倒，但我爲你付出所有。」頻道一沉醉在音樂中，頻道二則苦尋不著聲音的來源。他最後認爲，情歌其實是繩索滑過粗糙雪面的聲音，不時被他的步伐打斷，當然，還要再加上他的想像力，這是他爲樂聲走走停停找到的唯一解釋。他沉浸在〈戀愛中的女人〉（*Woman in Love*）的歌詞裡，在加舒爾布魯木Ⅳ峰繼續下降。「人生是時空片刻，當夢想逝去，便是更加孤寂的地方。」

他們在早上九點抵達基地營。蕭爾對歐特克紅腫的臉部憂心忡忡。他應該是水腫了，但歐特克不理會蕭爾的擔憂，只是興味盎然地分享他的史翠珊經驗。他的腦袋在山上到底發生了什麼事？他後來形容那是「人類機器正在瓦解的聲音」。[53]他深信大腦裡有一些偏僻的角落，只在極端情況下才能進入。加舒爾布魯木Ⅳ峰打開了其中一處神祕地域的大門，他把這個體悟當作山賜予的另一個禮物。

歐特克對於他們沒有登頂加舒爾布魯木Ⅳ峰非常失望。「我眞的很愛這面山壁。」他說：「但我沒有站上這座山巓的命。這是非常重要的徵兆，可是我還是太愚蠢，無法理解。」《美國登山雜誌》（*American Alpine Journal*）刊出他的攀登記，最後幾句話教人心碎。「儘管這是我畢生最美麗神祕的一次攀登，我因爲未能登頂感到痛苦。我不得不深信，這座美麗的山和閃耀之壁，太壯麗，太完美，若未登上最不可少的重點——峰頂，任何攀登都不算眞正完滿。」[54]加舒爾布魯木Ⅳ峰是終極的矛盾：歐特克最了不起的成功，也是最大的失望。

另一方面，蕭爾倒是莫名地滿足。從回到基地營那一刻起，他就對他們的成就感到驕傲。他是以較爲現代化的態度看待大岩壁攀登的先驅，自有一套不太一樣的表現指標，認為峰頂不如實際的岩壁來得重要。澳洲登山家葛雷格．柴爾德（Greg Child）也對這次攀登給予同樣的正面評價，不過是基於不一樣的理由：「他們到達山壁之巔還能放棄登頂，這個事實讓這次攀登成為更好的故事，因為求生是正確的決定，意味著這次攀登並沒有失控。」

隨著時光流逝，歐特克的心情從失望心碎轉為認命，甚至抱持感激。「這類志業有時會功虧一簣，這顯示人類的弱點，但也增添了這些志業的美。」他說。就像舒伯特的《未完成交響曲》（*Unfinished Symphony*），這次攀登有一股神祕美麗的光暈，那是徹頭徹尾的完攀永遠無法達到的美好。歐特克從中體會到登山與其說是一項運動，不如說是一門藝術。「唯有在藝術之中，缺失的一環才會為作品增添意義。」他說。谷口桂的文字再度和他的哲學產生共鳴，她寫道：「對攀登者而言，登山如果沒有藝術性，沒有美，也就沒有生命。」[55]

他們投入驚人的努力：在山上十一天、在海拔七千公尺或以上的高度露宿七天、在六千九百公尺左右的高度露宿兩天、兩個晚上沒睡、三天沒進食、兩天沒喝水，還二十四小時一鼓作氣衝至基地營。他們從地獄深淵的邊緣爬回人間。世界各地都稱這次攀登為「世紀之攀」。歐特克用的標籤比較詳細明確：「莫大的創造樂趣，完美的陷阱，虛幻的，一條荊棘。」他質疑外界排山倒海的讚美。「宣稱一首詩是世紀之詩，合理嗎？我們選得出世紀女性嗎？……有人重爬過加舒爾布魯木IV峰，確認我們對它的幻想嗎？」[56]歐特克意識到這次攀登帶來的名氣陷阱，而他最想做的，莫過於不要掉入陷阱。他後來以文字闡述：「要知道，攀登可以對我們產生同等的心理幫助及心理傷害。我們可以更靠近自己『如星光閃耀的命運』。或者反過來，沉迷於自身的成就，不知不覺間驕傲自豪起來，而那很容易變成狂妄自大。」[57]

他反覆思索自己未能站上難以捉摸的峰頂，漸漸開始接受失敗和謙遜對人有益，因爲他意識到那可以幫助他做好準備去面對生活難以避免的失望，包括虛弱、疾病、失去等。最後，歐特克提到，他從攀登加舒爾布魯木IV峰得到的最大獎勵，是理解死亡。在西壁最高處露宿的內省時刻，他面對自己終將一死時，設法維持尊嚴和平靜。他覺得這份經歷讓他爲餘生做好了準備。

在加舒爾布魯木IV峰底下休息了幾天後，蕭爾和歐特克走向K2峰。沒錯，K2峰。（有關謙遜的領悟很顯然還沒生效。）他們開始上山，抵達位於阿布魯齊山脊的一號營。歐特克這樣解釋他們的計畫：「我們希望這趟能成爲加舒爾布魯木IV峰的某種額外獎賞。當然，我們最初的打算難度更高，想嘗試新的東西。但在這樣的身體狀況下，我們決定改走阿布魯齊。然後，我意識到我們太過疲累，移動得太慢。」風雪和過度疲憊讓他們轉身離開K2峰，一座他們沒有登山許可的山。

蕭爾和歐特克再也沒一起登山。回家後不久，蕭爾爲登山雜誌《登山者》（*Der Bergsteiger*）寫了篇攀登記。歐特克讀完文章，對蕭爾的故事版本感到失望。兩人之間有了裂痕。他們在加舒爾布魯木Ⅳ峰的閃耀之壁上凝視彼此靈魂深處、準備共同赴死所形成的連結紐帶太過脆弱，不足以承受低海拔的壓力，甚爲可惜。多年後，關係破冰，兩人重修舊好。第三人似乎依然看顧著他們。

◆ ◆ ◆ ◆ ◆

歐特克和蕭爾攀登閃耀之壁的十年後，以膽大包天的獨攀聞名的斯洛維尼亞登山家斯拉沃克．斯維提切（Slavko Svetičič）嘗試獨攀比他們當初所走的西壁路線更靠左的一條路線。他在海拔約七一〇〇公尺處身亡。幾年後，在一九九七年，一支韓國隊伍以圍攻式攀登完成西壁中央支脈的一條路線。不過，誠如登山史學家琳賽．葛雷芬（Lindsay Griffin）二〇〇八年在《登山家》（*Alpinist*）網站所言，「他們（蕭爾和歐特克）的大膽無畏、阿爾卑斯式攀登的雙人攻頂，至今仍是喜馬拉雅／喀喇崑崙山脈登山史最偉大的攀登之一，而且這條路線至今沒被人重爬過。」

所有登山界重量級人物都對加舒爾布魯木Ⅳ峰攀登發表了看法。梅斯納爾盛讚這次攀登超群絕倫。史考特形容那是以無懈可擊的阿爾卑斯式攀登技術難度在同海拔當中最困難的岩冰地形。柴爾德於次年由加舒爾布魯IV峰的西北脊登頂，他說：「歐特克和蕭爾的路線，大概是我有生以來聽過最具啓發性的登山故事。」

二十五年後，時任英國登山俱樂部（Alpine Club）主席的葛雷芬再度評論：「直覺來說，阿爾卑斯式攀登是最純粹的〔方式〕……在超高海拔地區，加舒爾布魯木IV峰西壁的一九八五年攀登，大概仍是最佳典範。」[58]

斯洛維尼亞登山家安德烈・斯特勒姆費（Andrej Štremfelj）*對此次攀登的心理層面，提出了一些有趣的見解。

> 大膽無畏的阿爾卑斯式攀登有個一貫的特色，就是會讓攀登者徹底累垮的高強度心理壓力。經過這樣的攀登之後，攀登者往往會長達幾年無法挑戰同樣難度的攀登，甚至是再也無法。羅伯特・蕭爾和歐特克・克提卡的一九八五年加舒爾布魯木IV峰西壁攀登，完美示範了這種大膽無畏的攀登。這個阿爾卑斯式攀登典範的誕生遠遠超前時代……對當代攀登者而言，如此艱困的攀登代表的是障礙，而非鼓舞，因為任何人都沒什麼機會超越。[59]

備受推崇的新世代加拿大登山家拉斐爾・斯拉文斯基（Raphael Slawinski）深諳此一困

境，他寫道：「可以說，世上沒有任何阿爾卑斯式攀登能超越歐特克．克提卡和羅伯特．蕭爾的加舒爾布魯木Ⅳ峰的閃耀之壁首攀……所以在克提卡這樣的攀登者將攀登推向極致後，我們該往何處去？」[60] 羅瑞坦直言：「從加舒爾布魯木Ⅳ峰下山後，歐特克就成了活傳奇。這是凡人專為騙過死神的人保留的結局。」[61]

他們至今未被重複的攀登能得到外界普遍的由衷敬佩，是基於他們所克服的身心挑戰。這是亞洲最高山脈群最大無畏的成就之一，包含了極高的技術難度、巨大的不確定性、完全的投入、令人敬畏的長度。歐特克最後終於理解並接受外界對這次攀登的評價，可是他挑戰加舒爾布魯木Ⅳ峰西壁的初心，一如既往，是基於美學的追求。這座山的結構使他著迷。那面山壁的奧祕誘惑著他。攀登路線的優雅特質很合他的心意。在那面複雜的長長山壁上，每個動作，每個問題，每個解決方案，都是一種創作。他必然會採用阿爾卑斯式攀登，因為唯有阿爾卑斯式攀登能提供他和山互動的極致創造性關係。「當我們把自己的信念託付給一座絕美的山時，我們就忠於天命。」他寫道：「這就是為什麼我覺得，攀登是我此生從事過最鼓舞人心、最令人振奮的事。登山含有一種迷幻藥成分，那就是解放。」[62] 在加舒爾布魯木Ⅳ峰西壁，他的解放無限。

＊二〇一八年金冰斧終身成就獎得主。——譯注

十一
叉路

追求目標的人，達成目標仍將空虛。但找到道路的人，心中將永遠有目標。

——納茲・薩普洛尼克（Nejc Zaplotnik），《道路》（*Pot*）

身為登山家，歐特克正處於事業巔峰。但他的私生活正在瓦解。在某種程度上，他瞭解自己的行為是不可接受的。「登山需要一些自私及自我的行為……狂熱的登山家是無賴、差勁的渾球，逼自己和身邊的人承受孤單與痛苦。然而攀登也形成一種和山的連結，激起我們心中的愛。」[63]也許吧，但沒有激發婚姻中的愛。經過十三年，伊娃和歐特克都同意這段婚姻已劃下句點。「我在某個一月寒冷的清晨搬離她的公寓，沒有爭吵，帶著床鋪、衣櫥和我的書，搬進巴麗斯（Balice）機場外圍的獨棟房屋二樓。」[64]至少他現在更靠近機場，這樣就更容易回到山裡了。

雖然正式恢復單身，也因此是個心無旁騖的攀登者，但是歐特克覺得一九八六年是難捱的一年。那年年初，他和三名日本攀登者企圖攀登川口塔峰東壁失敗。不過，起碼每個人都安然無恙。很多遠征並沒有平安收場。盧凱維茲在那年成爲登上K2峰的第一位女性，可是她三個夥伴中的莉莉安與莫里斯．巴拉德（Liliane and Maurice Barrard），在下山途中雙雙罹難。另一名波蘭攀登者馬傑爾率領一支隊伍從新路線「魔幻路線」（Magic Line）登頂K2峰，可是隊上的攀登者弗洛茲在下山途中墜落身亡。波蘭登山家小螞蟻．苗多維奇—伍爾芙（Mrówka Miodowicz-Wolf）也在K2峰下山的途中身亡。朱瑞克雖然成功完成K2峰南壁一條驚人的新路線（且至今未無人重爬），搭檔塔德克卻摔死了，同樣是在下山途中。一九八六年不是波蘭高海拔攀登者的好年。

朱瑞克繼續蒐集八千公尺巨峰時，歐特克堅守他的哲學：新路線、小隊伍，而且毫無疑問只採用阿爾卑斯式攀登。可是，儘管方向殊異，他們的道路不斷引領他們前去喜馬拉雅山。他們遲早會再見到彼此。

朱瑞克在悲痛的K2峰攀登後回到波蘭，一名年輕的喜馬拉雅攀登者阿圖爾．哈澤（Artur Hajzer）來到華沙機場見他。多年來，歐特克一直是朱瑞克的頭號搭檔。可是兩人夥伴關係瓦解後，朱瑞克也和歐特克一樣，搭檔換了一個又一個，隨每次攀登的情況調整。朱瑞克覺得哈澤令他感到親近，儘管兩人年齡相差十四歲。哈澤當時在喜馬拉雅山脈的活躍程度和朱瑞克相當，每年從事兩到三趟遠征。

他們在機場的重逢很安靜。哈澤沒有詢問朱瑞克關於塔德克墜落喪命的細節，朱瑞克也沒對悲劇發表隻字片語。哈澤記得他顯得麻木，只專注在下一趟行程。當哈澤將車子小心翼翼駛上高速公路，南下卡托維茲（Katowice）時，朱瑞克打破沉默：「馬納斯盧峰（Manaslu）準備得怎麼樣了？」

哈澤有些吃驚，回答：「不錯。一切都很好。」

朱瑞克點點頭，眼神直直凝望前方。「桶子都裝好了？」

「對。」哈澤回覆。其實還沒完全裝好。「我們三個禮拜後出發。」

朱瑞克安靜了一會兒，然後點頭：「很好。我會準備好。」

歐特克當時正在物色那年的喜馬拉雅秋季遠征，因此當朱瑞克提議他加入他們的馬納斯盧之行時，他一口就答應了。儘管兩人各自有志，而且在一九八四年經歷痛苦的拆夥，但歐特克想念朱瑞克。「我因舊情而加入他。我珍惜我們過去的『戰友情誼』。我喜歡他無聲的毅力與勇氣，我懷念有他在山上靜靜陪伴。」歐特克說：「我很遺憾我們分道揚鑣。我和朱瑞克一起去攀登馬納斯盧峰，就是這份遺憾的回音。他的邀請讓我重新相信，我們之間仍有眞正的友誼。」一同前往的還有哈澤和卡洛斯．卡索利歐（Carlos Carsolio）。卡索利歐是年輕的墨西哥登山家，在喜馬拉雅山逐漸取得聲望。卡索利歐受邀，是因爲他很有天賦，另外至少還有一部分是因爲他能帶來外國資金。哈澤解釋道，有外國人同行，對波蘭攀登者而言就像「中樂透」。他和卡索利歐是這次攀登的學徒，接受歐特克和朱瑞克的指導。

哈澤有多親近朱瑞克，對歐特克就有多小心翼翼。這兩個人不曾拉近距離，哈澤覺得歐特克的冰冷氣質令他害怕。他回想起他們在德里波蘭大使館的初次見面。

波蘭登山界的巨星全在那裡……這次和大人物的會面，感覺相當正式，見歐特克．克提卡時尤其如此，他給自己築起難以突破的圍牆……他的臉頰瘦削，戴著深色眼鏡，拿著一臺隨身聽，沉浸在自己的世界裡，視覺上、聽覺上和身體上都是。他整天都不說話，躺在公共泳池區四周的沙灘椅，聽他最愛的爵士音樂家凱斯．傑瑞特（Keith Jarrett）的科隆演奏會現場錄音，然後讓日光曬著他健美的身體……這就是我對歐特克接下來幾年的印象。65

對喜馬拉雅攀登的夥伴而言，這不是特別令人安心或有幫助的印象。

這支隊伍的目標是馬納斯盧主峰的東北壁，以及馬納斯盧東峰的「非正式」攀登。狹窄高聳的東峰海拔將近八千公尺，是尼泊爾境內尚未被碰觸的最高峰。朱瑞克計畫在當年秋季攀登兩座八千公尺高峰，馬納斯盧是第一座，安娜普納峰是第二座。

在十四座八千公尺高峰裡，他正爬到第十二座，現在分秒必爭，因為在這場雙方都否認的競賽中，他只落後梅斯納爾一點。梅斯納爾有理由擔心，他自己也坦承，波蘭攀登者「雄心勃勃，而且非常非常強壯」，尤其是朱瑞克。話雖如此，這位義大利好手剛擴大了領先差距，根據傳到基地營的消息，他剛剛完成馬卡魯峰，也就是他的倒數第二座八千公尺高峰。他只剩一座了。

朱瑞克聽到這消息不但沒有洩氣，反而大受激勵。他走出餐廳帳，獨處片刻，然後抬頭挺胸走回帳篷，宣布出發的時候到了。開始攀登這座山吧！

歐特克不像朱瑞克一樣熱切。先前幾個禮拜天氣濕熱，山坡充滿不穩定的積雪，一個小小動作就能觸發雪崩。天氣晴朗，可是路線顯然還是危險的。卡索利歐在一旁觀看，無法參與討論，因為他們都講波蘭語。「在我耳裡，所有對話聽起來都像在爭吵。」他笑道。

在朝馬納斯盧峰前進的過程中，他漸漸和歐特克熟絡起來。「我們有很多時間交談，關於文化、技術和哲學的深入對話。」卡索利歐後來表示。他雖然和歐特克越來越有話聊，跟朱瑞克還是更親近。他們曾一起攀登南迦帕爾巴特峰，見識到且欣賞彼此的堅韌和決心，也發現對方和自己一樣很能吃苦。

卡索利歐近距離觀察他們倆。「他們都是我的偶像。」他說。他敬畏這兩位喜馬拉雅山的長老，而且絕對信任他們。他能從他們身上學到好多。「歐特克和朱瑞克看起來關係不錯。」他在多年後說：「雖然兩人非常不一樣。朱瑞克安靜，有強烈主見，就像施勞夫（Šrauf）（斯洛維尼亞知名登山家史丹·貝拉克（Stane Belak））。歐特克比較靈活，對人生有更廣泛的理解，個性比較圓融。」卡索利歐還注意到其他差別。「歐特克當時非常精實，朱瑞克則已經有點過重，不過**非常**強壯。」卡索利歐認為歐特克比朱瑞克更有幽默感。「他能讓我們這些年輕人開玩笑。哈澤愛挖苦人，歐特克也接受這種幽默風格。朱瑞克就沒那麼喜歡哈澤的笑話了。」

討論和玩笑時間終於結束，他們同意開始攀登。從第一刻起，雪崩的風險就明顯很高，在大約海拔六千公尺的地方，他們看著多起雪崩從自己所在山脊的四面滑落。唯一沒有雪崩的是從稜線隆起的主要斜坡，也就是他們即將進入的地帶。「那裡覆滿數百萬噸不祥的亮晃晃白雪，靜靜在烈日下等候。」歐特克回憶說：「就像一把抵著腦袋的俄羅斯輪盤手槍，但兩者之間有個小小的差別：這輪盤裡裝著三枚，而不是一枚子彈。」

「停。」歐特克大喊。「我不會上去。太危險了。我要掉頭了。」

「歐特克，我們決定出發就等於接受風險了。」朱瑞克不高興地向下吼回去：「我們早就知道情況會是這樣。」

他們擠在一起討論眼前情況。兩百公尺高的雪地聳立在他們眼前，覆滿厚重積雪，如果他們能在不引發任何雪崩的情況下爬完這道坡面，會抵達應當比較安全的一段山脊。可是，朱瑞克和歐特克對風險程度有不同判斷。卡索利歐回想當時的討論：「我只有二十四歲，歐特克和朱瑞克大概年長我十五歲。這個組合就像大師和菜鳥，而我們也的確被當成菜鳥。他們做了所有決定。」朱瑞克對爭論感到沮喪，提議投票表決。

「我要下山。」歐特克直接宣布：「這太愚蠢了。如果你要繼續，我會幫你個忙：我自己下撤。不用擔心，山脊上有我們留下的路跡，很安全。」他說，語調平直而不容商量。下山一票。

哈澤插話：「我是這裡最年輕的。情況確實很危險。去他的如果我知道我會從山脊的哪一側墜落，我不介意向上爬，但既然我不知道哪一側會有雪崩，我覺得這他媽的太難決定了。」哈澤選擇繼續向上。

上山、下山各一票。

每個人都知道朱瑞克肯定選上山，所以現在是上山兩票，下山一票。三雙眼睛轉向卡索利歐。空氣瀰漫緊張氣氛。卡索利歐同意歐特克的看法，危險性的確相當高，可是他以嚴肅又審慎的口吻說：「因爲墨西哥的經濟正迅速衰退，我強烈認爲，這會是我最後一趟喜馬拉雅遠征。基於上述原因，我要上山，而且我會竭盡所能登頂。」[66]儘管眼前情況嚴峻，每個人都忍不住噗嗤大笑。

他們需要重新整編，於是先下降回到基地營。歐特克悶悶不樂，生朱瑞克的氣，因爲他覺得朱瑞克不講道理又魯莽，不光置自己於險境，還危害他的夥伴。而擾動歐特克情緒可不只是草率行事，他感覺到自己對朱瑞克的好感，正轉變成完全不一樣的東西：鄙視。「我開始想像朱瑞克那偉大的『英勇』攀登，而我腦袋裡飛轉的畫面全沾染了死亡：斯科魯帕沒抓到朱瑞克伸長的手，死了；他們連續三晚待在致命的八千公尺以上後，瘋狂朝K2峰頂推進，最後塔德克墜入死亡深淵；在朱瑞克從營地出發攻頂干城章嘉峰之際，喬克死於營地下方僅僅一百公尺處；還有他似乎對皮奧特・卡爾穆斯（Piotr Kalmus）在南迦帕爾巴特峰的死亡無動於衷。這些行爲令我厭惡。」歐特克說：「馬納斯盧峰山脊上的危險，觸發了這個心理過程。」他們之間的沉默宛如北極圈，巨大而冰冷。

「我們感覺得到兩位大師之間的緊繃。」卡索利歐說：「我們已經在那裡好一段時間。錢用完了，糧食也快吃光了。氣氛不太好。當時正下著雪。最後，過了一天還是兩天，歐特克像隻敏捷的貓，飛快離開了。沒有爭吵。他只是默默離開。」

又經過幾次嘗試後，朱瑞克、哈澤和卡索利歐回到了馬納斯盧峰的東脊。陡峭的刃脊覆上一層危險的風砌雪（wind slab），正是歐特克先前拒爬的那類地形。卡索利歐這個外人坐在背包上，聽著朱瑞克和哈澤用波蘭語討論眼前狀況，不知道他們都說了些什麼。「我聽不懂，也沒辦法提供意見。」他說：「他們討論了好久，不停用手臂比劃些什麼。」

卡索利歐突然起身發言：「我有個瘋狂的想法，這是我一生中最瘋狂的想法之一。」他的奇想實在太過瘋狂，幾乎是在自尋死路。他建議他們其中一人走到危險的雪坡，觸發積雪滑落，也就是刻意製造雪崩，但觸發雪崩的攀登者由山脊另一側的夥伴牢牢確保，理論上，他應該不會跟著滑落。「我認爲，我們可以這樣做，一段繩距接著一段繩距做。」朱瑞克和哈澤同意這或許行得通。

「卡索利歐，你先。」朱瑞克說。

卡索利歐躡手躡腳地爬上雪坡，表面的雪被風吹得硬實，底下是一公尺深的軟雪，而鬆散的軟雪底下則是堅若磐石的凍冰。卡索利歐默不作聲小碎步前進，嚇得渾身發抖。「哈澤幫我確保。朱瑞克一言不發，看起來嚴肅得嚇人。我們知道自己正在做一件瘋狂的事。」卡索利歐回憶，大笑起來。前進十公尺後，積雪突然迸裂，雪坡垮掉。「我和雪崩一起掉下去。」卡索利歐說：「那力道好強，但有人幫我確保，於是我從崩落的碎片中盪開。我懸掛在滑落面，沒有受傷。這是走投無路的手段，可是我們高興得像孩子一樣，因爲我們的詭計得逞了。」他緊張地乾笑了一聲，趕緊爬回山脊。

現在雪崩的危險降低了，起碼眼前一帶是如此，朱瑞克繼續沿山脊向上爬。但最終又遇到布滿無數嶼未被擾動過的積雪的路段。這回換哈澤出馬了。又一次試探性地踏上雪面，更不祥的寂靜，一條可怕的裂縫，又一次雪崩，哈澤像鐘擺般盪向空中，魂飛天外，然後瘋也似地趕緊爬回山脊。第三次嘗試引發了更大規模的雪崩，將整面山壁劈開。「我們終於意識到這樣眞的太危險了，於是撤退。」卡索利歐說：「我們對山懷有崇高敬意，而我們感覺自己做了件大不敬的事。」歐特克堅持下山時，就是反對做這種不敬的事。他沒辦法認同以這種俄羅斯輪盤的方式處理雪崩的危險。他知道當一個人太常玩這遊戲，子彈總有一天會射出。

歐特克失望透頂，他雖然覺得朱瑞克蒐集八千公尺巨峰的執迷沒多少意義或毫無意義，可是他本來很期待和他結伴登山。「說來奇怪，可是我依然祝福他能在我認爲不健康的競賽中獲勝。」歐特克說：「我單純認爲，只要我們是兩頭以繩索相連向上攀登的野獸，我可以不在乎他把攀登藝術變成浮華名利場。我以爲，雖然我們各有己志，但情感連結更加強烈。人無法指揮自己的心。」

但他錯了。他們在登山態度上的隔閡，已經擴大成不可接受的鴻溝。歐特克離開基地營時，感覺到這是他和朱瑞克的最終決裂。「我們都感覺得到。」卡索利歐說：「哈澤和我沒說什麼，可是我們知道事情的嚴重性。朱瑞克在生氣，但他處理生氣的方式就是面向山，然後說：『來爬山吧。』」卡索利歐知道，兩位大師的差別，正是他們過去搭檔無比成功的原因。「朱瑞克和受苦有強烈的連結。」他解釋道：「歐特克則很堅韌，但是不一樣，他有的是藝術家的那種堅韌——比較理性。朱瑞克較像動物，比較本能。歐特克有條理，重技巧。他很優雅，就連背包都打包得很優雅。」他大笑說。「歐特克每一步都優雅。朱瑞克就不是這樣了。」他補充說，然後遺憾道：「歐特克情願掉頭下山，朱瑞克就不是這樣了。」

歐特克在道拉吉里峰的夥伴維爾辛斯基把他這種願意掉頭的心態稱為「快速撤離」，並分析歐特克退出的能力。

遺憾的是，登山家隨著年紀增長，對各種風險往往越來越麻木無感，而且還產生一種自己不會死的主觀感受，常在自負心驅使下聲明「超高海拔路線只是小事一樁」、「永遠歡迎可怕經驗」。有點類似一個人越來越能喝酒，最後變成酒精成癮。這有助於突破具體的運動紀錄，但往往導致一個人跨越生死界線。歐特克倡導攀登首重靈性元素，事實上這關於守護一個人天生的感受性，其中有一部分正是唯恐失去世上最珍貴的禮物：生命。[67]

維爾辛斯基是同時代波蘭攀登者少數倖存的人，他深知，也感謝歐特克的撤退多次拯救了他以及他的多位夥伴。加拿大登山家貝里・布蘭夏爾（Barry Blanchard）也執行過不少次撤退，完全認同這個做法。「在我眼中，下撤是在實現和登山運動的創造者訂立的盟約。」[68]

包括歐特克在內的很多登山家都揣測朱瑞克拒絕掉頭下山的背後因素。當時來到喜馬拉雅山的西歐國家遠征隊普遍訓練有素，而且裝備一流，可是朱瑞克這樣堅持不懈的攀登者經常表現得比西歐對手更出色。這當然是有代價的。他們疏於照顧家庭，身體多處受傷、長凍瘡，而且罹難人數不斷增加。

有些人把似乎獨一無二的波蘭式堅毅歸因於深層的自卑感，但歐特克對此理論嗤之以鼻。他甚至不認爲波蘭攀登者的裝備比較差。他承認，儘管波蘭裝備在七〇年代和八〇年代初期或許品質不太好，他和其他波蘭登山者在八〇年代中期已經能取得好裝備。「事實上，我認爲我的輕量裝備跟任何人相比都更適合喜馬拉雅山區的阿爾卑斯式攀登。」他說：「有時候，我看不慣西歐攀登者，他們似乎不懂輕量化。」歐特克回想他的衆多夥伴中，唯有麥金泰爾和他一樣渴望無負重攀登。

關於波蘭人在山上的堅忍不拔，另一個理論發源自波蘭歷史：飽受戰火、占領、貧窮的摧殘。波蘭攀登者由於先天條件不佳，因此更努力在國際間證明自己。歐特克不太相信朱瑞克會這樣，他認爲波蘭攀登者也有極強烈的自豪感，而那源自幾世紀的壓迫，「活在（德國和俄羅斯的）鐵鎚和鐵砧之間」。他強調，包括朱瑞克在內的波蘭登山家，比別人更不屈不撓，更有勇氣，而且更強大。

朱瑞克拒絕撤退的另一個可能理論，是他的心態有點類似日本武士：一個人如果被其他人類或自然力量擊敗，世上必然有比他更強大力量，因而使他可悲地喪失尊嚴和榮譽。歐特克知道這種心態的盡頭便是武士道，這是一種源自封建社會的古老日本傳統，封臣對封建主必須忠貞不二，深受禪宗和儒學的影響。最淋漓盡致的武士道要求忠誠、自我犧牲、無視痛苦，乃至殉道。這個行爲準則類似波蘭的騎士榮譽傳統，歐特克覺得那符合朱瑞克的生存之道。他的榮譽守則不容許撤退。「那種態度，我百分百確定，正是朱瑞克最終不幸罹難的原因。」歐特克說：「朱瑞克幾乎沒失敗過，可是一旦失敗，整個人會受到激烈震撼。虔誠如他，一定會問他的上帝：『祢爲什麼要這樣對我？我這輩子從沒做過壞事。我遵循祢的道路。我的命不該這樣。爲什麼？爲什麼？』」

歐特克也認爲，朱瑞克還受到其他因素影響。「朱瑞克確實膽大包天，這有一部分可能是因為他有深刻的責任感，覺得自己必須維護波蘭英勇的傳統。」歐特克說。「不過，朱瑞克之所以盲目前進，還有另一個原因。他缺乏一定的敏感度和想像力。由於缺乏想像力，他能盲目地置身險境，因為他根本沒有察覺到危險。他沒有發現其他人正在他身邊走向死亡。無論是死亡或極度明顯的危險跡象，都無法喚醒他腦中的危險意識，也沒辦法讓他理解接下來可能發生什麼事。」歐特克既超然又同情地盡力闡述他對前搭檔的看法。最後，他的結論是「朱瑞克是混合體，既服膺英勇精神，也嚴重欠缺敏感度」。

他想起朱瑞克如何欠缺敏感度：提議留他一人在加舒爾布魯木I峰海拔七二〇〇公尺處，儘管他只剩一個冰爪，而且沒有繩索。他記起朱瑞克堅持前進加舒爾布魯木IV峰西壁，儘管西壁烏雲籠罩，而且每天都下雪。在馬納斯盧峰，他則是拒絕承認雪崩的危險，情況相當類似。「過去，我還能抑制他的瘋狂衝動，也可以原諒他的遲鈍。」歐特克說：「我們甚至連輕微擦傷都沒受過。現在情況不同了。自從我們不再一起攀登，他毫無節制的狂熱徹底失控。兩年之內，他失去了三個夥伴，可是這可怕的紀錄似乎沒影響到他。他幾乎像是沒意識到夥伴們過世。而我也不再那麼願意去原諒。」

可是歐特克沒有和朱瑞克說過這些。「今天，我認為這是個錯誤，我應該在離開馬納斯盧峰基地營之前告訴朱瑞克，我強烈認為這一連串悲劇都和他的行為有關。」歐特克後來說。但時機錯過了，對話從未發生。

歐特克再也沒有和朱瑞克一起登山。這對史無前例的喜馬拉雅攀登搭檔拆夥了，這固然令人惋惜，但大概不可避免。朱瑞克繼續蒐集他的八千公尺巨峰，主要是和他的高徒哈澤搭檔。歐特克則是在遠方繼續尋找同樣追求美麗、難度、風格和自由的夥伴。「我愛上某一類山，這樣的情有獨鍾對朱瑞克來說是怪異的，特別是其中一些山峰的海拔不到八千公尺。」他解釋說：「他也不像我一樣癡迷於技術難度，反而會迴避。他熱衷的是在海拔最高的死亡地帶活下來。」69

◆　◆　◆　◆　◆

歐特克的新夥伴中有兩個是瑞士登山家，尙．托萊（Jean Troillet）和羅瑞坦。他們走在閃電快攀喜馬拉雅高峰的最前線，通常都採最直接的路線。這三人一起為一九八七年規劃了一個野心勃勃的目標：K2峰駭人的西壁。當羅瑞坦因背傷退出，托萊和歐特克決定以雙人搭檔的方式去挑戰。他們投入了五十六天，但壞天氣將他們困在基地營五十三天。柴爾德那個夏季也在K2峰，同樣被連續幾個禮拜的淒厲寒風擊敗。他笑著形容托萊和歐特克是基地營「古怪的一對」。托萊虎背熊腰，歐特克永遠瘦得像根蘆葦桿。

某天晚上，柴爾德晃到歐特克亮著燭光的帳篷。歐特克沒有對壞天氣感到不耐，反而沉浸在一本法文書裡，試著自學法文。他似乎正細細品嘗獨處和無所事事的滋味。天氣好、山況好、攀登順利，這些固然美好，但如此一來，就沒時間享受優美山區萬籟俱寂的夜裡在基地營帳篷獨處的平靜與滿足。此時，歐特克已在基地營度過好幾個禮拜，他聆聽雨滴從帳篷頂傾瀉而下，雪劃過帳篷柱時嘶嘶作響，還有風不斷鞭笞帆布，學會了欣賞周遭各種細微精緻的美。

壞天氣的另一個好處是，有機會發展友誼和夥伴關係。對托萊而言，這通常意味著歡笑。托萊有張引人發笑的臉，就好像一張開嘴就能講出笑話，或是爲笑話發笑。他有大大的笑容，能把臉一分爲二。

歐特克講起他們在基地營度過的那五十六個夜晚的其中一夜。那是個平靜的晚上，他們倆正享用一壺茶，漫無目的地閒扯淡。期間，托萊一度爬出帳篷，走了段距離，滿足地嘆了口氣，小解起來。雪花慵懶地從總是烏雲密布的天空飄落，搔弄著托萊的眼皮和嘴唇。他繼續小解。遠處雪崩聲隆隆，但對他們不構成威脅。他還沒尿完。歐特克開始關切了。「托萊邊尿邊嘆息，越來越大聲，最後甚至散發一種近乎狂喜的愉悅。」歐特克納悶這是怎麼回事，推測了幾個可能的情況，然後總結：「好吧，我們在山上的日子實在不好過，何不享受小小愉悅？」

托萊還在尿。「搞什麼鬼，這不對勁。」歐特克記得當時這樣想。「他已經尿了兩三分鐘。沒有人能尿這麼久！這在生理上是不可能的事！」托萊的嘆息越來越大聲，蓋過了遠處掀起濃霧的雪崩聲。歐特克緊盯著托萊的背影，突然間，托萊轉頭，露出調皮笑容，不住地咯咯笑，手裡握著一個橡皮水袋。這水袋本來藏在羽絨外套底下。懸案偵破。「懂得苦中作樂是罕見的天賦。」歐特克說：「我從托萊身上學會了這一點，如今我受益良多。謝謝你，托萊。」

嘗試攀登K2峰西壁未果後，歐特克痛苦地意識到，他堅持輕量化和走困難新路線的登山風格，意味著每次攀登都很可能會失敗。他也學到，忐忑地在安全的挫敗和危險的勝利之間做選擇，是一場硬仗，不過是一場值得拚搏的仗。解決之道是堅持他的「道路」——不受規則或常規束縛的道路，路上只有自己的心會給他忠告。

無論成敗，歐特克每次登山歷險歸來後都對日常生活產生新的看法。「山就像一種巨大掃帚，把我在神經質的日常生活累積的所有心理垃圾、所有雞毛蒜皮的煩惱、所有負擔，一掃而空。我像個乾淨無垢的人，從山中歸來。」他更懂得領會生活的美，還有周遭世界的美。他變得更能接受生活的現實：衰弱、老去、生病。斯洛維尼亞攀登者托馬茨．胡馬爾（Tomaž Humar）說過：「我為我的靈魂攀登。每場攀登本身都自成故事。每次下山，我都有所改變。意識有所成長，這是最重要的事。倘若你能享受每一趟旅程，其他一切都是多餘的。」[70]這些話觸動了歐特克。

歐特克也知道這種開悟的感受是轉瞬即逝的。最終，他需要再一次冒險，洗滌自己，修復剝落的靈性。他努力在其他活動中尋找這樣的淨化：園藝、愛、自然。但最終，至少有段時間，淨化他的活動是登山，以及他在崇山峻嶺間感受到的力量與能量，這對他是一種近乎神祕主義或靈性的體驗。透過登山，他發現關於自己最深刻的眞理。他是誰，他是什麼樣子。他生命中最重要的是什麼。

他有很多觀念源自東方哲學和宗教傳統。他覺得自己和日本文化特別親近，經常提起日本的「中道」和「武士道」。兩者都要求極端的紀律與專注，以及完善的身體和精神。兩者都有助於面對高山上的死亡。兩者都表達了同樣模糊的意志：善淩駕於惡、正面的道德。而且兩者都強調活動身體的重要性。「滋養精神最棒的方式就是滋養身體。」歐特克斷言：「鍛鍊身體是靈性和大腦的最佳補品。」

歐特克在他的文章〈山岳之道〉（*The Path of the Mountain*）中，解釋「道」代表一種生活方式，不僅是由道德準則所決定，也受飲食、冥想和呼吸等一整套實際行爲的影響。藉由遵守這些方針，人能夠循著這個道，通往更高層次的開悟。登山是引領歐特克身心成長的道，打開了他的自我實現之門。

十二　川口塔峰

我喜歡畫美麗的線條，盡可能畫得簡單無聲……

——谷口桂，〈與山同在〉（*Being with the Mountain*）

在所有喜馬拉雅山區攀登中，川口塔峰是歐特克最純粹出於美學理由挑選的目標。川口塔峰的海拔和知名度都不是特別高，但眞是，噢，太美麗了。那晶亮的金色岩柱、那一條條平行的誘人岩縫、岩壁上的神祕陰影，藏著不為人知的什麼？一抹抹飛濺的清爽新白，暗示潛在的露宿點。川口塔峰的美不容置疑。

這座優雅塔峰是巴托羅冰河北側的花崗岩山群之一，位於巴基斯坦喀喇崑崙地區。川口塔峰（有時稱作無名塔峰〔Nameless Tower〕）雖然並非山群的最高峰，但從地面拔起六二三九公尺，一九七六年由一支英國隊伍首登。是年，歐特克在前往K2峰的途中，第一次看到這座山。他記得遇到英國登山家馬丁．波以森（Martin Boysen）和傳奇攀岩家喬・布朗（Joe Brown），他們剛完成川口塔首登，正走上歸途。但直到一九八三年他和朱瑞克從加舒爾布魯木Ⅰ峰和Ⅱ峰離開，在登戈冰河（Dunge Glacier）紮營時，川口塔峰才徹底令他傾倒：「呼，多麼難忘的畫面。當第一道晨曦射上塔峰，就像一朵空中的火焰。你只能朝它走去，乞求有朝一日能親近它。」歐特克無可救藥地受這座宛如日本武士刀刺向天際的巨型獨立石柱吸引，他知道自己一定會回來。

只要朝岩塔隨意多瞥一眼，就知道攀登它實爲嚴峻的挑戰：四面陡峻，由冰層鎮守著，還有虎視眈眈的落石和喀喇崑崙風暴，而且岩塔細長如針。波以森在《山岳》雜誌寫道：「這座超巨大又怪異的岩塔就像一份昭告天下的戰帖，每支朝巴托羅冰河前進的遠征隊，肯定都禁不住想從雪地跋涉中脫身，前去小試身手。」[71]

九年後，歐特克和蕭爾結束加舒爾布魯木Ⅳ峰攀登，在K2峰基地營想來場迅速攀登時，遇到了一支日本隊伍，其中包括國際知名的登山家山田昇和吉田憲司。歐特克和蕭爾頻繁拜訪日本餐廳帳，享用異國料理，暢飲清酒。歐特克對他們的正式禮節感到驚訝。「每個攀登者進到帳篷，幾乎都向領隊鞠躬。」他解釋：「即便在這裡，這個終極的自由和眞理的空間裡，他們還是維持那一套主宰日本人際關係的強大結構。」

某晚，他和蕭爾在自己的營地主辦一場波蘭風格的派對，以回報日本隊的盛情款待。「那是盛大的酒宴。」歐特克大笑：「他們太愛酒精與波蘭火腿。還有馬鈴薯泥和豬腳，用洋蔥、鹽巴和少許糖調味。非常棒。」當歐特克提議一九八六年組個波日聯隊攀登川口塔峰時，山田和吉田都說好。

可是，無論怎麼努力說服，歐特克在波蘭找不到半個有興趣參加這項大膽計畫的攀登者，於是他請日本人再多帶上一個隊員。他們建議找齋藤一弘*。所有人都是聲譽極佳的資深喜馬拉雅攀登者。計畫看來大有可爲。

剛到山下，歐特克應該就猜到事情有點不對勁。他的日本隊友表示設置基地營的最佳位置是在一座大冰磧底部的平坦砂地。歐特克出言反對。「我跟他們說：『朋友們，這地方很危險，因爲石頭可能會從深溝滾落砸死我們。』」他們彬彬有禮地聽著歐特克說出他的擔憂，然後同樣禮貌地否絕。歐特克滿頭霧水。他們沒有交換任何意見，沒有任何商討。但很明顯，他們即將在一條宛如保齡球道的致命位置搭設營地。滿地都是不久前掉下來的岩石碎屑。如果發生雪崩，他們就在第一排火線上。

歐特克懂得日本人「顧面子」的傳統，因此不再爭辯。他們把營地搭設起來。當落日沉到地平線下，黑夜籠罩營地，天空色調轉成褪色的瘀青，柔和的玫瑰紅光點亮塔尖。他完全忘記了營地位置的危險，沉浸在川口塔峰的美好裡。但夜色更深的時

＊齋藤一弘（Kasuhiro Saito）：漢字名不明，此為暫譯。——編注

候，鑽進帳篷的他不禁納悶，三位經驗老到的登山家怎麼會做出這麼可疑的決定。也許他們比較習慣大型遠征隊的方式：一切決定，領隊說了算。但現在他們處在不一樣的、更民主的環境裡，夥伴關係取代了領隊權威。他不安穩地邊想邊入睡。

隔天夜裡下起滂沱大雨，滿地泥濘的融雪。天亮時，水流淹沒平坦的營地。睡墊泡水，睡袋不保暖，衣服（其實是所有東西）都濕答答的。他們安靜地遷營到冰磧頂端，依然沒有任何討論。歐特克沒說什麼，只是把衣服和裝備平攤在岩石上，然後把睡袋掛在繩圈上晾乾。

六月八日，他們背著總共一百公斤的糧食與裝備，爬到海拔五二〇〇公尺處的塔峰底部。接下來兩天，歐特克領攀五段繩距，難度VI，A2級。他和山田爬到岩壁上可設置第一露宿點的岩階。六月二十日，他們把所有糧食與裝備都運到露宿地，準備攀登下一段塔峰。頭兩天由日本人領攀，然後換歐特克。就在他剛完成一段繩距，正掃視上方地形尋找可能路線時，卻聽到下方的人說：

「歐特克，下來。你現在就得下來。」

「爲什麼？這裡沒問題。一切都很好。岩石沒問題。我知道從哪裡繼續爬。」

「不。這對我們來說太困難了。我們還沒準備好處理這種狀況。我們得下撤。」

歐特克震驚不已。他們肯定是在開玩笑吧。或許有人生病了。他們才剛要開始，而且路線看起來好極了。帶有岩隙的岩石非常漂亮。他滿腦子問號，從原路線下滑回到露宿地，當面向隊友問個清楚。當他走向他們時，氣氛明顯緊繃。

「我不懂。有什麼問題嗎？是我爬得太慢？你們要知道，這不好爬，所以會比較慢。可是這和我當初想像的一模一樣，很完美。這是完美的岩柱。」

「不，你不瞭解。」山田說：「我們不認為我們能夠進行這次攀登。這對我們來說太難了。」歐特克不可置信地搖了搖頭。日本首屈一指的高海拔登山家山田昇竟然說出這樣的話。他已經有無氧攀登K2峰和聖母峰的經驗。歐特克有所不知，山田雖是出色的高海拔登山家，對於岩壁並不在行。而川口塔峰主要都是岩攀。

歐特克急了，嘗試另一個方法。「好吧，我瞭解你們不是每個人都想爬。但憲司，你是攀岩健將，不然我們兩個繼續爬吧？我確信我們辦得到。」

「不，歐特克。」憲司答覆。他耐心地為歐特克解釋隊伍的概念，以及隊員彼此的忠誠。「我們是個隊伍。你知道我們的心態。我們是一支四人隊伍，而我不能脫隊。規矩就是規矩。我很抱歉。」

歐特克明白自己無計可施了。午夜時分，他們回到基地營，然後氣氛莫名舒緩了，不再緊繃。他們開彼此玩笑，飽餐一頓。沒有任何怒氣。彷彿什麼也沒發生，他們不過休息了幾天。

歐特克後來爲《美國登山雜誌》寫了篇正式的攀登記，以出人意料的一段話破題：「我到今天都不知道在川口塔峰發生了什麼事。天氣絕佳，我們的食物多到吃不完，川口塔使人著迷。」歐特克承認他很想要拉近和這些日本攀登者的距離，拆除他們的正式體制，把他們變成眞正的、率性的朋友。相處一陣子後，他知道這份期待太不知天高地厚了。「我回到平地後，有兩份愛變得比之前更深了……」他寫道：「川口塔峰，以及日本人。挫敗是美好的。」[72]他覺得自己在川口塔峰的挫敗，有很大一部分來自他和日本攀登者配合得不夠好，以及沒有眞正瞭解他們。「相信我，我對日本人的愛至今依舊。」他說：「如果有人問我，我在山嶺最大的敗筆是什麼，我會說是沒能和那些日本兄弟建立起長久的友誼。」

不過，歐特克依然想攀登川口塔峰。他在波蘭遍尋不著隊友的部分原因在於，到了一九八〇年代後半，能挑選的波蘭登山家遠比過去還要少。他後來在〈波蘭症候群〉（The Polish Syndrome）一文反思這令人感傷的情況：

經過悲劇連連的幾年之後，波蘭的喜馬拉雅攀登逐漸衰退了。令人震驚的是，絕大多數畢生致力於登山的傑出攀登者都已罹難。他們當中許多人在追尋無法抵抗的聲音多年之後，都在約五十歲時過世，像是海因里希、克羅巴克、皮奧特洛斯基、盧凱維茲、弗洛茲。要是能確定那是真理之聲，而不是幻想就好了！我滿腦子都是恍惚的、可怕的群峰之夢，而我感覺自己被困住了。我幾乎可以用身體感覺到，波蘭偉大的山岳靈魂正在消退。我相信，對新時代的沉重意識，以及要滿足新時代要求的必要性，正在取代它。[73]

兩年後，歐特克重回川口塔峰，這回他和一個瑞士人搭檔。

羅瑞坦出生於一九五九年，受過家具木工的訓練，是專職的登山嚮導。歐特克和他合作時，他已經是喜馬拉雅山的傳奇：完攀九座八千公尺巨峰，包括和托萊的四十三小時閃電（來回）快攀聖母峰。羅瑞坦矮小精瘦，披著一頭引人注目的濃密頭髮，一雙粗眉比頭髮更搶眼，鼻子極其之大，笑容能令人卸下心防。頑皮笑容透露了他時而刻薄的淘氣幽默感，而歐特克慢慢喜歡上那種幽默感。

一九八八年六月一日，他們倆在拉瓦爾品第（Rawalpindi）碰頭，此時歐特克和海莉納．席卡捷（Halina Siekaj）新婚還不滿一個月。他和海莉納多年前在克拉科夫山岳俱樂部認識，但再度聚首，純粹是拜一九八七年從華沙搭火車到克拉科夫的巧遇所賜。那時候的火車車速較慢，兩人因此有好幾個小時認識彼此。「我記得那次的經驗很正面。」歐特克說：「我知道了很多關於海莉納的事：她在倫敦的工作，她對馬的熱愛，她對動物的微妙感情，她的誠實與正直。」他們後來又見面，頻繁地見面。兩人都處於渴望成家的人生階段，於是一年後，他們決定共度一生。海莉納明白也瞭解歐特克是個攀登者，對山的熱情將使他頻繁離家，他回到川口塔峰時，她毫不意外。

歐特克和羅瑞坦下榻在不起眼的蓋特梅爾斯汽車旅館（Gatmells Motel）。歐特克遠征時的座右銘是便宜睡大方吃。他提議他們到歐貝羅伊飯店（Oberoi Hotel）享用豐盛的自助餐。飯店腳程太遠，於是他們叫了計程車。抵達歐貝羅伊飯店時，歐特克拿出雙方同意的五十盧比車資給司機。司機收下錢，說：「舒克里雅（Shukriya，謝謝你的意思）。」當晚歐特克和羅瑞坦回到旅館後，決定隔天要和計程車司機玩個遊戲。一個邪惡、黑暗、淘氣的遊戲。「巴基斯坦人很在乎尊嚴。」歐特克解釋道：「如果他們開了價，對方沒有馬上同意，他們會說：『別擔心，我的朋友。我們出發吧。』我們決定捉弄一下這個高貴的傳統。」

隔天晚上，他們回到歐貝羅伊飯店吃晚飯。歐特克把車資遞給司機，四十五盧比。司機只說了聲「舒克里雅」，此外雙方都沒說話。彷彿車資一夕之間神奇地改變了。歐特克描述接下來的幾晚：「這遊戲持續了三到四天，我們越玩越上癮。我每天晚上少付五盧比。」當車資減少到三十五盧比時，出現了一次輕度危機。司機接過錢後，有十到十五秒鐘，直盯著歐特克看。這回歐特克先說了「舒克里雅」，然後就下車離開。在這個幼稚又冷酷的遊戲中，羅瑞坦一直保持沉默，但當他們一走到司機的聽力範圍之外，根據歐特克的說法，他突然「下流地咯咯笑」。

遊戲在三十盧比劃下句點。司機終於露出無比莊重的樣子，抗議道：「我的朋友，這不公平。這價錢不對。」歐特克立刻賠不是，遞出了遠遠比原價五十盧比還要多的車資。多年後講起這個故事，歐特克難爲情地笑著承認：「我們實在是混蛋，徹底的大混蛋。」

兩位登山家在拉瓦爾品第還有更重要的把戲要玩，一場可能威脅兩人整趟攀登的把戲。歐特克並不知道，在前一年冬季的某個時候，巴基斯坦官員頒布了一項新規定，禁止成員不足四人的遠征。

歐特克和羅瑞坦進到穆里雅姆先生的辦公室領取川口塔峰登山許可時，一支法國遠征隊正被拒發許可。爲什麼？因爲他們只有兩個人。歐特克皺眉看向羅瑞坦，羅瑞坦眼神狐疑地看回去。歐特克描述這個震驚時刻。「我們不吭聲地坐著，看兩個垂頭喪氣的法國人被打發回家。」

穆里雅姆先生對法國攀登者解釋爲何理解並尊重規定很重要。「我們不能讓外國人死在山上，因此我們訂定了這個規定。」他露出耐心的微笑，並伸出雙臂轉向歐克特說：「這位克提卡先生在我們國家率領遠征隊有好幾年了，可以說對規定瞭若指掌。」

歐特克勉強微笑點頭。

「克提卡先生，請向這兩名年輕的法國攀登者解釋情況。」

「是的，是的，我完全瞭解也支持這些規定。」歐特克應聲道，以同情的眼神看著法國人。他和羅瑞坦的處境其實一樣：想要領取川口塔峰登山許可的兩位攀登者。

他們找了個藉口溜到戶外四十六度的酷熱中。

「該死的。」羅瑞坦用法語咒罵。

「該死的。」歐特克以德語嘟噥。

他們現在得在四天內，再多找兩個攀登者一起去川口塔峰。歐特克建議去找他在罕薩（Hunza）的朋友，把他們加到登山許可申請中。羅瑞坦有更好的點子。「歐特克，我知道有一支瑞士遠征隊正要前往南迦帕爾巴特峰。他們隊上有一些同行的健行客。那就是我們需要的，健行客！我們可以向他們借健行客。他們和我們的方向大致相同，沒有人會知道他們不是和我們一道去爬山的。」

歐特克同意這方法值得一試，於是羅瑞坦設法追蹤到南迦帕爾巴特峰隊伍，並向他們解釋狀況。這個隊伍的確有一些健行客隨行。兩名可愛的瑞士女孩，金髮碧眼。他喜出望外地在一小時內說服了她們，假裝加入川口塔峰的隊伍。她們似乎頗願意幫忙，可是有個小問題，她們的遠征隊三天後就要出發，但歐特克與羅瑞坦四天後才會跟穆里雅姆先生再度會面。屆時她們就在前往南迦帕爾巴特峰的路上了，來不及幫歐特克和羅瑞坦取得登山許可。怎麼辦？

歐特克立刻行動。他把兩位瑞士女孩和羅瑞坦集合起來，匆忙帶著他們前往穆里雅姆先生的辦公室，這比預定會面時間早了兩天。「您好，穆里雅姆先生，這就是我們全隊的隊員，還有我們全部的文書資料。我應該早點送來的，真抱歉。」

「啊，見到你真好。」滿臉笑容的穆里雅姆先生說：「歡迎歡迎，很高興認識妳們。」他對兩個瑞士女孩說，她們一副健康快樂的樣子。「把資料放著吧，麻煩三天後回來一趟，屆時就能領取登山許可了。」

「非常感謝您。」歐特克邊說邊擺出虛假的笑容。

隔天，四個人又出現在辦公室。「你好，又是你們啊。今天好嗎？」穆里雅姆先生問道，朝兩位瑞士小姐堆起滿臉笑容。

「喔，長官大人，不太好。」歐特克臉色黯下來說：「我們被酷熱折磨得好難受。女孩們……她們真的受不了。」女孩們擦拭眉間的汗水，撥弄髮辮，彷彿就要哭出來似的。「穆里雅姆先生，女孩們能去斯卡都嗎？拜託。她們真的不習慣這酷熱。再待久一點，她們會熱出病來的。我們可以在兩天後到斯卡都和她們會合。如果您能准許，就太好了。」

歐特克深信巴基斯坦紳士絕不忍心拒絕兩名快要熱暈的瑞士金髮美女。他猜對了。穆里雅姆先生同意這項提議，於是她們就出發了，前往南迦帕爾巴特峰。

兩天後，歐特克和羅瑞坦又見了一次穆里雅姆先生。「女孩們好嗎？」他問道。

「好多了。非常謝謝您的關心。」歐特克回答，一邊感激地點頭，一邊領取登山許可。

他們再也沒見過那兩名女孩。

一九八八年六月二十日，他們徒步六天後，抵達登戈冰河。他們這次挑選了安全的位置搭建基地營，就在海拔四千公尺出頭的一處冰磧地形上。奇異的岩塔圍繞著他們，形成狂野的花崗岩塔林伸往天際。其中最美的就屬川口塔峰，他們的塔峰。這是羅瑞坦第一次看到川口塔峰，他的雙眸閃爍著殷切期盼。聯絡官薩吉的眼睛也閃爍著，不過是出於恐懼。薩吉是來自旁遮普平原地區的大個子，他痛恨這瘋狂的登山任務，以哀求的語氣說道：「那些懸崖有什麼用呢？……難道我們不能把全部的冰河都處理掉嗎？也許可以把它們融化掉？」[74]

讓薩吉感到懼怕的不可思議地景，卻讓歐特克覺得他與天地合爲一體。他對川口塔峰進山路線的描述，透露他接收到川口塔峰的壯麗所散發的力量。

看似平坦乏味的冰河表面有無數小冰溝，粼粼細流從中流過。冰溝不時從深處發出低沉的悶吭嗚咽。在死寂中，水潺潺流動，和拂掠清澈蜿蜒流水的晶亮光線交融。微弱閃光瀰漫四周空曠，就好像植被填滿富饒花園，讓這片明亮岩壁屏障環繞的廣袤純淨空間變得生氣勃勃。川口這座金色大型塔峰守候在我們上方兩千公尺處。不知再高多少的上空，一片迷路的雲朵被困在塔峰上方岩壁間，鍥而不捨地試圖擺脫那陡峭巨岩的魔掌……我體內某處開始顫動，某種寂靜的絕望感隨之而來。我感覺和某種非凡的東西如此靠近，可是我甚至無法朝它伸手打招呼。

他亟欲觸摸熾熱情感的源頭，這股渴望和十一年前在班達卡基地營的感受遙相呼應，當時的他談起那座山時說道：「我是如此靠近山，但山終究沒有回應我。」

他們和所有攀登者一樣，試著靠整理裝備排解緊張。一百二十公斤的糧食與裝備整齊地在巨大的花崗岩巨礫上排成幾行，瞪著他們看。可是塔峰底部和營地還有一千二百公尺的高度差，而且沒有人能幫他們倆把全部裝備搬運上去。歐特克瘦得像把刀，羅瑞坦又比歐特克更瘦，頂多六十公斤。在思考必須攜帶的裝備時，歐特克意識到，他們得各自背負三十公斤以上。羅瑞坦的背部摔斷過，而且是兩次。儘管如此，六月二十四日午夜剛過的凌晨，他們便背起「野獸」——他們的背包，開始向上走。

羅瑞坦舉步維艱地靜靜前行，保持穩定步調。為了讓自己忘記不舒服，他回顧起最近幾年的人生片段：攀登卓奧友峰時，夥伴皮耶─艾倫．史丹納（Pierre-Alain Steiner）在他的眼前離世；嘗試阿爾卑斯山十三座北峰連走時，背部第一次骨折，然後又因滑翔傘而二度受傷。對羅瑞坦而言那是一段黑暗的時期。但如今他人在喀喇崑崙山脈，準備攀登一座絕美的花崗岩尖塔。歐特克拖著沉重步伐，因為疼痛、疲累和口渴而渾身不舒服。「我發現這幾種感覺的滋味都很相像，多麼奇妙。」他若有所思地說。事實上，率先抵達山壁底部的是瘦小且背部受過傷的羅瑞坦，他在阿爾卑斯山的自我訓練及無數次嚮導任務，使他熬過了疼痛和苦役。

大約早上九點抵達第一座拱壁*的山腳後，他們休息到中午。羅瑞坦這樣形容他們夢寐以求的目標：「想像一座花崗岩大教堂，鐘樓群竄升至六二五七公尺（最近的測量顯示海拔為六二三九公尺），還有約一千二百公尺高的管風琴。為了進一步欣賞它的規模，有兩個人在大教堂的中殿裡漫步。」[76]他們一觸碰岩石就無法抗拒誘惑，非得在當天就開始攀登。誰先？他們擲硬幣決定，歐特克贏了。他領攀第一段繩距，羅瑞坦領攀第二段。他們將繩索固定在山壁上，然後垂降到下方設置露宿點。為了慶祝他們與岩石的第一次接觸，歐特克開了罐從波蘭帶來的魚子醬。這些迷你魚卵在他們嘴裡爆開，而他們「像豬一樣囫圇吞下魚卵」，歐特克回憶說。

隔天，六月二十五日，他們攀爬了一連串難以對付的傾斜岩縫，這些裂縫要不是滲著水，就是藏著光滑的冰帶。歐特克還記得上一次攀這段裂縫的經驗：濕滑，有淤泥，而且很難放保護點。現在他得全部從頭來過。關於這段攀登，他寫道：「在我們的左手邊，水從陰暗的黑黃色煙囪岩隙傾瀉而下。」[77]薄薄的水簾滲入岩石，讓岩石閃爍著微光。濕漉漉的歐特克爬到一處寬闊的岩階，在那裡發現上一次他和日本人撤離時留下的錨栓。他和羅瑞坦打算在這個岩階設置他們攀登岩壁的主露宿點。他們可以由此一段繩距接一段繩距地推升，然後在每天入夜後垂降回岩階，也就是膠囊式攀登。但初次抵達岩階時，他們只是放下身上的裝備，然後沿原路線下滑回基地營。

六月二十六日，他們用上升器沿著滑溜的繩索往上，將重物拖上他們的小窩，然後在積雪岩階的上方固定了一段繩距。他們現在終於在那座直衝雲霄的垂直岩塔主體上了。七月二日，烏雲散去，他們也準備展開正式攀登。這一回，他們背著二十五公斤的裝備離開基地營。這兩名瘦小的男子來回兩趟，把總重一百一十三公斤的裝備送到高處的露宿點，不過根據羅瑞坦的說法，他們「精力充沛且迫不及待要做最後衝刺，這最後衝刺大概會持續十到十五天——一種馬拉松選手才辦得到的衝刺。」[78]

---

* 拱壁（buttress）：聳立在主峰前的岩石或山。——編注

他們又在午夜動身。第一天稍晚，他們已在積雪覆蓋的岩階清出寬敞的平臺，攀登川口塔峰的所有裝備和糧食全數到齊。是夜，他們抬頭凝視眼前宛如通天城牆的東壁，心境在緊張與興奮之間來回擺盪。

這是非常耗體力的攀爬，裂隙攀登通常都如此。窄到只能容手指插入的裂縫考驗他們的技術，拳頭大小的裂縫用掉他們很多保護點，斜向裂縫使他們失去平衡，由窄漸寬的裂縫消耗他們的體力。凸出的天花板*擋住了陽光。偶爾，碎冰從他們腦袋旁劃過，像是被太陽溫度釋放的致命匕首，從高不可攀的遙遠塔尖墜落。金色調岩石呈現奇特、優雅的幾何形狀，帶有不變的粗糙質地，密布著閃閃發光的結晶。

「我們並沒有挑戰自由攀登的極限。」歐特克說：「只要變得太過困難，我們就使用輔助設備。」他們的大部分輔助攀登都是借助活動岩楔和固定岩楔，偶爾搭配岩釘。每隔一天，就由另一人負責領攀全天，然後在隔天當確保者，穿著保暖的羽絨衣好好放鬆。每段繩距代表一次未知的冒險，每個動作宛如在拼湊巨大拼圖的其中一片。歐特克詳述道，他一爬到大岩壁上，恐懼就消失了。「巨大結晶岩塔的抽象結構有稜有角，表面熠熠生輝，如此動人而神祕，以至於每個爬升動作與其說是和未知危險的交鋒，不如說是和迷人美景的相遇。即使我已筋疲力盡，但每個動作都做得很值得。」

歐特克瞄到陰暗處潛伏著某個毛茸茸的灰色東西，擠在裂縫的深處，似乎是個活物。他下意識猛然後縮。仔細看了看，他發現那原來是一朵高山花卉。「那朵花似乎在看著我。」他笑著說：「那是非常令人振奮又溫暖的一次相遇。」歐特克也受他的夥伴鼓舞，他喜歡羅瑞坦有時不合常理的幽默感，更珍視羅瑞坦的關心。「他似乎很關心我。」歐特克解釋：「他會保護我，這對我是新鮮事。如果我進度落後，他會等我。如果我在某個動作遇到麻煩，他會鼓勵我。那感覺很好。」

歐特克某次領攀時，在塔峰高處一帶充滿內角的地方墜落，而且前後墜了兩次。羅瑞坦從確保者的角度描述這情況：「確保者可以從手中繩索的動靜，清楚知道領攀者的所有情況：猶豫、突然加速、輕鬆或不安。有時，繩索突然鬆掉，確保者就知道領攀者騰空了，下一瞬間，他得拉住墜落的繩伴。」[79]歐特克第一次騰空是緊接在攀越一處天花板後。他站上外傾岩壁，緩慢爬著平滑的花崗岩斜板，在小邊角放岩鉤（sky hook）作爲輔助，然後把他的繩梯（etrier）掛在岩鉤上，爬向下一處小邊角。其中有個邊角結構脆弱，斷裂了，導致他有如落葉般從山壁脫落。墜落時，他的手刮過粗礪的結晶岩體。在流血稍止、心跳稍緩後，他繼續攀登，一邊擔心他受傷的手。

在攀登下一段繩距時，他在岩縫放置了一個凸輪岩楔，然後將繩梯掛上去。啪一

---

* 天花板（roof）：指幾乎呈水平的外傾岩壁，相當難攀越。——編注

聲，岩楔一瞬間彈出，他被往下拋了三公尺。一天墜落兩次，他的慌亂失措情有可原。他們在偏遠的深山，這面山壁又這麼陷阱重重，一個小小失誤就能釀成悲劇。「我們可不是在艾格峰或馬特洪峰，也不是在飯店陽臺之間玩耍。」羅瑞坦解釋道。[80]

那天晚上歐特克疼痛不堪，手肘瘀青、拇指扭傷、指節破皮。但最嚴重的是，他很消沉。「我的自負受到了懲罰。」多年後他反思道：「我覺得我好像才剛失去攀登的童貞。我過去攀登艱困大山從不曾墜落。結果在這裡，竟然一天墜落了兩次。」這面令人膽寒的山壁和谷地有兩千公尺的高低差，感覺自己在上面毫無防禦能力的歐特克凝神遠眺落日時刻逐漸黯淡的陰鬱光線，最後說道：「這簡直是瘋了。」

羅瑞坦感覺到他的絕望，並接手當天的工作。他說：「你放輕鬆。今天晚餐我來煮。你坐著就好。」晚餐煮得很簡單。結束一天十六小時、腎上腺素狂飆的每日攀登標準行程後，他們的食欲也不怎麼好。羅瑞坦在開火煮簡單的起司鍋之前先拿出他的隨身聽，把耳機放到歐特克耳朵裡，調整音量，按下音樂播放鍵。歐特克的眼淚差點在險峻海峽樂團（Dire Straits）的歌詞中潰堤。

這些迷霧繚繞的群山
現在算是我的家了……
你並沒有拋棄我
我的戰友

「羅瑞坦，謝謝你。」他低語道。

翌日換羅瑞坦領攀。每次找到藏在外傾岩壁底下的完美抓握點，他就興高采烈高聲大罵法語，把歐特克都逗樂了。隔天，指頭腫脹且包紮起來的歐特克領攀，最後抵達塔峰上形似金字塔的一段。「除了一大片平整的陡壁，我看不到任何地形特徵。」他詳述：「就像在優勝美地。一面空白的盾牌。我滿心憂慮，垂降回去找羅瑞坦，因為這是川口塔峰最大的未知謎團。如果這面盾牌沒有任何能夠攀爬的地形，我們可能就沒辦法攀登了。」他們已經用完全部的固定繩索，所以現在得收回繩索，把露宿點移往山壁的更高處，以便繼續攀登。

歐特克在垂降時，發現他的鉤環卡住了，脫不掉安全吊帶。抵達下方露宿點時，他用盡方法又敲又轉，還是打不開。沮喪的他鑽進睡袋，祈禱自己今晚不會想上廁所。就在這時，一陣暴風雪掃進谷地，把川口塔峰抹得雪白，埋沒他們設在岩階上的小窩。天還沒亮，濕氣就蔓延到他們迷你露宿袋的每個角落。這下怎麼辦？

羅瑞坦百分百支持下撤，但歐特克舉棋不定。羅瑞坦走向繩索，開始準備垂降，確信歐特克很快會看出下山才是明智之舉。當他回到露宿地時，只見歐特克安臥在睡袋裡。覺得不敢相信但被歐特克逗樂的羅瑞坦描述了後續發展：「他向我點了杯酒。可能是我四天沒刮的鬍子，加上岩石為我做了美甲，我獲選為侍酒師。總之歐特克說他想來上一杯，而且可以的話，最好是熱的。我向他解釋，早餐自助吧還沒開張，今天本店只供應冰的 Isostar 運動飲料，然後要是他能下定決心就太好了：往上，還是往下？」[81]

歐特克最終同意下撤。當他們沿著路線下滑時，他擔心自己再也不會超越這趟爬到的高點了。他還擔心他的腸道——他還沒脫離安全吊帶的囚禁。他的想像力在恐懼的刺激下狂飆，腦袋裡都是自己滿褲子大便走回基地營的畫面。

基地營的天氣截然不同。空氣溫暖潮濕，雲層從四周包圍塔峰，掩蓋住它的巨大。現在他們可以放鬆了。但首先，歐特克得擺脫這該死的安全吊帶。他用冰鍾敲打鉤環，也用金屬夾擠壓鎖，試著用火爐加熱，希望膨脹的金屬能撐開滑輪。全都沒用。他最終找來幾支鉗子和一把鋸子，鋸開鉤環，毀掉安全吊帶。終於重獲自由的他，現在可以去上廁所，享受悠閒的三餐，補眠休息。「我靜靜和羅瑞坦坐在一起，陶醉在我們喜歡的音樂裡。在他的陪伴下，我感受到一種寧靜的快樂。」歐特克對等待風暴過去的那段時間如此寫道。82

雖說羅瑞坦對那幾天的回憶比較灰暗，而且憂心忡忡，他也很慶幸有那段休息時間。

回到基地營，我們有三天時間暫時擺脫地心引力的定律。那個定律是我們心頭上的負擔，墜落成了我們的心魔，我們不能讓任何東西掉下去。虛空包圍著我們，吸走我們沒抓緊的一切。失去一只爐子、一隻靴子或一個冰爪，後果都很嚴重。我們拿出來的所有東西，都得先和其他東西扣在一起，而這需要我們時時注意。我們擔心掉東西，而在這份恐懼背後，當然還藏著另一種恐懼：我們自己也可能墜落。倘若一支岩釘鬆脫、一顆岩石鬆動、一時肌肉無力，或者放下了防備，我們就會像爐子或靴子一樣，被虛空吞噬。黑洞般的虛空。83

七月九日午夜，充分休息且吃飽喝足後，他們第三次離開基地營。他們攀越幽暗夜色，世界隨著雲層裂開而亮了起來，塔峰在滿天星斗微弱光芒的照耀下閃爍。爬了一千兩百公尺後，他們來到他們架好固定繩的路線上，用上升器再爬升六百公尺，重回先前攀上的高點。

羅瑞坦開始領攀。他把自己塞入一小座傾斜岩塔和山壁之間，往上移動。他一從歐特克的視野中消失，繩索立刻沒了動靜。羅瑞坦沒發出任何聲音。他是不是卡住了？

「羅瑞坦，上面情況如何？」

依然靜悄悄。

然後，羅瑞坦重新出現在岩塔邊緣，笑得合不攏嘴，慶祝勝利般高舉雙臂。「這太棒了！實在太棒了！」他高呼。

「什麼太棒了？」歐特克喊回去。

「這是一道裂縫。超棒的裂縫，還可以露宿。」

這是眞的。羅瑞坦擠過一條煙囪狀小通道，通道夾在金字塔的岩片跟山壁之間，終點則是一塊完全平坦的岩面。這塊平臺和山壁不相連，大小約爲二公尺乘以一點五公尺，是理想的露宿面積。「超棒的兩人小窩。」歐特克稱讚道：「不可思議。在離地兩公里的垂直地形上，我們居然找到這麼舒適的露宿岩石。」在他們展開最後攻頂之際，這裡成了他們的新景觀房。

關於接下來幾天的細節，歐特克的日誌記載不多，不過已足夠瞭解他們在峰頂大陡壁面對的情況。大陡壁有多道平行裂縫，但每道都不長。

七月十日：開始攀登大陡壁。我攀登頭兩段繩距。八十公尺。

七月十一日：羅瑞坦領攀接下來比較長的兩段繩距，大概有九十公尺……他開始攀登從露宿地算起的第五段繩距，可是在平滑的山壁停住……他發現有個擺盪橫渡的機會。

七月十二日：我完成羅瑞坦領攀的繩距，也就是第五段繩距，很複雜，因為裝備不足而且確保不夠穩固。腳一如以往掛在繩梯上……我擺渡到內角，然後再攀升二十公尺，固定一個確保點。第七段繩距非常糟糕。兩個錨栓，用波蘭製「1字形」岩釘做棘手的輔助攀登。

七月十三日：登頂日。羅瑞坦以近乎自由攀登的方式領攀兩段繩距。然後在雪和冰上攀爬了兩段繩距，十分容易。最後，離塔頂還有二十五公尺，幾乎沒有裝備，因為全部裝備都用掉了。

每個人對同一個經驗的感受不盡相同，對照同一事件或行動的兩個版本，能看出許多訊息，有時甚至令人莞爾。歐特克簡扼地描述登頂日爲「近乎自由攀登兩段繩距，很容易」，和羅瑞坦的回憶形成鮮明對比，可能因爲領攀的人是羅瑞坦」。

裂縫難纏。就算沒被冰堵住，也結了霧淞……環境正在改變，我們在海拔六千公尺以上，冰取代了岩石，我感覺好像穿著睡衣走進冷凍庫……四方的空氣形成渦旋。我知道我們已經接近頂點，過去十四天攀爬時用上的裂縫、內角、凹槽，全都匯聚到那個頂點……接著，最恐怖的來了：一顆三十公尺的巨岩凸出岩面，擋住通往峰頂的路線。此時是下午三點，而我的彈藥庫只剩掛在安全吊帶上的三根岩釘，以及少量岩楔。大衛面對歌利亞時，肯定有那麼一刻懊悔自己只有彈弓……我上方有根岩釘，是過去一支南斯拉夫遠征隊留下的。如果能爬到那裡，我就得救了。我在花崗岩片後面打了根釘子，將輔助繩穿過岩釘的孔，然後站了起來，……整面岩片瞬開碎裂了……是時候啓動所謂的「行動泉源」——希望與恐懼……對我而言，那意味著我要賭上一切，把生命押在一兩個似乎支撐不住多少重量的岩楔上……然後，我成功攀越裂縫！最後三公尺是近乎垂直的冰攀。我振興了一項偉大的登山傳統：一根冰斧就能克服所有困難。半小時後，我們一起站上川口塔峰的峰頂。[84]

並不是那麼容易。

他們選擇的登頂日令歐特克莞爾，那是七月十三日。他的幸運日。他在十三日開始攀登加舒爾布魯木Ⅳ峰，在十三日開始布羅德峰大縱走，在十三日登頂川口塔峰。「我是魔鬼之子——十三號幸運日。因爲我不喜歡基督教，所以備受魔鬼寵愛。」他開玩笑地說。

一片羽絨般的雲從上方掠過，他們坐在峰頂享受川口塔群峰及周邊冰河的空前絕景，這是地表最蠻荒的景色。太陽周圍冒出一圈藍灰色光暈，他們猜想可能有風暴要來，於是趕緊多拍幾張照片，然後垂降下山。他們利用兩條繩索增加每次垂降的長度，不一會兒就回到最高露宿點。

最後一天，他們在躲不掉的暴風雪中繼續下山。在多次一百公尺垂降中，他們懸空掛在外傾岩壁上，細細的繩索蜿蜒消失在虛空中。他們就這樣不斷垂降，一次一百公尺，身上是十公斤的背包，安全吊帶上再掛著二十公斤裝備。神經緊繃地垂降。下午三點左右，他們回到基地營，渾身濕透，氣力用盡，但是心滿意足。

歐特克除了心滿意足，還鬆了一口氣。這是他第二次挑戰川口塔峰，對一個習慣成功的登山家而言，這次攀登的結果加倍甜美。他在日誌裡寫道：「一無所成的日子過了兩年。我意識到，我多麼需要成功和一點讚賞。不然我會瘋掉。」多年後，被逼澄清這段似乎語帶諷刺的自嘲文字時，他堅稱：「我不是開玩笑，我是認眞的。好吧，也許有一點點玩笑的成分，不過是開玩笑地說出實情。」

歐特克和羅瑞坦在川口塔峰一千一百公尺落差的東壁刻出一條總共二十九段繩距的優雅路線。第一次有雙人組合登頂川口塔峰。他們在山壁實際攀登的天數爲十四天，給路線的難度評等爲5.10，A3級。羅瑞坦和歐特克都是阿爾卑斯式攀登的虔誠信徒，不管難度或高度如何。儘管如此，他們最後還是在川口塔峰架設了大約六百公尺的固定繩。歐特克後來有點輕描淡寫地解釋箇中緣由：「期待喀喇崑崙山脈的好天氣能延續，並不明智。」這種膠囊式攀登法讓他們得以下降到山壁上的兩個露宿地，也能在無可避免的暴風來襲時，一路撤退到基地營。

◆ ◆ ◆ ◆

幾年後，歐特克出席美國山岳俱樂部（American Alpine Club）在喬治亞州亞特蘭大舉行的年會。年會主題演講人是美國攀岩家陶德．史基納（Todd Skinner）。史基納搭配影像，講述他徒手攀登優勝美地酋長岩塞拉斯牆（Salathé Wall）的過程。歐特克對這名年輕攀岩家徒手攀登大岩壁的韌性與魄力很感興趣。演講當晚，他突破重重人群擠到史基納面前。「史基納，你好。我有東西要給你看。」雖然史基納非常敬重歐特克，但他認爲歐特克徹頭徹尾就是個喜馬拉雅登山家。他以爲自己會看到冰和雪，因而興致缺缺，不過還是勉強自己看看歐特克認爲他非看不可的一些照片

「那次有幸和歐特克．克提卡會面，我最難忘的是他眼中的狂野。」陶德說：「我看出他和我是氣息相近的人。」[85]歐特克掏出好幾張川口塔峰東壁的照片，在桌上攤開。史基納看傻了眼。「陽光下的美麗花崗岩，裂縫銳利，暴露感極強。」他大讚道。

歐特克看著史基納因爲這些畫面而笑逐顏開，隨口脫出：「你應該去那裡徒手攀登。」史基納沒有任何喜馬拉雅山的經驗，但他的直覺告訴他，這是未來的計畫。他當下還不理解的是，這念頭一旦住進他的腦中，就不會離開了。這是**他的**未來。

一九九五年，他們偶然相會的七年後，史基納和他的隊伍在川口塔峰待了六十天，完成首次徒手攀登。他們從東南偏南壁上的斯洛維尼亞路線開始，然後在稜線上轉往歐特克和羅瑞坦的路線。他們給這次攀登的難度分級爲VII、5.13a級，取名「牛仔直上」（Cowboy Direct）。

歐特克非常重視他的川口塔峰冒險。日後，他拿這和他的八千公尺高峰雙人攀登相比時，認爲川口塔峰攀登的水平至少從運動的角度來看更勝一籌。無論是身體上還是技術上，川口塔峰攀登更有挑戰性。羅瑞坦欣賞川口塔峰，因爲他享受這個體驗，

他在憶述時極度低估自己的攀登，這反映了這種態度。「我喜歡川口塔峰東壁的首攀，因爲它沒有八千公尺高峰的壓力。當然，技術難度遠超過我在喜馬拉雅山攀登，但這一次，海拔舒適宜人又寬大爲懷，和不能有恃無恐就冒險進入的死亡地帶截然不同。這是一次輕鬆、放鬆的探險——我幾乎可以在不脫（登山）拖鞋的情況下度過假期。」[86]在自傳中，他輕率地將川口塔峰一章稱爲〈我在川口塔峰上穿拖鞋的假期〉。

歐特克和羅瑞坦擅長岩攀，在冰上感到非常自在，高海拔地區經驗豐富又渴望挑戰，對這種登山者而言，很難想像比川口塔峰更棒的攀登。歐特克後來形容這樣的攀登是「一種藉由玩轉光與空間的美學藝術——還有什麼雕刻比登山者在巨大山壁或山脊留下的作品更令人印象深刻？」根據他們在川口塔峰的路線照片來看，答案是：沒有。獻身美學的歐特克永遠不可能抵擋川口塔峰的吸引。它實在太美了。

歐特克一九八二年在布羅德峰，和朱瑞克的高度適應訓練變成一次「非正式」登頂。*Jerzy Kukuczka*

一九八四年布羅德峰縱走，在北峰和中峰之間的山坳露宿。
Voytek Kurtyka collection

從布羅德峰看 K2 峰。*Voytek Kurtyka*

揹工們走通往巴托羅冰河的舊路。*Voytek Kurtyka*

布羅德峰縱走，喀喇崑崙山脈，巴基斯坦。經由新路線完成北峰（七四九〇公尺）、中峰（八〇一一公尺）和主峰（八〇五一公尺）的縱走，阿爾卑斯式攀登，歐特克和朱瑞克，一九八四年。
Voytek Kurtyka collection；皮奧特．德羅茲特繪製路線

奧地利攀登者羅伯特．蕭爾，歐特克在加舒爾布魯木 IV 峰的隊友。*Voytek Kurtyka collection*

在加舒爾布魯木 IV 峰的基地營，歐特克享受抱石樂趣。
Voytek Kurtyka collection

歐特克和蕭爾在加舒爾布魯木 IV 峰的基地營。*Voytek Kurtyka collection*

一九八五年攀登加舒爾布魯木 IV 峰西壁。*Robert Schauer, Voytek Kurtyka collection*

歐特克爬到加舒爾布魯木 IV 峰西壁的高處。*Robert Schauer, Voytek Kurtyka collection*

加舒爾布魯木 IV 峰，七九三二公尺，喀喇崑崙山脈，巴基斯坦。西壁上的新路線（沒有登頂），歐特克和蕭爾在一九八五年以阿爾卑斯式攀登攀了十天。*Voytek Kurtyka collection*；皮奧特・德羅茲特繪製路線

山田昇、蕭爾和歐特克在 K2 峰基地營享用「醫用淨化水」。山田昇喝的量，足以讓他被說服加入歐特克隔年的川口塔峰遠征。*Voytek Kurtyka collection*

歐特克在特倫托電影節（Trento Film Festival），義大利，一九八五年。
Bernard Newman

歐特克和山田昇一九八六年在川口塔峰，試圖從東壁攻頂。
Voytek Kurtyka collection

一九八六年攀登馬納斯盧峰。紅頭盔的攀登者是阿圖爾・哈澤，接下來是卡洛斯・卡索利歐，殿後的是朱瑞克。*Voytek Kurtyka*

歐特克和朱瑞克在馬納斯盧峰討論雪崩危險，一九八六年。*Artur Hajzer*

一九八七年，歐特克和妻子海莉納前往希夏邦馬峰（Shishapangma）南壁的途中。*Voytek Kurtyka collection*

瑞士登山家艾哈德・羅瑞坦。
Voytek Kurtyka collection

川口塔峰壯觀的裂縫系統，一九八八年。*Voytek Kurtyka collection*

川口塔峰東壁上晶亮的花崗岩，一九八八年。*Voytek Kurtyka collection*

準備在川口塔峰東壁露宿。*Erhard Loretan, Voytek Kurtyka collection*

歐特克在川口塔峰東壁。*Erhard Loretan, Voytek Kurtyka collection*

羅瑞坦在川口塔峰東壁海拔最高的露宿點。
Voytek Kurtyka

羅瑞坦接近川口塔峰東壁峰頂的雪蘑菇。*Voytek Kurtyka*

川口塔峰，六二三九公尺，喀喇崑崙山脈，巴基斯坦。東壁新路線，膠囊式攀登，歐特克和羅瑞坦，一九八八年。*Voytek Kurtyka collection*；皮奧特·德羅茲特繪製路線

歐特克和羅瑞坦在川口塔峰底部。*Voytek Kurtyka collection*

園丁歐特克。*Jacenty Dędek, Voytek Kurtyka collection*

十三
空身夜攀

一旦你成為我的朋友，我就會為你負責。

——安東尼．聖修伯里，《小王子》

歐特克埋首於一本書時，偶然看到一張深深觸動他的照片——卓奧友峰謎樣的西南壁。他目不轉睛地看著卓奧友峰由岩石拱壁和雪溝構成的迷陣。奧地利攀登者赫伯特．提希（Herbert Tichy）的《卓奧友峰：眾神的恩寵》（*Cho Oyu: By Favour of the Gods*）不是在講西南壁，而是述說提希在一九五四年首登海拔八一八八公尺峰頂的故事。驅使提希攀登這座大山的，不是奧地利的登山圈，而是他的雪巴旅伴巴桑．達瓦．拉瑪（Pasang Dawa Lama）。前一年探勘尼泊爾時，他們圍坐在營火邊，策劃了這次行動。那時巴桑提議攀登卓奧友峰，提希說好啊，然後把大部分組隊的事都交給巴桑。當時的提希還只是個愛抽菸喝酒，但不特別有成就的登山家。

歐特克如飢似渴地讀著提希的文字，漸漸明白，這個眼鏡仔對他攀登夥伴的愛勝過對峰頂的渴望。和許多不同的人合作攀登多年後，歐特克瞭解一個好夥伴有多麼珍貴。夥伴，同時也是朋友。他每翻一頁，對提希的敬意就越深。他不敢相信這座山的首登就是無氧的阿爾卑斯式攀登。早在一九五四年！這次攀登還有另一個誘人的面向：它是非法的。他們從尼泊爾非法越過囊帕山口（Nangpa La）進到西藏，然後到達西壁，也就是他們選中的路線。腹心之友、阿爾卑斯式攀登，而且觸犯了法律，處處教人激賞。

「提希讓我著迷。」歐特克解釋：「他是完全投入冒險的先驅，除了自己和夥伴，什麼都不依賴。」離經叛道的攀登、囊帕山口，以及令人神魂顛倒的西南壁，他們的故事在歐特克心裡揮之不去。他一再受到吸引。「看這張照片就像觀察一個謎團。」他說：「它還沒被探索，非常美麗，令人難忘。在我整個登山生涯中，它永遠佇足在我心頭。它散發神祕、低調又美麗的氣息。有時夢想始終未實現，你帶著未竟的夢歸於塵土。它們只是讓你感到快樂的東西。有時你主動追求夢想，然後看到結果：你可能會失望，但也可能建立起一段關係。」

終於有一天，歐特克再也抵擋不住這座山的誘惑，他去找他的川口塔峰夥伴羅瑞坦。「羅瑞坦，你看這張照片。美吧，你說是不是？蠻荒又未知。我們可以一起爬這面山壁。」

「喔，對啊，我知道那個地方。」羅瑞坦不以爲意地回答：「我去過那裡。我也非法跨過囊帕山口。」

歐特克大吃一驚。這面他多年來朝思暮想的山壁，羅瑞坦已經去過了！這是眞的。羅瑞坦和另一名瑞士登山家史丹納曾非法從山壁左側的一條路線試圖攀登，但史丹納死在這座山上。歐特克透過文學認識這面山壁，羅瑞坦則是透過身體。看來這兩個人注定要一起爬這座山。因此，即使羅瑞坦仍相當悲痛，還未走出上次嘗試攀登的悲劇，卻也開始和歐特克一起計畫一九九〇年的夏季攀登。

計畫成形的同時，歐特克心想，爲何只爬卓奧友峰的西南壁？何不一次爬兩座八千巨峰？歐特克和羅瑞坦都知道這是可行的，完全適應八千公尺的海拔後，繼續爬另一座就輕鬆多了。歐特克曾經開玩笑道，在一個登山季爬完十四座八千巨峰，不是不可能，只是需要夠多的錢用直升機在基地間移動，以及一點點的天氣運。不過，對一九九〇年來說，爬兩座八千巨峰就很夠了。歐特克提議第二個目標就選擇希夏邦馬峰西南壁中間偏左的陡溝。兩面山壁都是從底部拔起兩千公尺，從各自的基地營算起則是兩千五百公尺。

羅瑞坦和歐特克是一對絕佳拍檔，不僅攀登風格相符，而且都有一種愛挖苦人的幽默感，而且挖苦的對象通常是自己。這點從兩人在《山岳》雜誌半開玩笑的訪問可略窺一二。

歐：「你會為攀登做訓練嗎？」

羅：「不會，最棒的訓練在這裡。」他敲敲他的前額。

歐：「你有抽菸或喝酒嗎？」

羅：「不抽，但喝。」

歐：「有沒有服用任何藥物？」

羅：「只有溫和的安眠藥，從來不吃促進供血的藥。」

歐：「你從事高海拔登山最想獲得什麼？」

羅：「多多益善的難度、高度、速度，當然一定要是阿爾卑斯式。」87

羅瑞坦最常搭檔的攀登夥伴是瑞士同胞登山家托萊。這對搭檔已經一起攀登了道拉吉里峰、聖母峰北壁和K2峰。歐特克和托萊曾兩次嘗試攀登K2峰（其中一次是跟羅瑞坦），而且私下也是好朋友。他們三個將組成攀登卓奧友峰和希夏邦馬峰的夢幻隊伍。一九八六年在加德滿都咖啡店第一次遇到他們時，歐特克就已經看出來，他們登山的動機遠遠超越了運動的層次。「在我的想像裡，我看到兩個靈魂在與空間的危險交流和黑暗中前行」，這段話出自他後來爲托萊自傳所寫的序。他從他們的臉上、他們的故事中，看出他們選擇的高山危險行程讓他們的人生成爲了藝術品。他們和他一樣。這樣的共通點相當難尋。

打從一開始，他們就知道這會是一次快速攀登，而且大部分是獨攀。完成高度適應後，他們將一鼓作氣衝向山頂：不帶帳篷，不帶睡袋，連食物都只帶一點。他們只會帶衣服，以及數量有限的裝備。而且大部分攀登都在夜裡進行。夜間攀登就不需要睡袋及極地氣候衣物，因爲他們會一直移動。歐特克承認這概念需要徹底解構公認的攀登行爲和心態。事實上，這個概念近乎荒誕。可是他深信，要達到任何藝術形式的新高度，往往需要荒誕的想法。唯有如此，攀登才能掙脫既有秩序，進到創造性的另一個層次。歐特克形容這種新式先進攀登爲「輕量、無保護、自信……通常要先受疑懼的折磨」。[88]他給這個策略取名爲「空身夜攀」。他知道這兩座雄偉山壁是空身夜攀的完美場地，因爲兩者都沒有拖慢速度的重大屏障。在喜馬拉雅山脈要找到像這樣的路線，且還沒被人捷足先登，幾乎是不可能的事。

八月二十八日，他們三人抵達卓奧友峰基地營，海拔五七〇〇公尺。他們士氣昂揚，但氣氛很快因爲托萊詭異的病容而改變。「八月三十日，禮拜四，他已經變得不像活在地球上的任何種族了。」羅瑞坦回憶道：「他既不是白的，也不是粉的、黑的、黃的、紅的。他綠得像科幻小說的火星人。毫無疑問，他犯高山症了。」[89] 三人於是下撤一千多公尺到中國的基地營。托萊雇用吉普車再下到更低海拔，以便能完全康復，歐特克和羅瑞坦則回到他們的基地營。

這是歐特克在兒子艾利克山德（Aleksander，小名艾利克斯〔Alex〕），歐特克則喜歡叫他「胖嘟嘟」）出生後第一次遠征，他注意到，在他沉思眼前的挑戰時，心裡有某種過去不曾出現的不安。隨便一個小小的事件都能觸發排山倒海的情緒。每次歐特克拿起水壺喝水，咕嚕咕嚕的聲音總讓他想起還是嬰孩的兒子吸著奶瓶。他的心思老是被小艾利克斯占據，並不安地想起家鄉，想起家庭，想起責任。歐特克難以重拾過去只是登山「走獸」的自己。

隨著托萊完全康復並返回基地營，他們的計畫又能繼續了。他們在常規路線做完高度適應後，開始為攀登西南壁打包。羅瑞坦素以超輕量策略聞名，但歐特克覺得他有時候做得太過頭了。事實上，他確信羅瑞坦和史丹納上一次從卓奧友峰撤退時之所以發生不幸，是因為只帶了一支岩釘。現在，裝備的問題又登場了。歐特克想要帶一些岩釘，羅瑞坦只想帶一到兩支。歐特克對這個主意嗤之以鼻。「帶一支岩釘跟沒帶一樣，羅瑞坦。拜託，講點道理。」

「這次是輕量攀登，歐特克。這是現代的攀登。即便是上次來卓奧友峰，我也只帶一支岩釘。」

「對，沒錯。看看史丹納最後怎麼了。」歐特克回嘴：「你沒辦法只用一支岩釘爬岩階，所以你必須撤退。然後史丹納就死了。」

這番話太傷人。羅瑞坦暴怒掉頭就走，然後回吼：「你想怎樣就怎樣。你反正都會照自己的意思。你從來不聽別人的。」

雖然爭論是關於岩釘，但眞正的問題比岩釘還要嚴重，導致兩位巨星的緊張關係惡化。歐特克和羅瑞坦都是登山圈名人，對登山有類似的做法，但這次情況不同。羅瑞坦小歐特克十二歲，正處於不同的登山階段。他的軌道就是往上、往上，再往上。他火力全開，越爬越高，越爬越快，在喜馬拉雅山脈創下超乎想像的紀錄。他的體能好到不能再更好，在山上鮮少有人能跟上他的腳步。歐特克也創下許多不可思議的紀錄，但不是那麼近期的事。他的體能也極好，可是他也坦承自己的速度沒羅瑞坦那麼快。羅瑞坦是職業攀登者，每天都在山裡。歐特克不再全職登山。他在波蘭是大忙人，有海莉納，有一個襁褓中的兒子，還有蒸蒸日上的進口生意。

另一個問題是溝通。托萊的母語是法語，羅瑞坦也是。歐特克會說多國語言，但還沒精通人稱「外交語言」的法語。其他兩人用瑞士腔法語閒扯時，他感到孤單。托萊試著即時口譯，把歐特克拉入對話中，可是羅瑞坦異常冷漠。歐特克對某件事表達看法時，羅瑞坦只是聽，鮮少接話。他唯一的回應就是轉向托萊，繼續說法語。他是對歐特克的提議有意見嗎？歐特克不知道。

「羅瑞坦和在川口塔峰時截然不同。」歐特克語帶悲傷地說：「判若兩人。我不知道他的私生活是不是有什麼變化，但這都不重要。我愛這個人，而這感覺是互相的。我們一起在山上度過了非常美好的時光，但現在我們的關係很緊張。」儘管氣氛緊繃，他們繼續打包。他們帶了三十公尺的七毫米雙繩，如果有需要，在高處的岩石屏障可使用，但多數時候每個人都會按照自己的步調與節奏獨攀。他們還帶了三支岩楔，最後，歐特克丟了幾支岩釘到他的背包裡，以備垂降之需。兩把冰斧、一根滑雪杖、少許食物。羅瑞坦形容他們的口糧說：「我們可以把食物都放進一個眼鏡盒：四條瑞士的 Ovo Sport 巧克力棒和兩條 Mars 巧克力棒。」[90]

煩人的天氣模式帶來了更多壓力：每天早上會有幾個小時好天氣，大概中午開始下雪，持續下到傍晚，星星在夜間開始出現，然後天空整夜無雲。每天都有暴風雪，持續累積的雪層成了一大問題。這面山壁相當龐大，且有些地方是凹陷的。雪在危險的斜板不斷堆疊，雪崩的危險變得難以處理。

他們等待，一個、兩個、三個禮拜過去，不像某些遠征那麼漫長，但也長到令人不耐煩。終於他們再也受不了，決定智取眼前惱人的天氣模式。他們要在傍晚即將放晴的時候開始攀登，然後徹夜不睡，攀爬他們在基地營看到並默背下來的地形。等到曙光初露，他們應該已經在山壁的高處，可以開始摸索未知地形。他們會在中午左右攻頂，然後沿著簡單許多的原始路線從另一側下山，此時白天的風暴對他們的影響就不大了。聰明絕頂的計畫，不過也代表要在二十四小時內登上卓奧友峰並下山。

九月十四日午後，他們離開基地營，走到山壁底部，找個舒適的位置安頓下來，靜待暮色降臨、風雪停歇。他們煮起瑞士起司鍋，一邊觀察天候，一邊大啖熱騰騰的拔絲起司。氣溫感覺太高了，增加了雪崩的風險。「我每次張嘴吃起司，雪花都會飄進來。」歐特克回憶道：「但更糟糕的是，我每口都配著雪崩的隆隆聲響。」羅瑞坦和托萊用法語低聲交談。隆隆聲響不斷。歐特克不吭一聲，心煩意亂。他因爲隊友用法語交談而感到極度孤單。因雪崩而心神不寧的他坐在山壁底下，評估著危險，對另外兩人叨叨不停的聊天越來越厭煩。終於，無助感轉變成完全不一樣的東西。脾氣上來的他宣布：「嘿，各位，我要跟你們說件事。我不上去了。」

羅瑞坦無視這硬生生的表態。托萊面露驚訝。他們繼續吃著起司，羅瑞坦和托萊繼續交談。就在歐特克開始打包準備回基地營時，托萊問道：「你有什麼不好的預感嗎？」

「不是預感，托萊。純粹是危險，很明顯的危險。雪崩的聲音一直沒有停過。」兩個瑞士人又講起話來，但談的是什麼，歐特克完全沒頭緒。最後，他問道：「你們要上去嗎？」

「對，我們要上去。」托萊說。

歐特克轉身，踏上回基地營的漫漫長路。多年後，他仍記得當時的感受。「我不高興。這次攀登是我的點子。我提議的。但現在我卻在往下走，然後這兩個厲害的、勇敢的傢伙卻要往上。我的兩個好朋友。你可以想像我是什麼感覺嗎？糟透了。」他步履沉重地走下碎石坡，頭燈劃破暗夜，照亮飄到他眼前的飛舞雪花，看得他眼花撩亂，在碎石坡走得踉蹌吃力。一個小時過去。又一個小時過去。他試圖平服自己的心情，面對這次挫敗，他知道自己必須試著接受。爲了他的尊嚴和他心靈的平靜，他必須接受自己所做的決定，不再去想羅瑞坦和托萊決定要繼續爬。他下山超過兩個小時後，感覺身心俱疲。他不敢相信自己竟如此疲累，彷彿是從峰頂爬下來。他當初怎麼會想要攀登那面山壁？現在他不僅筋疲力竭，而且身心俱毀。

他關掉頭燈，看見遠處兩個光點。大概是基地營，希望再幾百公尺就能抵達。幾秒後，他聽到正前方一聲可怕的嘶吼。他嚇得往後一跳，跌坐在地。什麼鬼？他攤在岩石上，打開頭燈。眼前，擋在路徑上的是一張毛髮亂蓬蓬的大臉。一頭犛牛和他四目相對，晶亮的雙眸就是那兩個神祕光點，此時歐特克環顧四周，才發現他不是離基地營幾百公尺，他就在基地營**裡面**。恐懼瞬間蒸發。

他大笑起來。痛快、心神舒暢地大笑。他感覺被嚇到動彈不得的緊張都宣洩了，幾乎像是經歷了休克療法。「我意識到此前的一切都是幻象。」他解釋道：「一秒前，我還以為我會被怪物殺害，死在異鄉，現在我看到了，這是一頭可愛的犛牛，而我就在我山上的家裡。」他依然攤在岩石上，但以煥然一新的心態回望卓奧友峰山壁。「我不再介意自己下撤。我本來備受折磨，覺得被打敗了，覺得像個懦夫。可是轉眼間，一切都變了。」

歐特克站起身，抖落身上的雪，走了幾步進到餐廳帳，脫下背包，點燃火爐。他要給自己來杯熱茶，細細品嘗這份平靜。「好吧，我被擊敗了。被擊敗是我的莫大榮幸。我不是野心的奴隸，我不是任何執念的奴隸。我是自由的。這樣很好。」

喝第二杯茶時，他聽到帳篷外有人的聲響。現在已是午夜凌晨，他納悶誰會在這種時候來基地營，會不會是搶匪？門被掀開。來者竟是托萊和羅瑞坦。驚訝的歐特克問道：「嘿，兄弟，你們在這裡幹嘛？」他們脫下背包，背靠著帳篷壁，但什麼也沒說。他追問他們，要個解釋。「發生什麼事了？」還是沒有答案。他們一語不發。

歐特克心灰意冷，覺得受夠了，轉身繼續喝他的茶。他拒絕讓這兩個傢伙毀了他的平靜和滿足。羅瑞坦離開帳篷。托萊繼續待著，開始脫下幾件外衣。歐特克又試了一次：「拜託，托萊，告訴我。你們爲什麼離開山壁？」

「呃，其實我們遇到了雪崩，很勉強才抓住冰斧，差點死掉。雪崩後，我們決定下來。」

歐特克追問更多細節：「發生在哪裡？」

「跨過冰河背隙大概一百公尺的地方。」

隔天清晨，他們同意等山況比較安全後再試一次。五天後，九月十九日，他們走原路回到山壁底部。羅瑞坦後來寫道，歐特克這回的心情好多了。「歐特克似乎擊退了憂鬱，大步向前，看起來就像《花都舞影》（*An American in Paris*）中的金．凱利（Gene Kelly）。」[91]他們又吃了一頓同樣美味的瑞士起司鍋，背上小背包，開始攀登。

攀登者整夜獨攀，在山壁上不斷躍升，在遭受風雪攻擊時，緊抓著他們的冰斧，以免被掃落山壁。雪約在午夜停止，星夜露臉。溫度驟降，他們在昏暗的星光下全速上攀。就在拂曉之前，他們遭遇了第一個重大難關，六十度的雪溝構成的陡峭岩石屛障。橫切過一段高聳入雲的刃脊後，在清晨頭幾個小時，他們又遇到一處岩石屛障。歐特克要求托萊抛下繩索做確保。托萊似乎因爲要放慢速度做確保而有點不悅，可是歐特克不在乎。畢竟，他們是夥伴，他以前也爲他的繩伴做過無數次同樣的事。他們一爬過具挑戰性的部分，便立刻收起繩索。

他們在岩石重重包圍下的數個相連雪原間摸索路線。走近另一處岩石屏障時，必須橫越一片雪原。歐特克提議結成繩隊，因爲這面坡地呈凹形，有很高的雪崩風險。夥伴又是一副愛理不理的樣子，但他堅持不值得爲了省下幾分鐘而在這裡獨攀冒險。於是他拿出繩索，領攀一小段路，托萊和羅瑞坦跟在後頭。

大概中午時分，他們抵達最後一段難度Ⅳ級的岩石帶。歐特克率先獨攀上去，其他兩人接著跟上，托萊讚美他的精力，也許是想彌補稍早露出的不耐煩。但他們之間不太有對話，只是各自照著自己的步調攀登。「在大岩壁上，是不說話的。」歐特克解釋道：「就只是專心爬。」

終於，他們來到一處通向山頂稜線的傾斜雪原。儘管計畫是快攀，他們抵達這道劃開卓奧友峰昆布側和西藏側的稜線時，已是傍晚。潮濕霧氣悄然籠罩，放眼所及，一片灰白。他們知道自己和峰頂之間其實只夾著一片坡度和緩的積雪高原，但也不敢冒進，因爲空曠處的風勢一定很強。考慮到目前的白茫，他們可能要摸索幾小時才會找到最高點，而且下山的路線會更加困難。解決之道只有一個。他們在積雪中掘出一道受到巨岩保護的岩階，墊著背包蹲坐，用薄如紙張的露宿袋把自己包裹起來。他們將在這海拔約八一三〇公尺高的地方靜坐整晚，等待日出。

小小的岩階上有三個位置：左邊、右邊和中間。中間的位置顯然最好，不僅比較不受風雪摧殘，還有來自兩側隊友的體溫。托萊、羅瑞坦和歐特克尷尬地看著岩階，然後彼此互看。沒人敢踏出第一步。終於，歐特克選了其中一個外側座位，結果托萊卻把他推到中間。歐特克試著抵抗，但托萊比他壯碩，擋著他。他整晚被兩位攀登者夾在中間，醒來時神清氣爽，準備迎接新的一天。當晚最難熬的人是托萊，他的腳趾在此行結束後出現黑色凍瘡。

他們隔天早晨攀爬一小時後登頂。沿常規路線下山時，歐特克受到這次攀登的鼓舞，迫不及待要爬希夏邦馬峰。他們火速下山，下午六點回到基地營。歐特克立即談起移至希夏邦馬峰的後勤安排，像是雇用揹工和確定日期。羅瑞坦出奇地安靜。多年後，他向歐特克承認，當時的他對攀登希夏邦馬峰產生嚴重疑慮。「我不想去。」羅瑞坦坦言。可是當時他隻字不提自己的顧忌，於是僅僅一天後，他們回到山谷，擠進一輛吉普車，朝此行的第二座山出發。歐特克沿路都興高采烈，對這次遠征的下一階段無比興奮，幾乎沒發現羅瑞坦的沉默。托萊並不反對，但也不是特別熱切。

兩天後，他們抵達希夏邦馬峰基地營。歐特克知道這一帶，因爲他曾在一九八七年十月與海莉納前來，打算獨攀他們即將嘗試的同一路線。大雪幾乎將他們埋在營地裡，這對夫婦於是逃離。但今年不一樣。歐特克對現場的描述是：「九月二十九日上午，我們在海拔五四〇〇公尺的寧靜湖畔搭設基地營。天氣非常好，而且滿月就快到了。苔蘚和乾草躺起來很舒服，巨礫爲我們遮風。山壁似乎正值完美狀態。」[92]

不幸的是，歐特克和羅瑞坦的關係仍不融洽。羅瑞坦後來撰文講述這次遠征，露出排擠歐特克的跡象，即便是在希夏邦馬峰上。「托萊和我現在正計畫要爬一條非常簡單的路線——八千巨峰有史以來最直接的路線。我知道我們只需要兩天的好天氣就可以完成這項首登。」[93]他壓根沒提到歐特克。

在這第二座八千公尺巨峰，他們將再次嘗試空身夜攀：一口氣登頂，只帶四條巧克力棒、三瓶水、三十公尺的七毫米繩索和四根岩釘，連安全吊帶都不穿了。他們在十月二日早上九點從基地營出發，朝山壁底部前進，又吃了一頓起司鍋。起司鍋儼然成爲起攀前的傳統。「我們覺得各種力量都來自這鍋料理。它能增進精力、活力，促進消化，甚至可能對我們的士氣和表現有安慰劑效應。」羅瑞坦解釋。[94]傍晚六點，最後的落日餘暉輕撫山壁上層，他們正式起攀，整夜加速前進，然後在靠近山頂的地方遇到一段陡峭且漸漸縮窄的陡溝。托萊和羅瑞坦領先歐特克，並選擇明顯最容易攀登的地形。歐特克看見另一條比較陡峭的路線，他認爲或許能更快通向西峰和中峰相夾的山坳。他覺得自己很強壯，也信心十足，認爲走這條捷徑也許能讓他趕上瑞士隊友。此外，這路線看起來也很「有趣」。

結果遠遠超越有趣。歐特克沒多久就困住了。他嘗試直上，然後稍微向左偏，但還是一樣。他再向上一些，意識到這是條死路，被迫往下爬有技術難度的地形——比往上困難多了。一百公尺後，他成功往下，不過有點受到驚嚇。因不良決定而得到教訓後，他走向托萊與羅瑞坦爬過的路線。現在他們領先他大概數小時，再一次，他感到自己在山上孤軍奮戰。

當他終於遇到其他兩人時，他們已在下山途中。在攀登了十六小時後，他們在早上十點抵達希夏邦馬中峰的峰頂。但奇怪的是，他們和歐特克沒有交換任何資訊。歐特克只是告訴他們，他要繼續往上爬。「他有點像油罐車，一旦啓動，可以單憑車身的動能走很遠。」羅瑞坦後來如此評述。[95]他們祝他好運，然後繼續下山。

歐特克在下午四點頂著強風登頂中峰，然後拖著腳步朝雙峰之間的山坳前進。他的目標是海拔只比中峰高十九公尺的主峰，但還要沿著漫長起伏的稜線走好一段路。稜線上呼嘯的疾風使他卻步。他改變策略，試著從西藏側繼續向上爬，可是那一側的積雪深可及膝，而且表面結了一層易碎的雪殼。連續攀登一天一夜後，還要試圖獨自開闢路徑，是根本不可能的事。於是，就像羅瑞坦與托萊，他勉強接受只登頂中峰，開始下山。

夜幕漸漸籠罩，他距離山壁底部還有很長一段路。在海拔約七八〇〇公尺處，累垮的他像一張扶手椅似的頹坐在積雪中，盡可能把自己包裹在羽絨外套裡。「幾個小時就好。」他心想。幾個小時變成一整晚。這晚氣溫暖和，因此並不難熬，反而可以享受舒適的休息，和自己的思緒共處。多好的地方。如此美好的獨處。夢想攀登這面山壁和這條精采的直登路線這麼久之後，一切就要結束了。「這是我此生最不可思議的露宿。」他後來說道。

可是當歐特克在翌日清晨繼續下山時，他有點意外地發現自己的步調越來越慢。好累，好渴。一種無法忍受的、瘋狂的口渴。他開始想像各種製造飲水的方式。他試圖用打火機點燃一些廁紙，藉由燃燒的熱融化雪水，可是廁紙怎麼都點不著，於是他把防曬乳塗到廁紙上，期盼乳液裡也許有些神奇的化學物質能夠助燃。沒有成果。最後，他把水瓶塡滿雪，掛在背包最上方，以前爪攀登的方式走下五十度斜坡，寄望陽光能將雪烤融。他緩慢且謹慎地下降到海拔五八〇〇公尺處，發現一座池塘，貪婪地大喝起來。

在下方基地營的羅瑞坦和托萊憂心忡忡。他們掃視山壁，尋找任何有人活動的跡象，害怕最壞的事已經發生。「我不想相信歐特克這樣天賦異稟的登山家會被那面山壁擊敗。」羅瑞坦後來寫道：「每過一個小時，我對快樂結局的信心就更加動搖。終於，悲觀將其毒素注入我身上，我爲腦海裡的景象默默落淚。」[96]托萊試著說服羅瑞坦放寬心，但不太有用。

距離基地營還有兩到三小時，歐特克四肢一攤，再度睡去，這是他下山途中的第二夜露宿。對歐特克而言，這進度慢到不尋常。他隔天早上繼續移動，緩慢吃力地走了幾個小時，終於抵達基地營。營地無人。歐特克鑽進他的帳篷，沉沉睡去。

羅瑞坦和托萊為歐特克的安危心焦如焚，於是重回山上，朝冰河的方向去找他。走到積雪區時，發現他們先前下山的腳印，兩人如釋重負，差點暈了過去，因為地上的腳印有三組。「歐特克剛走過那裡，穿著他那雙獨一無二而且我們都很喜歡的愛迪達靴子。」羅瑞坦解釋道。[97]他和托萊選擇了稍微不一樣的路線爬上山壁底部，因而和歐特克擦身而過。他們鬆了一口氣，全速返回基地營。

聽到有人呼喊：「歐特克，是你嗎？你還好嗎？」昏睡的歐特克這才醒來，咕噥說聲是，然後又昏昏入睡。等到他真正清醒時，三個人聚在一起交換故事。羅瑞坦注意到歐特克說話有些困難，體力真的透支了。他上一次進食已是整整兩天前，而且還在高海拔露天睡了兩晚，這些都對他造成傷害。「歐特克臉龐消瘦，眼神空洞，神智恍惚又呆滯，全都讓他的故事帶有一種歷劫歸來的味道。」[98]歐特克絕不可能料到，但希夏邦馬峰的確給了他機會去精進受苦的藝術。

攀登卓奧友峰後僅僅才十三天，托萊、羅瑞坦和歐特克又登頂了希夏邦馬峰的中峰。兩次攀登都開闢了新路線，兩次都是空身夜攀，開創了攀登喜馬拉雅山脈的全新境界。對歐特克而言，希夏邦馬峰是他在亞洲最高山脈群創下的第十二條阿爾卑斯式攀登新路線，其中有六條都在八千公尺的巨峰上。

回到加德滿都，他們一起吃了最後一頓飯。儘管有過爭執，歐特克想要讓此行有感性的結尾。他決定對瑞士二人組發表一段小小感言。「兩位，我們這趟遠征很棒，對吧？眞的很棒。我一定要說，這次遠征對我尤其艱難。和你們倆交流很不容易，可是我想說，即便如此，我還是無比享受這次遠征。恰恰是因爲這次過程相當困難，我以身爲你們的夥伴爲傲。我們活下來了，我們造就了自己。我們從山上回來了，而且我們依然是朋友。」脆弱的時刻過去了，緊張也緩解了。

歐特克重視友誼，這可以一路回溯到他和朱瑞克的痛苦拆夥。很長一段時間，朱瑞克幾乎就像歐特克的親兄弟。朱瑞克遊走在各大遠征隊之間，而且對於跟誰一起攀登幾乎毫無所知，一心只想征服一座座八千公尺高峰，這行徑令歐特克不解。歐特克很確定這大幅提高了攀登的風險，歷史也證明他是對的。他深信小隊伍的夥伴情誼是最棒的關係。「阿爾卑斯式攀登是非常深刻的、講求倫理的活動。我只會和我覺得非常親近的人一起攀登。」他說。[99]唯有如此，夥伴才會眞正關心彼此，照顧彼此。這就是歐特克最重視的東西，也因此，羅瑞坦在卓奧友峰遠征時的行爲令他相當痛苦。

羅瑞坦對這兩趟攀登的評估可能也令歐特克受傷，他的評估可以被詮釋爲謙虛，也可以是傲慢。他對希夏邦馬峰西南壁的評估是：「那是行走。走的時候一手拿冰斧，一手拄滑雪杖。」這位瑞士登山家覺得卓奧友峰只比希夏邦馬峰困難一些：「那是行走，中間穿插一到兩段攀岩。」他看到有本登山書籍將這兩次攀登形容爲喜馬拉雅登山史的重要里程碑時，嗤之以鼻道：「我老實跟你說，那是胡說八道。」[100] 歐特克同意羅瑞坦對希夏邦馬路線的評估，不過補充說：「這正是它的價值。它是八千巨峰上最快速、最短的路線。它實現了攀登者想在短短幾小時內步入雲霄的夢想。」至於卓奧友峰的西南壁，他的看法就不同了。「卓奧友峰的路線困難且複雜多了。難度很容易量化：IV級岩攀和六十度的冰攀。可是這條路線的價值不是數字所能表達。這是一條很有個性的路線，那麼美麗又醒目。我認爲，它是喜馬拉雅山脈八千巨峰上最精悍俐落的阿爾卑斯式攀登路線之一。有經驗的人，光看照片就能瞭解。」至於羅瑞坦的貶抑，歐特克猜測那可能是因爲他厭惡「無所不在的俗氣媒體，評價什麼人什麼事都要用里程碑、傳奇人物以及其他無意義的標籤」，而這也是他所厭惡的。

羅瑞坦和歐特克的嫌隙來無影去無蹤。兩年後，他們又再度搭檔登山。羅瑞坦後來公開表示：「我願意和歐特克一起去地獄。如果歐特克找我，我會跟他去天涯海角。」即便到今天，歐特克還是覺得遠征時發生的事像個謎。「很奇怪。關係在遠征之前和之後都很棒，但遠征期間卻不是。」他想著是不是自己在這趟行程中太咄咄逼人，對年輕人太過霸道。

無論如何，他們的卓奧友峰和希夏邦馬峰登頂都將高海拔攀登推向全新境界。不紮營，不帶睡袋。在希夏邦馬峰，甚至連安全吊帶都省了。對歐特克而言，空身夜攀模式把自由帶到更高的層次。「這樣的攀登方式形同和變幻莫測的情況共舞。整個人徹底投入這支舞蹈。跳舞是純粹的創作，所以才會讓人如此心醉神迷。」

美國新世代傑出登山家史提夫．浩斯（Steve House）回顧這次以及同時期的其他攀登，做了客觀定位。「放到歷史上看，最能顯示攀登現狀有何演變的，一直都是阿爾卑斯式攀登精神。而阿爾卑斯式攀登在形式上最新的一次高峰出現在一九八〇年代中期至後期，當時許多人攀登八千公尺巨峰的方式都是一次攻頂，而且通常採新路線。歐特克將這種攀登稱為『空身夜攀』。他、托萊、史丹納、羅瑞坦，是將這種不露宿的形式運用到喜馬拉雅峰頂的核心人物。」[101] 斯洛維尼亞登山家斯特勒姆費也同意這看法，並納悶未來的登山家要如何面對這麼高的門檻。「這個世代在喜馬拉雅山不停攀登到世紀末，把阿爾卑斯式攀登發揚得淋漓盡致，未來的登山家需要做些心理調整，才能創造更偉大的功績，以及開闢更困難的路線。」[102]

對歐特克而言，卓奧友峰和希夏邦馬峰既美麗又折磨人。他經歷了完整的情緒變化：憤怒、屈辱、孤單、得意，最後是救贖。「完成這樣的一次攀登後，你會感覺自己被淨化了。」歐特克解釋道：「你就只是快樂的人。」這次遠征是他和八千巨峰的道別，也適當且優雅地離開了喜馬拉雅山：他成功挽回一段友誼，把輕量攀登的概念推向超乎尋常的高標準，而且每個人都平安歸來。

十四
倒拉式之舞

失去一些，或失去一切，使我們的視野清晰，讓我們敏銳意識到餘留之物。

——史蒂芬．奧特（Stephen Alter），《成為山》（*Becoming a Mountain*）

隔年夏天，歐特克最牽掛的並非喜馬拉雅峰頂。波蘭有了自由民選的新總統，歐特克的生意蒸蒸日上，而且海莉納懷了第二胎，預產期在秋天。這情況給歐特克極大壓力。「就像受困陷阱。」他寫道。[103]他顯然需要「餵大鼠」（feed the rat）。英國攀登者莫．安托萬（Mo Antoine）貼切地用這個詞彙來形容攀登者想讓五臟六腑在高山上盡情受苦一番。

歐特克在塔特拉山脈西區的科希切利斯卡谷地（Kościeliska Valley）攀岩時，看到某個引人入勝的東西：拉塔威切尖峰（Raptawica Spire）。它聳立在雲杉黑森林之間，宛如一座閃耀的燈塔。一百公尺高的完美石灰岩，令人神往。他被這座尖峰施了催眠術，像飛蛾般撲向光源。儘管不少人已經由幾條路線攀爬過，歐特克思忖著，也許能在這非凡奇岩上畫出一條新路線。也許攀登一條令人血脈賁張的新路線，可以彌補他在這個登山季沒到喜馬拉雅山遠征的遺憾。

他開始尋找夥伴。這個人說他忙於研究。那個人說最近剛開始經營新事業。第三個人身材走了樣。夏天正悄悄流逝，歐特克越來越焦慮。他試著滲透一票趾高氣揚的年輕攀岩運動選手。「不可能。」他們說：「我們得加強訓練攀登巉崖的技術，沒有時間和你一起開發長路線。」他最後找到年紀只有他一半的攀登者，二十二歲的格加葛許·扎伊達（Grzegorz Zajda）願意幫助他。他們從一條既有路線登上尖峰，然後一路垂降，尋找沒被開發過的岩石。歐特克仔細勘查尖峰，感到熱血沸騰。「你這個大美人——我自言自語，撫摸著被喀斯特小尖柱覆蓋的潔白岩石。」[104]

山壁有幾段外傾岩壁，但大部分都是垂直的。當歐特克發現尖峰的下半部像大理石般平滑，他開始懷疑這不是個明智的計畫。可是更仔細勘查後，他看到潛在的抓握點。不幸的是，抓握點全都上下顛倒。攀登這座尖峰，意味著要用倒拉點作爲手點，一個接一個。當他吊在半空中，從峰頂下降時，他看出來這次攀登（如果有辦法實現的話）將會以倒拉點爲主。

這兩個人開始研究路線，從克拉科夫開三個小時的車到尖峰，攀登個幾小時，然後再驅車返家。這個行程很累人。投入程度雖不比前往喀喇崑崙山脈，依然很艱鉅。然後，一個新問題浮上檯面。由於這座尖峰位在國家公園內，鑽錨栓是絕對禁止的。國家公園巡邏員有預感他們正在盤算些什麼，於是監視起這對搭檔。

老謀深算的歐特克立即改弦易轍。他和扎伊達每天凌晨三點起床，開車到塔峰，早上六到八點之間攀爬，然後在巡邏員正常上班時間停止一切活動。在樹蔭下睡過大半個白天後，約莫傍晚五點重新開始，再攀登三到四個小時，然後趕緊開車回克拉科夫，深夜返抵家門。開車回家是每天最慘的時刻。「專心練習而且情緒高張了二十個小時後，我看到對向飛馳而過的每盞車頭燈，身體都會縮一下。」他寫道：「我雙手緊抓方向盤，昏昏欲睡，有兩次差幾公分就要撞上大卡車。八千公尺巨峰再怎麼危險，也不比晚上九點到十一點之間的扎科帕內高速公路……」[105]

海莉納對這個新的攀登時間表很反感。她不久後便要分娩，不用出門上班的先生理應留在克拉科夫，現在卻鮮少在家。而且就算待在家裡，心思也飄到其他地方。他會心不在焉地盯著空氣，手腳模擬怪異的動作，像抽搐一樣忽動忽停向左移去，手臂揮向頭頂，嘟噥著他知道某個動作需要怎麼試，然後在「神奇幫浦」出現時緊盯著手指看——那些他聲稱毀了他第一段婚姻的小汗珠又冒出來了。海莉納難以理解地直搖頭，小艾利克斯則被父親那些抽筋般的怪異動作和扭曲的五官逗得尖聲大笑。

歐特克迷戀這條路線，全神貫注地研究指甲寬的岩石邊角、銳利的倒拉點，以及動態蹲跳。他們的進展和冰河流速一樣緩慢，沮喪洩氣的他決定唯有「破壞者」這個名字才能捕捉這條路線的精髓。「我知道就是要取這名字——我受盡折磨的每條肌肉都這麼告訴我。」他寫道。106 他反覆演練每個動作，爲向上的每一公分而努力，雙手傷痕累累，指尖在過程中都撕裂了。

既然這條（可能的）路線都有了名字，他們緊接著爲每段繩距取名。第一段繩距成了「倒拉降臨」，第二段暱稱「倒拉的感覺眞好」。第三段繩距被命名爲「告別倒拉」。路線主題儼然成形。

某晚，歐特克在開車回家途中睡著，差點出車禍。他決定再度改弦易轍，變成白天開車到尖峰，晚上練習，然後到附近的山區救援總部大樓過夜。這不僅比較安全，而且大清早動身前往尖峰的距離也近多了。沒多久，他們又覺得走路往返尖峰浪費太多時間，乾脆在附近一處洞穴露營。他們奉獻心力給攀登，程度已達狂熱，而且近乎滑稽。

夏季一週週悄然流逝，歐特克的手指一毫米又一毫米地磨損，而海莉納的肚子一天天地大了。九月一日半夜，海莉納把歐特克搖醒。「歐特克，我覺得寶寶要出生了。帶我去醫院。」

難以置信的是，歐特克竟然很憤慨。「什麼？妳說還要兩個禮拜才生的。」他至少還需要兩週才能完成這次攀登。

艾格妮耶絲卡（Agnieska，小名艾格妮絲〔Agnes〕）隔天呱呱墜地，歐特克被捲入吵鬧的家庭生活漩渦裡：哭哭啼啼的艾格妮絲，大吼大叫的艾利克斯，身心透支的海莉納。但他的心還在拉塔威切尖峰上。海莉納最終遣退了他，對他說「你就去吧，去爬完」。

艾格妮絲才剛出生，歐特克又回到他的岩石上（相隔的時間介於一天到短短幾天之間，視消息來源而定）。經過兩個禮拜的努力，他們在九月十七日完攀。「那個禮拜天，下午一點到三點，我們完成『破壞者』紅點攀登*，而那是——如雷柯所說，『以純……〔純粹〕的風格』，但誰來告訴我們那到底是什麼意思？」[107]這條三段繩距的路線難度評等為波蘭VI.5（法國7c+），而且只被人重爬確認過一次，一部分原因是它位在管制區。

完攀後，歐特克羞愧不已。不是因為他在女兒出生不久後就離開家人，而是因為他在這條美麗的新路線上鑽了錨栓。他過去曾表示，攀登鑽有錨栓的運動路線是某種

* 紅點攀登（Redpoint）：指事前曾練習爬過該路線，以先鋒攀登的方式，無墜落完攀。——譯注

「消費」。那親手把錨栓**鑽進**岩壁的行爲呢？簡直不可饒恕。「我感到自責，覺得難辭其咎。」他後來解釋道：「我因爲在岩石裡放置了那些鋼釘而感到痛苦。如果波蘭有很多岩壁，像西班牙或希臘那樣，我不會那麼介意。但我們的巉崖已經很少了，而且由於每天有大量訪客而受到嚴重破壞。巉崖總是人潮擁擠。沒錯，我自己當然也會去爬。不過如果我是個混蛋，我從不隱瞞，我會大聲罵自己就是個混蛋。但這不代表我接受自己是個混蛋。」然後他大笑著總結：「好吧，我是個混蛋。而且我樂於當混蛋！沒錯！」

儘管歐特克在完攀後感到後悔，他在爬這條路線的照片上笑得沒心沒肺，一副幸福洋溢的樣子。他挽救了這個攀登季。他完成了一件有趣的事。而且他成功扮演了負責任的好丈夫和好父親（至少他個人如此認爲），爲此感到自豪。幾年後，有人在採訪海莉納時問到歐特克成爲父親之後行爲有何轉變。她在鏡頭前笑了出來。「歐特克完全沒變。」她搖著頭說：「他和以前一模一樣。」

◆ ◆ ◆ ◆ ◆

海莉納的發言貼近實情。儘管誓言不再參加亞洲最高山脈群的遠征，但歐特克還放不下K2峰。他在一九九二年和羅瑞坦重返，攀登失敗，又在一九九四年和維利斯基與美國登山家卡洛斯·布勒（Carlos Buhler）回到K2峰，依然想在難以捉摸的西壁上找到路線。問題一部分出在他對西壁的執迷，畢竟西壁是極度困難的目標。一九九四年，他們的策略是在海拔較低處的冰坡架繩，以便快速通過，然後在高海拔採阿爾卑斯式攀登。儘管有了新戰略，西壁就是不願配合。八月的烈日炙烤冰雪覆蓋的山壁，山壁很快變得濕漉漉。「我從未見過八千公尺巨峰像這樣變成瀑布。」歐特克回憶道。他們的架繩策略毫無希望。繩索白天在流水中晃來晃去，然後在高海拔寒夜中凍結。攀登西壁的機會溜走後，他們橫切到巴斯克路線（Basque Route）。歐特克對這條路線一點興趣也沒有，不過他還是和他們一起爬到四號營。颶風級強風整夜颳個不停。凌晨兩點，風強到帳篷裡沒人敢動。到了凌晨五點，狂風強度稍微減緩一些。歐特克躲在睡袋深處，半睡半醒間察覺營地傳出動靜。他坐起身，看到維利斯基正悄悄穿上外層衣物，準備嘗試登頂。「你覺得這可行嗎？」歐特克問道。

「其他人在移動了，我也試試看。」維利斯基回答。

歐特克坐在那裡，看著。他該去嗎？跟隨眾人的腳步？「帳篷依然被風吹得啪啪作響。」他回想道：「風勢感覺來勢洶洶，而且讓我心煩意亂。那時候攻頂有點太晚了，風勢又令人擔憂。」不，他不會跟去。他要留在營地，必要時做其他人的後援。他又鑽回睡袋。

維利斯基跟布勒及紐西蘭攀登者羅伯・霍爾（Rob Hall）一起出發，同行的還有另外兩人：澳洲的麥克・葛倫姆（Michael Groom）和芬蘭的維卡・古斯塔夫森（Veikka Gustafsson）。早上七點，風已完全消退，K2峰的稜線正沐浴在陽光裡。歐特克覺得自己好蠢。「我腦袋有什麼問題？」他心想：「我爲什麼要留在營地這裡？」爲了逗自己開心，他走出帳篷，悠悠晃了兩百公尺，心不在焉，完全沒注意到鞋帶未綁，就這樣沿路拖著鞋帶走。這場散步輕鬆又舒暢。他感覺美妙極了：體能良好，已適應高度，強壯又健康。這眞令人哭笑不得。有那麼幾刻，他考慮要穿上裝備，循著他們的足跡上山。但不行，現在是早上八點，對起登而言實在太晚了。

從「瓶頸」（Bottleneck）底下觀察他們的進展時，歐特克有種奇怪的感受，好像有什麼事情不太對勁。多年後，他回想那天腦袋裡的一連串思緒。

慢慢的，我才搞懂那個感受。我缺乏任何野心，而且完全不感到羞愧。我沒有和其他人一起上山，一點也不困擾或失望。他們的追求似乎和我的情況無關。在整個攀登生涯中，我頭一次感受到自己的內心起了某種變化。我生命的某一部分即將劃下句點。我意識到，再次挑戰自己的極限，不會帶給我任何新的感受。就我現階段的人生而言，執迷地追求受苦的藝術，反而會阻礙我看見美好的未來。難道我變成了一個庸碌、頹廢的人?我不這麼覺得。好吧,我想我將逐漸消失在公眾面前,但我感覺自己彷彿身處巨大的銀河晶體之中。我知道我是其中的一部分。我在這裡的存在是有意義的。我依然在我的道路上。攀附在結晶上的執著之旅已失去了吸引力,因為我有種預感,最後的挑戰是向內的旅程,要深入晶體內部。

他看著其他人繼續攀登,越爬越高越慢。除了一個人,所有人都在靠近峰頂附近掉頭。堅持不懈的那個人是使用氧氣瓶的霍爾。午夜過後不久,布勒和維利斯基一前一後走進歐特克的帳篷,熱茶正等著他們。

多年後,歐特克仔細琢磨那天他在K2峰的行爲。「如果我想要登頂K2峰,那天就是我的機會。我應該去爬的。」他說:「但那不是我想要的路線,而且並不吸引我。」再次證明,對歐特克而言,通往終點的道路比終點更重要。偶爾,當他回顧自己的決定,他會納悶是不是做錯了。或許他就該去爬的。可是,若要對自己完全誠實,忠於自己的價值和選擇的道路,他知道,對他而言,在西壁失敗比在巴斯克路線成功更重要。路徑……每次都是路徑。原來,固守這條路徑的代價是頗高的。

考慮到其他波蘭登山家在這之前不久的豐功偉業,這話更是顯得千眞萬確。朱瑞克和哈澤這對搭檔在一九八六年攀登馬納斯盧峰後，又完成了安娜普納峰的首次冬攀。然後朱瑞克在隔年實現了八千公尺完攀，這次同樣和哈澤一起經由新路線登頂希夏邦馬峰。維利斯基也火力全開，在一九八八年的最後一天完成洛子峰首次冬攀，以及一次道拉吉里峰東壁的高速快攀。他在兩條路線都是獨攀。盧凱維茲成為首登K2的女性，外加眾多攀登紀錄。不過，接二連三的捷報在一九八九年劃下句點，那年波蘭最頂尖的五位登山家——尤金紐斯．克羅巴克、米羅斯洛．東索（Mirosław Dąsal）、米羅斯洛．葛齊萊夫斯基（Mirosław Gardzielewski）、安傑伊．海因里希以及瓦茨瓦夫．歐特連巴（Wacław Otręba）都在聖母峰西脊罹難，堅不可摧的朱瑞克在洛子峰南壁墜落身亡。波蘭人似乎正一步步地攀向滅絕。

在一九九〇年代初期至中期，歐特克注意到他在喜馬拉雅山的紀錄有了改變：失敗的次數如今超過成功。倒不是說失敗對他而言很陌生，他失敗的次數並不少。可是自一九九一年後，他越來越常失望而返。「我的攀登在這個階段經歷了一連串失敗，很奇怪，而且相當不尋常。」他幾乎變得多疑妄想：「也許我償還這一生超級好運的時候到了。」他思忖著：「也許我從現在開始要屢戰屢敗了。」他把在K2峰上度過的日子全加起來——整整一百一十天，其中僅八天沒下雪，他不明白這是怎麼回事。「我開始懷疑，我還債的時候到了。」他認輸道。

他在二〇〇〇年又挑戰一次K2峰，這回是跟山野井泰史和山野井妙子一起攀登東壁，歐特克斷言這面山壁是另一件「地球上的傑作」。他完全忘記了上一次跟維利斯基及布勒攀登時的想法，東壁的美貌已偷走了他的心。「我迷戀它好多年了，就像所有的戀愛情節，我跟泰史和妙子的新夥伴關係讓我重燃希望。」儘管有聰明的全新策略，他們遭遇和過往一模一樣的天氣模式：好幾個禮拜無法攀登的暴風雪，期望落空。「在某一刻，我意識到，我眞的受夠了K2峰。」歐特克說道，大笑起來。當泰史決定經巴斯克路線再次挑戰攻頂，歐特克心知肚明自己受不了連續好幾天費力地拉著固定繩攀登。他先行離開了。「K2峰終於向我證實，它是我最大的失敗。」他說：「它在我人生中是很重要的一章。它拒絕我的每一次靠近，但它因而成爲我畢生最重要的一次和解。」

他沒有直接回波蘭，而是出發獨自健行，延長從崇山峻嶺回到另一種生活的過渡階段。在胡槲山谷（Hushe valley）和囊帕山谷度過一個禮拜，徹底消除了他和K2峰道別的傷悲。「山嶺再度壯麗。」他說：「我繼續踏上深入晶體的旅程。」

泰史後來獨自經東南偏南凸稜的巴斯克路線登頂。一年後，三人回到喀喇崑崙山脈攀登拉托克I峰（Latok I），但最後登上的是壯麗的畢亞徹拉希中塔峰（Biacherahi Central Tower）。

歐特克試著分析失敗的經驗，以及他對失敗的反應。「每次失敗，我回家都像從奔馳雪橇上掉下來的傷心小狗。山對我的意義越來越奇怪。攀登對我的意義越來越深刻，變成了一種朝聖。我依然相信下一次我會掀開一道面紗，然後這個奇怪的、持續不止的內部緊張就會化解。」[108]

朝聖繼續。一九九三年，他和史考特嘗試攀登南迦帕爾巴特峰漫長又費神的馬西諾山脊（Mazeno Ridge）；一九九五年跟史考特及另外一群人再度挑戰同一山脊；第三次挑戰在一九九七年，搭檔的是羅瑞坦。最後這次大概是最奇怪的一次遠征。歐特克後來承認，天氣無可挑剔，山況無可挑剔，夥伴無可挑剔。但兩人卻在某一刻達成共識要從所有完美情況中撤退。他試著解釋。「我在喜馬拉雅山攀登的最後階段，一切都不同了。攀登的理由改變了。我承認自己的弱點。馬西諾山脊就是一個例子。我們樂於被打敗，樂於下山。」他回想在馬西諾山脊上耐人尋味的那天，笑了。

每次受挫他都提醒自己，保有接受失敗的能力很重要。他知道不只是在山上，生活也充滿挫折：財務挫折、愛情挫折、藝術創造的挫折。他想要有心理準備。「我知道我必須對這些失敗徹底免疫。如果我找不到免疫的辦法，我的人生就會出現真正的問題。那將是全面潰敗的起點。」隨著時間流逝，他逐漸看重自己的挫折並感到自豪，知道自己發現了新的力量來源。

歐特克非常需要那種力量，因爲他如今的生活被責任塡滿。他的生意非常忙碌。他有幢屋子和偌大的花園。他有妻子和兩個小孩。他覺得自己對家庭負有責任，深信自己需要繼續改變原有的生活方式，以便扮演更好的父親角色。海莉納沒注意到任何變化。在以歐特克爲主角的電影《山岳之道》（*Way of the Mountain*）中，她說：「我不認爲歐特克對山的態度有太大變化……我不認爲他曾經猶豫該選擇留下來陪我們，還是出發遠征。」

他的女兒艾格妮絲在評論時稍微寬容些，父親的缺席大都歸因於他的工作。「和我父親一起到某個異國島嶼度假，肯定會很開心……可是另一方面，我意識到，對他而言，假期這種東西是不存在的。他總是在想著工作的事。」艾格妮絲很少見到父親，不過務實的她乾脆把父親經常不在家當作正常的事。他對進口生意事必躬親，工作排程相當複雜，頻繁到海外出差。「我並不擔心。」她說：「他很常爲了工作前往印度和印尼，我不覺得那些行程和他的登山行程有什麼不同。」

歐特克的兒子艾利克斯倒是會區分行程的類型，而且記得登山遠征的行前準備總是令他興奮。「我們會開開心心看著各式各樣的裝備。」艾利克斯印象更深刻的回憶是每次歐特克登山返家時。「每次遠征回來，他總是顯得神清氣爽又快樂。」他說。

這個時期，歐特克在艾格妮絲心中既不是攀登者也不是生意人，而是園丁。「他似乎覺得那是世上最重要的事。」她說：「關於父親，我最鍾愛的回憶之一，是他拿著咖啡杯，在霧氣繚繞的寒秋大清早走進花園，走沒兩三步，停下來觀察一株植物，然後再走幾步，停下來端詳另一株植物。我想他在他的花園裡是很快樂的。」

艾利克斯記得他的第一次聖餐禮，全家人爲了慶祝儀式忙進忙出，到處搬桌椅，準備食物和飲料。歐特克卻不見蹤影，他終於出現時，手裡卻拿著梯子和相機，正準備去花園給他喜愛的其中一棵樹木拍照。「他活在自己的世界裡。」艾利克斯豁達地笑著說。

歐特克慢慢開始理解，登山不再是他生活中的偉大挑戰和創作。他意識到，登山對他探索自我不再有幫助。他解釋：「高山攀登變得不再有意義了，反覆受苦，爲了什麼？」受苦藝術的另一面，歐特克如今看得比較清楚了。波蘭的登山家尤其擅長受苦。他從親身體驗得知，在極端寒冷的條件下，只有少量食物與水，恐懼不斷侵蝕，還要持續消耗大量體力以求生存，這都需要某種程度的麻木。在喜馬拉雅攀登界，這被視爲優點。歐特克同意這種麻木被視爲可嘉的特質，至少是必要的特質。但看在外人的眼中，這個特質像什麼呢？很多時候，像是自私的冷酷無情。專注於自身對抗疲累和恐懼的戰役，遠比同理能力較弱的夥伴要容易得多。「很遺憾，我後來相信，自我中心和某種內在麻木是登山界普遍的人格缺陷，儘管很多人不願意承認。」他說。[109]

歐特克不再迫切需要另一次攀登，他對自己會經歷什麼早已一清二楚。「故事劇本一成不變：同樣的岩釘，同樣的步履維艱，同樣的猜測，同樣的謎團，一切的一切，絕對了無新意。我愛山，但我對於重複上演的故事已失去興趣。」他解釋道。

更根本的改變是，他對山以外的風景有了不同的態度。「我開始從森林得到同樣的驚奇。」他說著，視線投向窗外附近的樹林。他的女兒同意，回想起兩人在林中長時間的散步。「是他讓我愛上自然。」她說。歐特克的話顯示他對溫和的風景和相對平淡的生活有了更成熟、圓融、開放的看法。

可是歐特克，這頭岩石上的走獸，還沒厭倦危險。

十五
中國大君

尋找美；心如止水。

——W．H．莫瑞（W.H. Murray），出自羅賓．洛伊德—瓊斯（Robin Lloyd-Jones）《日照山巔》（The Sunlit Summit）

克拉科夫山岳電影節進行得如火如荼，超過一千人聚在體育場聽攀登者講述他們的故事，觀看緊張刺激的冒險影片。節目結束，觀衆人潮湧向大廳時，幾個年輕攀登者聊起稍早觀看歐特克的電影，有人無意間聽到他們的對話。

「聰明絕頂的傢伙。」當中一人表示。

「對啊，而且是超棒的攀登者。」他的朋友回話說。

「我不知道歐特克有去喜馬拉雅山攀登。」第一人若有所思地說，顯然有點困惑：「我以爲他都在攀岩。」

「對啊，我也是第一次知道。好酷。全能的傢伙。但攀岩才是他的招牌。絕對是。」

這就是歐特克在波蘭年輕一代攀登者之間的聲譽。他以大膽的岩攀聞名，其中許多都是獨攀。事實上，到了一九九〇年代，波蘭年輕的攀岩者已經忘了，或者，從來不眞的知道他在喜馬拉雅山區的事蹟。此時，攀登運動已在波蘭國內扎根。由於鑽了錨栓的路線無所不在，巉崖攀登不再僅限於頂繩攀登。年輕的攀登者正持續將標準推向極致，如同歐洲其他地區。

而年近五十的歐特克就在那裡，在克拉科夫當地的巉崖上，一旁都是精瘦如獵犬的二十來歲年輕人，他移動起來仍有某種漫不經心的優雅，像舞者一樣。他很融入這幫獨特的岩鼠*，稱他們爲「信徒」，並承認他也是信徒之一：接觸岩石是他人生必不可少的一部分，堪稱邪教。

「從人群裡認出信徒並不難。」他寫道：「他們通常出奇的瘦……但更重要的是，如果你注意到翻飛的手指，彷彿每根都有獨立的生命，不斷尋找可以勾住的凹處和裂隙，看得更仔細點……如果指腹有如厚皮革，硬得像堅果殼，關節明顯腫脹，使得手掌看起來像猛禽的爪子，你可以確定，眼前這個人就是信徒。」[110] 他也會提到他們像球棒的前臂，聳起而鼓脹的肩膀，以及不怎麼發達的竹竿腿。「直視這個人的眼睛。」他接著說：「如果，他茫然盯著前方，思緒在空間中徘徊，尋找某種模糊但又特定的動作，而且臉部跟著扭曲起來，你不用懷疑，這人是虔誠的信徒。」[111]

歐特克跟其他信徒一起勤快地攀岩，經常是法國難度7c+和8a級（北美難度5.13a和5.13b級），有時則是獨攀。他不用繩索，動機和所有獨攀者一樣：限制越少，感覺越好。儘管有家庭和生意的責任，他還是一心想要挑戰自己的極限，而獨攀是不用連續好幾個月待在亞洲就能挑戰極限的辦法。他瞭解獨攀固有的危險，但堅稱獨攀和許多他的大岩壁攀登相比，危險性低多了。不用繩索的攀登就是爲了追求自由，而歐特克對自由的渴望不曾停止。在某個脆弱（而無比誠實）的片刻，他承認自己很享受用高難度的攀登嚇嚇年紀輕到可以當他孩子的攀岩運動狂。譬如他在一九九三年以四十六歲的年紀完成的「嚇唬猴子」路線（Shock the Monkey，波蘭難度VI.5+/6、8a/8a+、5.13b/5.13c級，紅點攀登），大概也是他最困難的運動攀登。不過，他最爲人津津樂道的攀岩，絕對是獨攀「中國大君」（Chiński Maharadża，波蘭難度VI.5、7c+、5.13a級），也是在一九九三年完成。

歐特克自早年接觸岩石起，就展現得天獨厚的獨攀天賦。他有一種不由自主想要

* 岩鼠（crag rats）：指相當認真投入攀岩的人。——編注

向上移動的動物本能，而且爬得很快，帶著一種迫切感及興奮感。「因爲那給我一種刺激感。」他熱切地說。但獨攀不只是爲了像壁虎般在岩石上猛衝。獨攀也是腦力運動。每當向上移動的動物性衝動開始衰退，就是心智挑戰開始的時刻。

歐特克想要獨攀「中國大君」，這是一條有錨栓的岩攀路線，距離克拉科夫不遠。但更重要的是，他想要用全然放鬆的態度來攀登。事實上，這是他給自己獨攀這條路線所開出的唯一條件。「我將設法保持一種絕對的平靜。」他對自己承諾：「和在我的花園喝咖啡一樣平靜。這是給我自己的某種考驗。」

他非常清楚自己想要避免的情況。時間回到一九八五年，在他獨攀「阿拔斯戈柱」（Filar Abazego，法國難度7a+級）時，發生了一件怪事。他輕鬆度過較低難度的岩段，即將接近路線上的難關。「我伸長左手去抓關鍵的倒拉點。」他解釋：「這個姿勢讓身體變成一顆緊繃的能量球，全力以赴用指尖勾住頭頂上方某個不穩的小倒拉。我的左腳踩在一個滑溜的突出點，開始在倒拉點上施力將身體拉起，之後就要進入一個非常細緻的平衡動作，此時突然感覺到一股莫名熟悉的虛弱。那不是一般的脫力，我立刻就認出來了：那是一種果凍般的虛軟。」歐特克的身體頓時失去張力，隨之消逝的還有他的肌力。他的身體變得鬆垮。「我一陣驚慌，感覺到腳底下的虛空，以及阿拔斯戈柱下方布滿岩石的草原。我還聽到側邊某處有溪流汨汨流過。」

這一切全發生在轉瞬之間：專注於倒拉，滑溜的腳點，身體張力喪失，察覺下方的虛空。那接下來呢？他重拾控制。他**要求**控制。「那個指令，就像一把大掃帚，把我碎落滿地的驚恐思緒掃得一乾二淨。思緒飛越潺潺流水，帶走剛生出的絕望。取而代之的是空無，在空無之中，我再度將自己拉起。」113

這就是他不想在「中國大君」重蹈的覆轍。歐特克想要保持專注，一刻也不走神，腳下不打滑，身體保持張力，而且絕不能感到恐懼。他堅持要達到絕對的平靜。他沒跟任何人說自己的盤算。就連海莉納也不知道他到底在計畫什麼。當她終於懷疑他的經常性神祕失蹤時，只從他口中逼問出一半的事實。沒錯，他的確打算獨攀，但他就是不說要獨攀什麼路線。

歐特克知道，在大膽挑戰獨攀之前，每個動作他都需要演練很多次。這場攀登的難度駭人，獨攀更是不可思議。問題不是出在陡峭，而出在棘手。「中國大君」滿布淺洞，大到足以探入一根手指，但不夠深，攀登者無法用那根手指取得摩擦力。當淺洞逐漸消失後，峭壁上只剩一些摩擦點（sloper）的抓握點，令人抓狂。淺洞和摩擦點，眞是噩夢。他想成功完攀得掌握一系列的抓握技術：捏、手掌撐、擠塞、用指力、推及拉。

處理這些問題的唯一辦法就是運用想像力。幸好，歐特克從來不缺想像力。他確信自己可以透過結合完美平衡和受控的衝力解決這道謎題。在攀爬時保持完美平衡顯然是件好事——在岩壁上搖搖晃晃，揮舞著四肢，並不賞心悅目。受控的衝力在抓點相距甚遠的峭壁上尤其有用，因爲攀岩者可以利用衝力做動態移動，前往上方更穩當的大型抓握點，調整並恢復身體平衡。但在「中國大君」上，需要動態移動的地方不止一處。更棘手的是，路線上根本沒有穩當的大型抓握點。歐特克需要在滑溜的淺洞之間進行一連串動態移動。

這時，控制就變得相當關鍵。動作的動態性不能太大，否則歐特克會衝過頭，錯過下一個淺洞，從懸崖墜落。他需要動態移動，但力道要恰到好處，讓他像液體般向上滑行，一個淺洞接一個淺洞，不能滑過頭，更不能彈開，直到他能找到穩固的腳點。這些是既複雜又無比細微的連續動作。當他在腦海中演練這一連串動作時，他的手指會不受控制地受老朋友「神奇幫浦」影響。「神奇幫浦讓我怒氣攻心，又困惑不解。」他若有所思地說：「身體和靈魂的神祕連結，就存在這運作機制裡的某處。」[114]

歐特克稱「中國大君」是「陰柔的路線」，需要用策略智取，而不是靠體力蠻幹。這種攀登路線要靠練習取勝，而若想排練動作，他需要有人做確保。但他不想洩漏這項計畫。他該如何反覆練習而不讓自己的盤算曝光？

在腦中預想攀登情景時，他的心思有時會游移到意想不到的領域。一隻蜜蜂嗡嗡飛過怎麼辦？打雷怎麼辦？有人在附近喊叫令他分心怎麼辦？腿抽筋怎麼辦？放屁？鼻子癢？可能性無窮無盡。上述任何始料未及的事情發生，都可能把他從山壁扯下來，讓他墜落地面。歐特克越是深入思考獨攀「中國大君」的過程，就越是緊張兮兮。海莉納則是對她神經質的丈夫既不耐煩又惱怒。他除了擔憂和盯著自己慘不忍睹的手指，什麼都不做。沒有在擔心的時候，他都在訓練。

他訓練的精髓在於達到一種他稱爲「曲臂對腹部」的完美關係，意即達到所謂「強度體重比」的完美比例。目標是曲臂力大於腹部重量。這聽起來簡單，實際做到卻不容易。他應該追求更強的曲臂力量，還是專注於減去更多的腹部重量？他試著解釋這個兩難：「過度訓練強度（曲臂力）一定會引起肌肉增長，進而導致身體重量（腹部）增加。儘管強度會大幅提高，我很氣餒地得知，在指力點*和摩擦點構成的岩壁宇宙裡，足以當壓載物的腹部會奪走一切優雅與輕盈。」[115]

接下來這番話教人不解。「此外，身爲虔誠信徒，我瞭解攀登真的不是讓身體不斷凌空上騰，而是超越自我的一種嘗試。腹部在這一切中有何用？何苦用運動訓練來

* 指力點（crimper）：攀岩的一種抓握點，抓握時把指頭彎起來，用指尖和指腹施力，有時會利用大拇指壓上去的力量幫忙。——譯注

雕塑腹部，畢竟負責拉升的又不是腹部，腹部不過是行動過程中的壓載物？」116 這下子，他顯得自相矛盾了。

歐特克決定專心對付腹部。他禁食。他排毒淨化。他變得輕盈如羽毛。不過，在他減去腹部的同時，也驚恐地發現曲臂上的肌肉也同步荒廢了。他疲倦不已，變得沒有活力。

他轉而著重訓練曲臂。他把焦點放在做屈臂引體向上，每天都掛在鐵桿上，強迫自己保持手臂微彎，將向前伸長的雙腿往上拉，直到膝蓋對齊鐵桿。成果不可思議。「力量盈滿整個胸膛，把靈魂綁在身體上。腰部緊實，輕盈又俐落。肩膀充滿張力，線條優雅，提供堅不可摧的力量。」117 他慢慢進階到單臂引體向上，並在攀岩訓練牆上的指力板荼毒他的手指。他每天在森林跑步數小時。他的身體變成了高效率機器，輕盈而有力。

儘管訓練很重要，演練在岩石上的動作更是關鍵。他不能找平常的那些繩伴，因為他們很快就會看穿他的意圖，於是他找些樂意幫他做確保的攀岩新手。演練開始。第一步是頂繩攀登「中國大君」，第一遍嘗試的感覺不錯。他的信心大增，再多重複了兩遍，由耐心又單純的確保者幫他做確保。重複三遍，一次都沒墜落。然後是五遍。歐特克受到鼓舞，但也只是稍微受到鼓舞。「雖然演練近乎完美，我慢慢警覺到在難關部分需要一種相當微妙的平衡，同時兼顧向上動態移動的衝力以及使我攀附在岩石上的身體張力，只要絲毫偏離完美動作，都會導致墜落。」他意識到，再怎麼演練都無法改變這個事實，又何苦自尋煩惱？

儘管如此，他還是一週週地演練「中國大君」路線。幾個月過去，各種出乎意料的情況讓他無法按照計畫做最後嘗試：到印度出差、巉崖人潮擁擠、家庭責任。在他爲這次徹底「自得其樂」的攀登做準備而忙得團團轉之際，他已不經意地確保了自己無法實現那樣的寧靜。「你不太正常了。」海莉納評論道。

終於，歐特克不能再拖下去了。倘若他繼續演練，他會因爲精神崩潰而失敗。失敗等於墜落。獨攀的藝術，就是從腦中移除這類想法的藝術。攀登的時候到了。

那天風和日麗。只有一小朵雲玷污夏日晴空。他非常專注。他對周遭一切事物的感知放大到近乎難以承受。附近有條小溪，流水聲震耳欲聾。一隻蝸牛從岩石後頭冒出來，腳步笨重遲緩地沿著地面走過。爲了保險起見，他決定再頂繩攀登一次。「我沒看到任何陷阱。指洞都沒有蝸牛。摩擦點都在原來的位置上。」[118]

他收起繩索，脫下安全吊帶，綁緊鞋帶。此時，一對年輕情侶來到巉崖，聊著天，在準備開始爬第一條路線時，眼睛瞄到獨自站在「中國大君」底下的歐特克，瞬間就看出他的意圖。突然間，鴉雀無聲，且因兩人的驚懼而更顯死寂。一切都慢下來，慢到像夢境。一格格畫面塡滿螢幕，焦距清晰得驚人。他身體緊繃到有如彈簧。這不是他想要的狀態。

他使出海克力士之力，強迫自己專注於當下。他必須把沾滿止滑粉的手指輕巧但堅定地搭在每個淺洞上，腳精準踏上每個摩擦點，平穩且毫不猶豫地向上攀升。他向前一步，用手觸摸岩石。「岩石的觸感給我莫大的鼓舞。」他後來說：「我更用力抓著岩石，稍微向上提拉，開始移動。」

幾個簡單的動作後，歐特克來到漆黑的天花板。他向後仰，把手伸向天花板之上，尋找他知道藏在那裡的抓握點。「我輕巧地翻過天花板——從這裡開始，就只能進，不能退了。就在這一刻，我感覺彷彿從噩夢中醒來。覺得如釋重負，內心無比平靜。」[119]他的身體張力絕佳。他的手指乾爽。他雙腳安靜無聲，在微小的腳點之間精準移動。「動作如行雲流水，輕盈又平衡。我逐漸爲自己正不停往上移動而感到驕傲。我的大膽開始令我心情大好。我想要更多這樣的滿足感。」[120]

在山壁底下，那對情侶默默不語地看著。

歐特克抬頭望向這場攀登最困難的部分。他先前從不曾這樣。在所有的演練中，他從不事先抬頭觀望，手只是平穩地、毫不猶豫地往上伸。沒必要打量。但他這次卻抬頭了，而難關看起來很奇怪，和他的預期不一樣。他渾身顫抖。「我愣住了。愣住的背後藏著恐懼……我知道如果意志稍微動搖，我會跌落地面。但身體是頭聰明的野獸……不會問一頭熱的腦袋在想什麼。左手的一根手指勾住指洞，我流暢地爬到無法轉身的地方，爬向那些小小的灰色凸起，爬向以蔚藍天空爲背景的傾斜垂直岩石，然後奇怪的是，我的鼻子前出現了像我手指皮般薄的岩石邊角。就是這裡了！」[121]

再幾個動作後，他從陰暗的山壁來到陽光普照的脊頂。「夏日的明媚天空像一道波浪打向我，我忍不住開心大笑。我像個狂人般大笑，體內的每粒原子都快樂無比。」[122]他向後倚，岩石讓他的身體暖和起來。他的視線越過谷地，望向他家。他想起他的家庭，他的花園，他的聖誕玫瑰。「當我想像『中國大君』獨攀時，我的設想是要以百分百安全的心境去爬。」他後來說：「這是我的挑戰，要以這種安全的心境去攀登。我有信心能做到。後來，很遺憾的是，我其實沒有機會。在我接近最後階段時，我的心境是焦慮的。當我做最後衝刺時，我很幸運沒有做錯任何一步。」

接下來幾個禮拜，歐特克沉湎在高昂的情緒裡，感受甘美的自由。但這感覺終究還是褪去，留下一團空虛，接著是焦慮不安。絕對沒有其他心魔了吧？他看著心愛的植物在花園裡凋零，被炎炎夏日的熱浪烤乾。他開始憂鬱起來。然後，彷彿某種奇蹟，雨水落下，灌木、樹木、花朵重拾脆弱的生命。「這聽起來很難相信，可是我的確感覺到，那一滴滴滋養開始在我心裡匯聚，填滿了我，也溫柔地撫慰焦炙的花園。」[123]

是什麼驅使四十六歲的歐特克獨攀「中國大君」？他是兩個孩子的依靠。他的生活已經很充實。沒錯，他想超越身爲人類的極限，將「脫韁」推到下一個境界。但也許還有其他原因。他承認自己受到「Me世代」的挑戰，這個世代能輕易超越上一個世代，也就是歐特克的世代。「他們做的事超越了過去的成就，而且把我們這些老傢伙當老爹看。」他笑著說：「然後，老爹登場，完成一流獨攀……好吧，這的確是我想這麼做的某種動力，的確是有那麼一點，算是虛榮的部分。」

歐特克難能可貴的一點是，儘管已有年紀了，他還是參與年輕世代的活動。他的同儕當中沒有人這麼做。他從喜馬拉雅登山生涯退下來後，年輕的波蘭攀登者已經把路線難度推到5.13級，乃至更高。歐特克二話不說加入他們。他攀登一樣的難度，在塔特拉山脈開創了「破壞者」路線，然後最厲害的是竟然獨攀了「中國大君」。對歐特克而言，那是難以抗拒的挑戰，而他曾經說過自己厭惡競賽。直到今天，在波蘭仍沒有人能以獨攀完成難度更高的路線。

儘管他保持高水準攀登直至六十好幾，「中國大君」是歐特克最後一次的大岩壁獨攀。這標誌著他人生中的一個轉變時期——有著全新的起點和悲傷的終點。他就此展開一段創造力十足的時期，在生意方面也爆發新能量。此外，這也標誌了他第二段婚姻的落幕。

十六
形上學智庫

死亡的判決是既短且非常、非常果斷的。人生的判決就不同了，沒完沒了，充滿句法、限定子句、撲朔迷離的引據，以及逐漸衰老。

——娥蘇拉・勒瑰恩（Ursula Le Guin），《思潮：關於作家、讀者和想像力的演講與散文集》（The Wave in the Mind: Talks and Essays on the Writer, the Reader, and the Imagination）

喜馬拉雅山攀登者是一九七〇年代和八〇年代波蘭的出口大宗。攀登者各擅勝場。個人魅力十足的扎瓦達激勵整個世代的登山家，藉由在冬天攀登八千公尺巨峰，突破世人認爲可企及的極限。他讓這些登山家以身爲波蘭人爲榮，並幫助他們成爲世界頂尖。維利斯基是頭獵豹，迅捷地向上朝峰頂奔馳。朱瑞克在山嶺間盡可能展現自己最佳的一面，成爲無數人（不僅止於攀登者）心目中勇往直前的英勇象徵。同樣奮發，遠遠超越時代的盧凱維茲在八千公尺巨峰取得的紀錄，還要再過十五年才有下一位女性追上。她啓發並動員了一支強大的女性高海拔登山家隊伍。歐特克和朱瑞克、盧凱維茲、維利斯基、扎瓦達，以及加入這個陣容的攀登者大軍，創造出深具影響力的喜馬拉雅攀登遺產。他們放浪的生活在各方面都相當富足，除了金錢以外。

歐特克是這群攀登者中的異數。他不像朱瑞克、盧凱維茲、維利斯基那樣追求八千公尺巨峰。他也不是喜馬拉雅的冬攀專家。他的強項是考驗技術的大岩壁和高海拔縱走。他登山的動力來自美麗的路線、困難的路線、未來的路線。他對固定繩和大型遠征隊敬謝不敏，偏好小隊伍的彈性、獨立和親密。他始終不太融入波蘭攀登界，而且對許多人而言，他選擇的道路難以理解。波蘭高海拔專家皮奧特．普斯特尼克（Piotr Pustelnik）是第二十位完攀十四座八千巨峰的人，他解釋說：「一個覺得攀登某面大岩壁、某條路線或某道山脊，遠比登頂更爲重要的人，我們該如何理解？在朱瑞克和盧凱維茲以蒐集大山爲志的年代，歐特克的態度古怪到被人看作玩票性質。但如今，我比較傾向認爲，基於那些原因，歐特克的魅力在波蘭以外的國家『閃』得更爲耀眼。」

散發精英氣息、相信直覺且充滿藝術天賦的歐特克，除了經由攀登的風格和美學特質來定義他的自由，也以選擇不從事的攀登和不冒的風險來定義自由。他的知識分子特質，讓他把自由的觀念推向另一個層次，即便只是暫時的意識狀態。「對於失調的主流社會習俗及我們的庸人自擾所造成的精神官能症，沒有什麼療法比得上一面巧奪天工的大岩壁。因此，當一個人完成艱難的登山行程回來後，他總是變得更明智、更平靜，而且從內散發光芒。我會說，他暫時獲得自由了。」[124]

儘管他和登山界保持距離，幾乎每個來自波蘭乃至其他國家的登山家，對歐特克都有評價。奇赫是波蘭完成聖母峰冬攀首登的兩位攀登者之一，他形容歐特克是「波蘭攀岩界最偉大的人物，此外也在喜馬拉雅山有不少成就。」奇赫補充說道：「歐特克爲他的攀登創造出迷人的神祕主義氛圍。」美國登山家浩斯稱他是「高海拔登山世界的傑出人物」。他進一步說明：「他的攀登，有些登頂了，有些沒有登頂，但總是像一盞盞燈塔，矗立在世界最困難的山峰中，指引著風格優異的高難度攀登。他是阿爾卑斯式攀登精神的傳奇和巨人，他的攀登已清楚表明了這一切。」

維爾辛斯基把他放到更宏觀的波蘭登山界脈絡裡：「當扎瓦達在波蘭與國際登山運動的會客廳裡工作，歐特克這位登山界的形上學智庫獨自走在屋頂上，地下酒窖則被衣衫襤褸的外人占據，唱著『沒護照也沒工作』的藍調，喝著劣質烈酒，這都帶給我們所有人自我實現的滿足和一種獨立感。」[125]卡茲柏・特基爾（Kacper Tekieli）這位嚴謹的波蘭登山家，年紀比歐特克小將近四十歲，將歐特克視爲波蘭攀登黃金時代最值得學習的榜樣。

梅斯納爾談到歐特克時說道：「毫無疑問，他是最棒的。他完成了這麼多精彩的攀登。」梅斯納爾思索歐特克和朱瑞克這對銳不可當的組合時，掌握了這段關係的魔力：「那是歐特克帶領朱瑞克接受巨大挑戰。歐特克動腦，朱瑞克出力。」

◆ ◆ ◆ ◆ ◆

似乎人人都能從歐特克身上學到點什麼。他可以親切又大度，不過有時也會意外地不寬容與沒耐心。他可以固執己見到令人惱火，然後突然做出一些瘋狂的、隨興的舉動。絕頂聰明的他也相當淘氣。只要「興致一來」，他就會變得活潑外向，甚至張揚賣弄，引誘鏡頭，一副很好親近的樣子。但他對隱私和獨處的需求是神聖的，這使他有時難以接近，披上一層貌似冷酷、傲慢、輕蔑的安詳外表保護自己。他可以時而自我中心，時而虛懷若谷。很多人表達對他的仰慕，很少人描述自己與他關係親密。儘管他渴求友誼，但又憎惡讚譽，到頭來，人們因爲覺得歐特克難以捉摸，因此雖尊敬他，卻不親近他。

有段時間，就連他的家人也是這樣。「我小時候和他不親。」他的女兒艾格妮絲說：「我進入青春期後，他才開始重視和我的相處。」他不僅重視，而且非常想要參與她的成長，儘管他和家人分居。「他幾乎天天來訪。」艾格妮絲詳述：「他想要教導我，教我哲學和宗教。也教我生活。他看到我沒有整理床鋪時，會嚴厲地說：『妳必須整理妳的床鋪，否則妳的人生會亂糟糟。』」她大笑，接著說：「但我非常反感。」

艾利克斯記得歐特克對宗教的批判相當尖銳。歐特克同意並說道，他打從心底拒絕相信猶太基督宗教那個可怕的上帝，並覺得有義務向生命中最重要的兩個人說明原因。「我認爲散布恐懼、慈悲和天恩的宗教教義，比共產主義還要有害，還要糟糕。」但歐特克的立場很明確：他抵制的不是靈性。他鼓勵孩子在其他領域尋找靈性的指引，以及閱讀，閱讀，再閱讀。有天，十六歲的艾格妮絲去找歐特克，她的眼神熾熱，手裡握著一封信。「你可以幫我簽名嗎？」她問。

「這是什麼？」歐特克好奇地反問。

這是她寫給學校老師的一封信，表示歐特克同意她不用上宗教課。歐特克說：「我很驕傲自己播下了種子，母體的基因被打破了。」

艾格妮絲和艾利克斯都記得，歐特克沒對他們說教的時候，會帶他們到山上健行，甚至去攀岩。但歐特克的期待很高。「他的完美主義讓人很難不辜負。」艾格妮絲嘆了口氣說。艾利克斯記得父親對他的學業成績很失望。「他說：『喔，所以你只想要當個平庸的人？』」但歐特克後來稱讚艾利克斯自學了三種語言：法語、英語和德語。兩個孩子在回憶他們發現父親一身完美盔甲也有小罩門時，表情都開朗了。艾格妮絲暗笑道：「他對科技一竅不通，跟他聊科技就像和盲人聊色彩一樣。」

最終是創作的過程將父親與兒子的關係拉近了。艾利克斯個頭高大，是理想主義的夢想家，現在的他和父親一樣有強大的創造力。艾利克斯熱愛文學、藝術史和電影。他和父親分享自己拍電影的想法時只擔心一件事，那就是歐特克聽了太興奮，會想接手主導計畫。對於比較務實的艾格妮絲來說，她和實業家父親之間的連結在於工作，他們一起從事進口生意，一起踏進美麗織品和異國家具的世界。

歐特克向來愛沉思，所謂「形上學智庫」。不過，在他成熟後，他的自我分析也變得更加精闢。他變得坦然，毫不掩飾，斥責自己的言行不當，尤其是他的自我中心。在二〇一五年發表的某次訪談中，他試著解釋，不過添加了一點幽默。「我不喜歡自我中心，畢生拚命與之對抗。這很不容易，但我還是設法做到。我身邊時不時會出現我鍾愛的人類，我愛他們勝過自己，然後自我就消散了。或者我讓自己投入一些創造性的計畫，可以是餘興節目，可以是瘋狂計畫，然後畏縮的自我就瓦解了。在最糟糕的情況下，我倒杯酒……然後自我就夾著尾巴落荒而逃。」[126]

歐特克找到許多創造性的發洩方式來幫助他管理自我：在花園從事體力勞動，為他的公司設計和建造一棟風格獨具的房子，研究植物學和建築學，還有最重要的寫作。歐特克筆耕不輟，寫作給他取之不竭的快樂。詩詞、短篇散文、長篇散文，短篇故事，最後寫完了一本書《中國大君》（*Chiński Maharadża*）。他字斟句酌。毫無意外，他的主題是攀登，雖然他堅稱自己並不想寫這個主題。「我最棒的攀登經驗，往往都很私密，要談論這樣的經驗並不容易。」[127]可是他的書裡寫的全是那些私密經驗：他的「中國大君」獨攀就是絕佳案例。他對企圖心、自尊心、恐懼、羞愧，以及純粹而不受約束的快樂都有無與倫比的描述。他對喜馬拉雅攀登著墨不多，比較專注於家鄉附近的那些攀登。在日常生活的脈絡中探索攀登的意義，是最吸引他的寫作主題。「這對我其實是更大的挑戰。」他說。

放下作品，完成作品，允許作品被看見、閱讀、出版，對歐特克是同等困難的挑戰。出版《中國大君》的皮奧特・德羅茲特（Piotr Drożdż）回想道：「歐特克對待文字像個禪學大師。他不停修改每個句子。他的編輯甚至都認爲，歐特克是她遇過最『語言敏感』的作者之一，她做的每個修改，他都會發現，而且會隨時和她討論。」柯恩的兒子亞當（Adam Cohen）製作了他父親的最後一張專輯《你想要更暗》（*You Want It Darker*），並曾開玩笑說，父親經常要花五年、七年，甚至十年才能完成一首詩。而且就算如此，文字還是可能更動。歐特克就像柯恩，又是吹毛求疵又是不斷潤色，又是校訂又是修正，改變主意，微調想法，改寫，改寫，再改寫。

他的作品充滿關於攀登和人生的智慧，珍貴且超乎尋常。他對攀登難度的看法是：「惡毒的數字崇拜摺倒了攀登的崇高藝術，把它變得扁平，剝奪了它的靈魂與藝術性。」[128]對於在高海拔山區使用氧氣瓶的人，他寬宏地評論道：「汝不可怪罪汝之鄰舍使用眼鏡、保險套或氧氣瓶。」他對高山嚮導的想法是：「男人和女人的關係、人和山的關係都最好沒有指引。」關於完美主義：「我不喜歡完美主義。我是個完美主義者。」[129]還有他對衰老的聲明：「第一誡：汝當三思，而後方能經廁所而不入。第二誡：汝當把握每一次勃起。第三誡：汝不可輕信自己放的屁。」[130]他對企圖心的想法：「如果把夢想變成了公開的野心，對夢想實屬一大傷害。」他對同情心的評價：「一旦發自內心同情他人，你會忘記自己的痛苦。」

歐特克最大的恐懼就是以自命不凡或自我吹擂的筆調描述攀登，他知道這樣的作品層出不窮。時間倒回二〇〇三年，他在《登山家》網站寫道：「我現在看清，攀登是藝術。我也看出宣傳是毒藥，而自我宣傳則是人類靈魂最古老的沉痾宿疾。」[131]美國登山家兼冰攀先鋒傑夫．洛伊（Jeff Lowe）寫道：「以正直的態度做自己的事，以誠實與謙遜、幽默與熱忱，傳達你經歷過和學習到的事，你將對攀登新手產生影響，效果遠勝於你用『你的』方式有多正確，而他們的方式又有多『窩囊』，來給他們一記當頭棒喝。」[132]歐特克極力避免棒子策略，而是用黑色幽默與自嘲來傳達他的意思。儘管知道怎麼做才對，他還是會忍不住稍微「說教」，提供相關見解和些許智慧，然後再責備自己屢屢掉進陷阱。

歐特克忍不住臆測登山的未來。他認爲現代攀登者有不一樣的期待，支配他們想像力的是不同於過去的新事物：關於數位智能、基因創造、太空與時間旅行，以及永生的想法。這些想法導向一個近乎虛擬的心智疆土，歐特克的看法是，這不是一個對山有想像的疆土。對歐特克而言，關於山的想像充滿浪漫。「情感是浪漫想像的心臟。通往心臟的道路以血汗與淚鋪成的，而其局限便是神。」

歐特克走出的道路既長又豐富，有數不盡的回憶。有些回憶令人傷悲，有些教人失望，還有一些令他引以爲傲。甚至有些極度痛苦。他第一次和悲劇擦肩而過是在波蘭塔特拉山脈，朱瑞克的夥伴在離他數段繩距的下方，從直線攀登路線上墜落而死。他在班達卡峰基地營不斷受落石隆隆聲響的折磨與恫嚇。他出於某種無以名狀且看似不理性的恐懼，在強卡邦峰拒絕向上爬向祖列克。更糟的是，驚恐地看著祖列克被困在自己無法控制的身體裡，而且不知道能爲他做些什麼。跟朱瑞克那場針對馬納斯盧峰雪崩危險的激烈爭吵。在卓奧友峰西南壁拒絕加入羅瑞坦和托萊的行列的那天，還有下撤至基地營那段漫長又孤寂的回程。這些都是令靈魂備受折磨的時刻，因爲每個都牽涉到他的夥伴與朋友。

更不堪回首的，是失去過往的夥伴，一個接著一個：麥金泰爾在安娜普納峰罹難，朱瑞克在洛子峰南壁殞落，然後在二〇一一年四月，羅瑞坦也走了。當歐特克聽到羅瑞坦攀登阿爾卑斯山不幸罹難的消息時，他震驚大慟。他知道羅瑞坦承受了許多失去：他的攀登夥伴、他的人生伴侶，以及他襁褓中的兒子。如今羅瑞坦死了，這個在岩石冰雪的世界活蹦亂跳的男子。「我感覺被掏空。」他聽聞消息後說：「我真的很困惑。我完全不理解他爲什麼會死。」每個失去都留下傷口，每個傷口癒合成一道道傷疤。

但快樂的回憶也一樣多。麥金泰爾在班達卡峰上找到路度過冰塔的那天。他在強卡邦峰上確知祖列克死裡逃生的時候。麥金泰爾送錄音帶給他放入全新隨身聽的時刻。數十年後，歐特克握著錄音帶，笑著說：「這些眞的是太棒了，是麥金泰爾送給我的禮物，美好的回憶。」還有在川口塔峰上的感受，羅瑞坦在他墜落後悉心照料他，煮東西給他吃，放音樂給他聽。他提到與托萊的友誼：「每次想起托萊那張友善的面孔，還有他魁梧強壯的身軀，我都會後悔自己和他一起攀登的次數不夠多。我覺得遺憾，我們沒有一起探索地球上其他神祕的角落，這些角落經常引領我們看見自己內心深處最神祕的角落。」山上的友誼給了他一生最美好的時光。

細讀自己的日誌，再次體驗他和夥伴在山上度過的那些分秒日月，歐特克偶爾感到一陣激烈的悔恨。他重新提起自己和這些親密戰友間早已被遺忘的分歧，試圖解釋這種情感上的掙扎。「現在我想起羅瑞坦，我想到的是一位天使。朱瑞克非常、非常的優秀，和我形同手足。麥金泰爾也一樣。但當我開始挖掘這些故事時，我意識到當中有些對我們傷害甚深的片段。」回想是個微妙的過程，人會爲求生而篩選並塑造回憶。

在決算帳目上，歐特克和朱瑞克的夥伴關係仍是最矛盾的，部分是因爲他們的攀登哲學迥異，而且幾乎毫無疑問，也因爲他們是波蘭最閃耀的兩大攀登明星。「確實，一個人永遠無法徹底擺脫自我，但我可以誠實地說，我對他沒有絲毫嫉妒。」歐特克堅稱：「在嫉妒這點上，我是清白的。而我也認爲，他對待我的態度是公正的。即使我向來避免公眾關注和媒體，而他卻追求這兩者，但他的心可能比我更純眞。我的印象是他有純潔的心。朱瑞克對我來說是個眞正的夥伴。」的確，儘管攀登成就讓朱瑞克享譽國際，他從未失去受人喜愛的不做作態度。「因爲這一點，我眞心欣賞也愛他。」歐特克寫道：「另一方面，我也氣他總是考慮欠周，盲目向前衝。」[133] 歐特克不單單是氣，這點最終使他離開了朱瑞克。他深信這樣的「盲目向前衝」在很大程度上導致了朱瑞克多名隊友的悲劇。

歐特克也有令他自豪的回憶，包括他無懈可擊的安全紀錄。除了手指有一些關節瘀傷和破皮，他顯然沒受過其他傷。儘管他對極度困難和危險的攀登情有獨鍾，卻能避免事故和悲劇——不僅是他本人，還包括他的夥伴。「即便到現在，我還是不能完全理解。」他坦承，不可置信地搖搖頭。

有時，他將自己的安全紀錄歸功於運氣，或某種山與他彼此相愛的理想化概念。不過一旦他理性分析起來，事實自然浮現。歐特克對危險信號非常敏感，大概比多數人都更容易察覺危險。在某些情況下，危險顯而易見，例如卓奧友峰和馬納斯盧峰的雪崩危險。他拒絕在那種情況下攀登。這完全沒有奇蹟的成分。然而，即便如此，有一部分的他還是會事後批評或懷疑他的理性決定，因為他周圍的其他人經常無視這些危險信號，然後有時也能倖免於難。

歐特克知道這種行為不能長久維持。一股腦衝向危險最明顯的例子就是朱瑞克。「朱瑞克一旦適應高度就堅不可摧。」歐特克解釋道：「他可以在基地營待上兩個月，狀態毫不衰退。他還是可以順暢地移動。」問題在於他的夥伴**正在**衰弱。「其他人在那樣的條件下跟不上他的腳步。他們在垂死邊緣。事情就是那麼簡單，但他就是沒意識到。發現夥伴的狀態比你差並不困難。當我發現我的夥伴有問題時，我會變成廣播接收器，蒐集那個人散發出來的訊號，留意觀察，無時無刻不停地留意觀察。當然，這會破壞攀登的體驗，而且比自己出問題還要糟糕。」雖然體驗被毀，但歐特克和他的夥伴每次都活著回來。

儘管歐特克有時把朱瑞克比做親兄弟，他對這番言論有所保留：「當你和你的夥伴一起打過三四場硬仗，他自然會變成某種兄弟。但這不代表你們的關係很完美。」歐特克解釋一九八六年他們眞正分道揚鑣後，他對朱瑞克的輕蔑如何加劇。「我看著他蒐集一座座高峰，同時喪失一個個夥伴，心裡太清楚是哪些東西把那些攀登者推進死亡深淵。」

歐特克的鄙視漸漸擴大，最終不僅局限於朱瑞克和夥伴的關係。「我認爲，他的攀登到頭來變成了一種枯燥乏味的藝術。當他抵達基地營，不勞而獲地得到一座幾乎完全準備就緒的山，固定繩和每座營地都有人幫他架設好了，那樣的攀登還能帶來什麼啓發？他總是處於適應高海拔的狀態，只需要掛好猶馬上升器，緩緩爬上山頂。他就是這樣多攀登頂道拉吉里峰、卓奧友峰和干城章嘉峰。這種攀登缺少冒險、技術挑戰和風格等基本價值。」

然而，遠不止於此，歐特克和朱瑞克的衝突代表一種更廣泛的鬥爭，那擴大成衝撞他基本生活態度的一整套價値觀。歐特克試著解釋這痛苦的意見不合，之所以痛苦，是因爲死去的朱瑞克已沒辦法爲自己辯解。

我可以忽略我們在攀登方面的分歧。但我和朱瑞克的衝突，歸根究柢代表了我和這個世界的價值觀格格不入，這些價值觀存在母體的體制裡，強而有力地灌輸到我們的集體心理狀態之中。我們是這個體制的奴隸。我們被制伏了，往往接受這些價值觀，彷彿是我們自己的價值觀。我覺得朱瑞克和梅斯納爾競爭喜馬拉雅山的冠冕，到最後成為了這個體制的提倡者，把攀登這門高貴的藝術轉變成毫無價值的炫耀。他們忽視攀登傳統最珍貴的可能性——攀登傳統具備多層次的豐富價值，浪漫的、形而上的，以及美學的。他們把這門藝術扁平化成單一的庸俗面向：攀登巨星的比賽。他們透過競賽，把登山運動降級成一張奴役且汙染我們的母體網羅之中。母體的價值觀取代了攀登的感受性和自由這兩種價值。

歐特克如今對朱瑞克這些強烈、痛苦且激動的意見，似乎讓他們早期夥伴關係的一切美好與契合顯得極其遙遠。

除了忠於感受性和自由的價值，歐特克也以重視安全聞名。許多攀登者把歐特克在山間的安全紀錄歸功於他極其敏銳的直覺。俄羅斯高海拔專家巴巴諾夫曾撰文描述在從事最極限的攀登活動時，直覺變得益發重要。「對我而言，登山向來是一種獲得自知之明的手段，如今我正穿越到下一個進化階段，進入最不可預測的領域，在這個領域，生存需要動員一個人全部的內在力量，包括他的直覺。」[134]這番話用在歐特克身上也成立。

有個關於他安全紀錄的理論被歐特克斥爲無稽之談，也就是他對危險的耐受度很低。「展開布羅德峰大縱走，進到加舒爾布魯木IV峰西壁，危險程度都高到超乎尋常。我接受爬上那面山壁的極大風險，可是我拒絕在瘋狂的條件下攀登。在班達卡峰也是一樣。」這就是他對朱瑞克最失望的地方。「朱瑞克太常碰運氣了，這點無庸置疑。他失去了這麼多夥伴就是基本的證據。」只有幾乎只和歐特克一起攀登的那四年，朱瑞克才沒有失去夥伴。

雖然歐特克欣賞朱瑞克行爲之中的創造性，他在洛子峰南壁的死亡令他厭惡：朱瑞克在無保護的情況下不停往更高的地方推進，因而走上了死路。他墜落時，七毫米的繩索斷裂，這是注定要發生的悲劇。「對來他說，世上沒有撤退這回事。」歐特克說：「他絕不會放棄。他就是那種人。」梅斯納爾曾說：「最棒的攀登者是能締造最高水準的壯舉，並且活下來的那個人。」

◆　◆　◆　◆　◆

不過，歐特克的非法攀登紀錄（算是他個人的某種「蒐藏」）倒是給他帶來一些莫大的歡愉。「做非法的事，是創造性人生的一部分。」他堅持：「限制主要是由世界的殘暴獨夫所設，而且把我們的生活變成一種奴役，破壞了自由的感覺。我不是生來就愛唱反調，但有時我覺得唱反調是我的責任。我討厭所有類型的規則。我從不搭理海關規定。登山授權費限制了我們的職業，滾到一邊去吧。登山許可限制了我們的自由，同樣令我厭惡。出生登記給我們貼上標籤，有助於政府追蹤我們。如果我有辦法的話，我想安裝病毒到登記系統裡，把它搞得一團亂。」

他開開心心地背出自己所有的非法登頂。「絕對不合法的有布羅德北峰和中峰。我們只有布羅德主峰的登山許可。喔對了，還有一九八二年第一次登頂布羅德主峰，當然也是非法的。可是，我們純粹是爲了適應高度而爬，所以也許不算吧？」當然也算，怎會不算，於是（僅被小小訓斥了一下），他繼續細數清單：「加舒爾布魯木I峰和II峰之間的II峰東峰也是。」他若有所思地說。接著露出一絲辯解的語氣：「話又說回來，東峰山頭並不明顯，可能算某種副峰。也許沒有那麼非法？」但接著他又補充說：「那是一次首登，這倒是眞的。」回想加舒爾布魯木之行，他突然想起來，他也沒有加舒爾布魯木I峰的登山許可。還有他和蕭爾嘗試攻頂K2峰那次也沒有登山許可。還有他跟艾倫及羅瑞坦嘗試攀登馬蘭普朗峰（Malanphulan）那次。還有他初攀希夏邦馬峰西南壁那次。還有班達卡峰。還有川口塔峰（兩人隊伍那次）。還有南崎巴札（Namche Bazaar）上面的洛薩冰瀑（Losar icefall）。「我本來有考慮申請登山許可。」他解釋道：「可是他們大概會覺得很困惑吧，畢竟那裡根本沒有山頂。我要怎麼跟他們解釋說，我想要爬七百公尺的冰到一片牧場？」所以他就沒申請了。

斯洛伐克的塔特拉山脈呢？歐特克和他的夥伴偷溜過國界，咯咯笑地穿越森林，僥倖沒被逮到，有數百次了吧？多麼甜美的冒險。

非法不過是那些英勇事蹟的一部分。「很多次，我們去爬山，不知道最終會入獄，還是死在山上。我們沒錢，沒登山許可，只有兩個人。」未知數遠遠勝過已知的，才是貨眞價實的冒險，就是如此的方程式。

歐特克對違規的喜愛絕不僅限於攀登領域。他那成功——而且百分百合法——的進口生意，就是以他在七○和八○年代從事非法走私活動時獲得的知識爲基礎。每個麻煩的邊境官員和檢查員都給他上過無價的課程，讓他精通進口生意之道。「每個普通的小人物都在走私。萊赫．華勒沙看到了這點。人們受夠了無法透過簡單的模式開發生意——受夠了不能自由、不能增長資產財富。走私是正常的。這就是波蘭掙脫束縛的方式。」

即便波蘭如今已經自由了，歐特克還是忍不住。他在擁擠的城市找最方便的停車位，通常就直接停在寫著「請勿停車」的標誌前。他在波蘭高速公路不可超車的路段蛇行穿梭，有人問他爲什麼要這樣做，他笑著回答：「因爲這是被禁止的。」他的兒子偶爾也有樣學樣，憶起在西班牙加的斯市（Cadiz）街上販賣西藏珠寶而大賺了一筆的有趣故事。艾利克斯和一些塞內加爾商販在西班牙午休時間到街上去擺攤。他解釋：「因爲那時候警察都在睡覺。」

最重要的是，對歐特克而言，打破規則是一種創造性的活動。而他對創造性的執迷，滲透生活的所有面向。即便他追求明確，他想要找出答案去解開「我們爲什麼攀登？」這個古老問題，也開啓了一趟探索創造性意義的求知之旅。這趟旅程的第一個線索是他的文章〈山岳之道〉，但那只是起點而已。他不停思索創造性和他的攀登理由有何關聯，同時在字典裡搜尋最能表達個人想法的字句。當他找不到需要的單字，索性爲此目的創造了新語言。「*Crea*」成了代表他生命核心力量的單字，也代表所有生命的核心力量。

經過多年尋思，他提出「Crea」的概念，這概念既適用於他的人生，也適用於整個宇宙。他認爲大自然、社會生活、經濟、藝術，乃至政治的各個面向，都是創意驅動力 Crea 的體現。「樹木在春天綻放的花蕾，馬鈴薯嫩芽努力向陽生長。那是 Crea 構成了音樂的樂想*，Crea 將一連串想法編織起來。Crea 驅使攀登者爬上大山壁，也同樣驅使東非的馬賽人站起來大膽朝獅子走去。」

在個人的層面上，Crea使歐特克茁壯，支撐著他。「你不需要其他的東西。Crea是心靈氧氣的來源。改變是透過Crea的力量發生的，而那個改變的表現形式就是創造。」對歐特克而言，創造（或稱之爲成品）的重要性遠遠比不上渴望，渴望是朝向改變或某種轉化的內在動力。他的寫作有時候會成爲作品，譬如一本書或一篇文章。可是作品通常只是一項個人結論、一場創造性的訓練。誠如柯恩所言：「你得先完成寶石的切割，才可能看出它是否耀眼奪目。」對歐特克來說，實現「Crea」是幸福的最高型態。「只要Crea仍在我們體內運作，我們就活著。當它消失，我們瀕臨死亡，腐朽退化。最終，空虛會征服我們，讓我們變得像殭屍。行屍走肉，像個空殼。厭倦、憂鬱、精神疾病，最後一無所有。」歐特克深信若不是有Crea，他早就死了。

歐特克就連對死亡的態度也充滿創造性。五十多歲的時候，他被診斷罹癌。他先是悲傷了一陣子，然後便優雅地接受自己的命運。他尋找，然後也找到了面對這場最後戰役的力量與堅毅。他轉向內在，爲不可避免的事做好準備。結束某趟漫長的印尼

＊音樂的樂想（music motif）：亦可直譯為音樂動機，是作曲者在作曲時的一段簡短的音樂靈感、反覆再現的幾個突出的音型、一小段音符構成的音樂片段。通常為作品奠定主要的基調。參考 https://zh.wikipedia.org/wiki/%E4%B9%90%E6%83%B3。——譯注

商務之旅回家後，他打開醫生寄來的一封信，幾乎不敢相信上面的內容：最近一次檢查顯示，他的身體完全健康。最初診斷是天大的錯誤，他並沒有罹癌。不可思議的是，歐特克的第一反應竟是失望，因爲他都已經準備好了啊。

歐特克生活的各方面都受 Crea 驅動。他的生意、他的房子、他的花園、他的寫作，以及聽音樂和在森林散步，都是充滿好奇心和想像力的轉化經驗。爲了實現這富有想像力的轉化，他需要靜思。皮科．艾爾曾經寫道：「對一個空白空間、一個停頓的需求，是我們骨子裡都能感受到的東西。這股需求，是構成樂曲的共鳴和形狀的休止符。」[135]

歐特克仔細琢磨大哉問：對我最重要的是什麼？我活著不能沒有什麼？他的答案，儘管不完整到令他心煩，但最終還是引領他回到最初在崇山峻嶺間感受到的空間與光。「強卡邦峰的景色是如此秀麗。還有川口塔峰那塊岩石。加舒爾布魯木Ⅳ峰的閃耀之壁也是——這些雄偉壯麗的地方。爲了置身這些地方，我什麼都願意做。」群山接納了歐特克，他也對群山忠貞不渝。

對 Crea 的探索，終究還是把歐特克帶回攀登這件事。「人類的創造性就是 Crea 的一個例子。」他說：「攀登是一種人類的創造性，而且我認爲它是其中最豐富的一種。我的攀登純粹是 Crea 的體現，我掌握了這個概念後，對於我們爲什麼攀登這個問題，便獲得了完全令我滿意的答案。Crea本身在人類世界化身爲創造性，而攀登就爲攀登者提供了形式最豐富的創造性。天生對攀登運動和山嶺擁有獨特感受力的人，自然會在攀登中找到自己最豐富的創造，因此心智會在攀登時得到心靈氧氣。」他補充說，同樣的答案也適用於大提琴家和舞者，事實上，是適用於所有具創造性的探索。

攀登聳入雲霄的山壁之所以教人難以抗拒，是因爲那是和「美」共譜的一支舞。每條路線都是獨一無二的創造。克服苦難的每個片刻都充滿創造性。隨著他越爬越高，登向未知時，有時候會發生一種美妙的轉化。「我發現，和群山的連結是如此強烈，我甚至因而能從不一樣的層次親近周圍的大自然，彷彿和自然合而爲一。」歐特克解釋：「那幾乎是一種神聖的心境。」

後記　難關

我已和天使摔過角，我沾染了光，我不感到羞愧。

——瑪麗・奧立佛（Mary Oliver），《逆流：散文選》（*Upstream: Selected Essays*）

我正打算來片吐司配咖啡時，電話突然響起。時間是早上七點三十分。

「妳好，柏娜黛，是我，歐特克。很抱歉，妳現在方便說話嗎？」

「當然可以。怎麼了？」

「是這樣的，有點難說。妳現在忙嗎？能不能來我飯店一趟？我們等等要開會討論今晚的典禮，妳能來的話會比較好。但前提是妳方便的話。」

我聽得出他語氣裡的焦慮。「當然，我可以過去。半個小時到，等我。」

我們人都在法國拉格拉夫（La Grave），準備參加金冰斧獎。沒錯，就是那個金冰斧獎。

在那麼多封電子郵件往返後，歐特克以為金冰斧獎的戰役終於結束了。可是卓曼斯多夫就是不放棄。二〇一六年，他決定把終身成就獎頒給歐特克，無論對方接不接受。他捎來又一封訊息，這回清楚表明，獎項頒定了。

一場史詩級的天人交戰於焉展開。歐特克看穿了卓曼斯多夫的策略，他想激發大衆支持這項宣布，希望這會讓歐特克順應呼聲。卓曼斯多夫甚至稍微修正了他的話，提到「山的精神」和「群山之心」，想要迎合歐特克的美學傾向。歐特克落入怎麼做都不對的困境。如果拒絕獎項，歐特克大概會顯得自大又傲慢，彷彿不願與攀登界的同儕為伍。他們永遠不會猜到他不願受獎的眞正理由。可是，受獎很明顯背叛了他的理念。名氣雖是由他人決定的，卻會影響人們與他交流的方式。更糟糕的是，他懼怕自己極可能會受到蒙蔽，相信自己眞的配得上那個名不副實的公共形象。這個獎將使那份妄想變得更難以抗拒。他也許會成為名氣的奴隸，對名氣上癮。他將一舉失去尊嚴與自由。他深切瞭解名氣就像鐘擺，往下盪時尤其危險。抑或，誠如加拿大作家艾莉絲·孟若（Alice Munro）所言，「務必先為名氣奮鬥，然後再為它賠罪。出名或不出名，都是你的不對。」[136]

歐特克閱讀來信。然後又讀了一次。他沒有立刻答覆，對於該如何回覆矛盾不已。究竟冒犯別人好，還是當叛徒好？「如果是其他人接受這個獎項，我並不介意。

我只是不想要受獎者是我自己。」他抱怨道：「我知道這是我個人的問題。我確信如果是朱瑞克，他就會接受。他不認爲接受獎項和讚譽有什麼不對。他會完全問心無愧，爲什麼我不像他一樣？怎麼辦？」終於，歐特克動筆回信。

卓曼斯多夫，你好：

好戲即將登場。當然，這對我並不容易。我感覺像個叛徒。我曾說「不要頒獎表揚禱告的人」，而今我保持沉默。我唯一能忠於自己的事，就是拒絕這把「斧頭」，然後因而冒犯許多好人……更糟糕的是，我會讓自己蒙上無比自大虛榮的嫌疑……我將成為世上最沽名釣譽的攀登者。

我只能相信自己是帶著良好的意圖參與這場演出……我在內心深處當然享受金冰斧獎的認可，所以也許我應該接受才對。感謝你讓我成為攀登界的一名特別成員。請代我向委員會的其他成員致謝。

卓曼斯多夫終於贏得戰役。這是了不起的勝利，不僅是對卓曼斯多夫而言，對整個登山界都是。由國際同儕票選出線的歐特克，將因多年來在世界各地最高山脈群開創極簡的、全心投入的阿爾卑斯式攀登而受表揚。這是他們能給一名攀登者的最高榮譽及最高致敬。

所以在這個大日子的早晨，我們人都在拉格拉夫。歐特克並不開心，他衣衫不整，心煩意亂，血壓飆升。他顯然對關注、媒體和獎項感到不安。但那天早上的電話並不是出於這份持續不停的不安，而是頒獎典禮的隨興結構打亂了完美主義者歐特克的心情。如果他要參加典禮，典禮必須完美。

他要求做幾項調整，主辦方也同意了。現在所有人都對比較嚴謹的活動編排感到滿意了。然而，我們下樓到飯店大廳時，一群人簇擁上來。歐特克顯得焦躁不安，一副被困住的樣子。我心想，這是因爲緊張嗎？還是首席女伶的精湛表演？於是我建議他遠離群眾，到拉格拉夫高處的山丘好好散個步。他立刻說好。

山丘海拔遠高於村莊，高山草原上處處有春日番紅花在陽光下搖曳生姿。歐特克凝視邁耶峰（La Meije）那陰鬱山壁下的陰暗山谷，再次質疑自己爲何出席這場活動。他試著解釋，他不應該被媒體密切關注，不應該出現在舞臺上、聚光燈下。我可以理解他的焦慮，因爲他認爲對等的相互接受，也就是友誼，跟讚譽是不一樣的事。他似乎擔心自己的靈魂不夠純淨，沒辦法堂堂正正地接受外界認可。「公開贈禮是令人難以接受而且大有問題的禮物。」他說。我已經從他口中聽聞這番論述無數次了，可是我繼續聽他說，聽他把這比擬爲「最困難的攀登」，讓他以自己的方式走出困境。當邁耶峰的寂寞黑壁和誘人冰溝向他招手時，他肯定覺得自己背叛了自己。

他還是出席了。

當天晚上，來自世界各地的數百人齊聚在一頂大帳篷內。這些人大都是攀登者，用飽經風霜的手拿著葡萄酒杯四處兜轉，交換高海拔露宿和裂隙的精彩故事。歡樂滿堂。這是金冰斧獎的慶典，攀登者的盛會。

歐特克站在帳篷內的人群後方，等待被點名上臺。他心裡的惡魔此刻似乎很溫順。他很精瘦，衣著優雅，看起來正像即將領取殊榮的世界級登山家。介紹詞即將講完前，我傾身靠向他，問說：「準備好了嗎？」

他微笑著說道：「好戲即將登場。」

語畢，他以瞪羚的優雅姿態跳上舞臺。他用逗趣的故事、他的笑容，以及他的感激之情，迷倒在場觀眾。公開露面的歐特克完全意識到自己的偽裝，但同時似乎也被他的假面具嚴密保護著。了不起的演員，我心想。

儘管如此，歐特克成功主導典禮，堅持要他的攀登夥伴們都走上舞臺，和他一起領獎。對他的夥伴們，還有在座數百名攀登者來說，這都是令人感動的表示，眾人沉醉在那一刻的快樂與慷慨中。他接受了這個獎項，同時用一種能轉化這次經驗的方式來回應。即便不情願受獎，歐特克後來也承認，當那些飽經風霜摧殘的手一起握住金斧頭時，他感到心滿意足。夥伴的那些手跟他一起完成那些美好的攀登：班達卡峰、加舒爾布魯木Ⅳ峰、馬西諾山脊、道拉吉里峰、卓奧友峰、希夏邦馬峰和強卡邦峰。如果朱瑞克、麥金泰爾和羅瑞坦也都能到場的話，該有多美好。

攀登給予歐特克機會突破自己的局限，面對自己的弱點。最終，來到拉格拉夫，和多年（有些甚至已經幾十年）未見的夥伴重新連絡上，和攀登界的山友聊天，回答媒體的提問，以及踏上那個舞臺，或許是他直面自己其他弱點的絕佳機會。在他唯恐自己背叛所有信仰的孤獨過程中，他尋找一個能夠堂堂正正接受獎項的方式，而他也的確找到了。

我相信，歐特克在配合這本傳記寫作的過程中，也找到了尊嚴。過程不總是輕鬆寫意。他的人生故事醞釀了太久，而這些年下來，沉默變得震耳欲聾。但隨著時光流逝，未說的故事往往會強化，也變得更豐富。歐特克在多年後第一次重讀自己的日誌，有好幾次真切地傷感。我問他為什麼，他若有所思地說：「我本來希望現在的我更有智慧，但我認為其實沒什麼差別。」然後他笑說：「至少我已不再實施飢餓日。」

日誌透露那些年在山上的強烈情緒：恐懼、失望、友誼、嫉妒、喜悅，甚至憤怒。有時，他似乎對出現在紙頁間的陣陣惱怒感到驚訝且不安。憤怒、嫉妒和仇恨，一旦長期盤踞人的心靈，將導致嚴重傷害，而歐特克看來一點也不想要這些情緒。勒瑰恩寫道：「一個人停留在不屬於自己的狀態裡越久，承受的危險就越大。」[137] 歐特克如今似乎更注重維護生活的樂趣，與人相伴的樂趣，參與孩子生活的樂趣，有創造力，能敏銳感受到美的樂趣。他看起來很快樂，並不是無上的幸福，可是有簡單的知足，從悲傷和鬱鬱寡歡中釋放出來。不過，他的兒子艾利克斯擔心他，他說：「他好像與世隔絕，活在自己的世界裡。」

他的女兒艾格妮絲也擔心他，解釋道：「他年輕時為了登山放棄一切，只為追求他的自由。現在他不能這樣做了，我認為他應該更放鬆一些，玩樂一下，不要老是工作。」然而，父女的觀點殊異。歐特克反駁說：「今天的我絕對比過去更平靜一些，至少在幾個終極問題上是如此，像是人生、衰老、死亡那些。我從簡單的生活中得到更大的滿足。我想這就是進步吧。」

儘管歐特克在傳記撰寫期間充分配合，連續數日不停反思個人往事的乏味過程，對他而言是最困難的事。「當下更為迷人、更加神祕，而且具備更大的潛力，我為什麼要活在過去？」不過，他**的確**努力透過他的日誌、他的照片，當然還有他的記憶，反思他的人生。這個反思過程揭露了一件事：在他離開群山很久以後，當初在山裡創造的絕美經歷讓他有能力活得更加充實。「有時候，我認為喚醒這份脹大的愛慕感

（在某種意義上，是一種對空無的愛慕），是我畢生最重要的轉變。這件事無疑使我變得更強大。能夠不依靠任何東西活著的人不是更加強大？我試圖在自己身上培養這樣的轉變。」138

我敢肯定，歐特克心目中最純粹的攀登經驗，只存在某個沒有任何溝通形式能傳達的領域。那個故事永遠不可能言明。可是他理解，傳達他對美、友誼以及（最重要的）自由的深刻個人頓悟，是有價值的。他知道，他應該多與他人分享，讓更多人知道登山不僅是爲了站上山巔，更是爲了攀越**你自己**。「如果不能將在山上感受到的力量和愛帶回日常生活裡，帶給其他人，登山是毫無意義的。」

當被問及是否會考慮不再攀登，歐特克的答案很明確。「放棄一段兩相情願的愛，未免太過荒誕。我的期望不高。撫觸溫暖的石頭，感受山的空間，對我來說就足夠了。山是我生命的氣息。」139

歐特克在塔特拉山脈西區練習新路線「破壞者」。*Voytek Kurtyka collection*

瑞士登山家尚・托萊。*Voytek Kurtyka collection*

「空身夜攀」隊伍：瑞士攀登者托萊、羅瑞坦和歐特克。*Voytek Kurtyka collection*

歐特克一九九〇年在卓奧友峰基地營。*Voytek Kurtyka collection*

卓奧友峰，八一八八公尺，喜馬拉雅山脈，尼泊爾和西藏之間的邊界。西南壁新路線，阿爾卑斯式攀登（空身夜攀），歐特克、托萊和羅瑞坦，一九九〇年。*Voytek Kurtyka collection*；皮奧特．德羅茲特繪製路線

獨攀卓奧友峰西南壁，托萊與羅瑞坦同行，一九九〇年。
Voytek Kurtyka collection

希夏邦馬中峰，八〇〇八公尺，喜馬拉雅山脈，西藏。西南壁新路線，阿爾卑斯式攀登（空身夜攀），歐特克、羅瑞坦和托萊，一九九〇年。
Voytek Kurtyka collection；皮奧特・德羅茲特繪製路線

歐特克和海莉納在加州。*Voytek Kurtyka collection*

歐特克在後院做著某種訓練。他的舉重練習是由兒子艾利克斯和女兒艾格妮絲充當啞鈴，兩人邊扭動邊雀躍地尖叫。
Halina Kurtyka, Voytek Kurtyka collection

「嚇唬猴子」路線，波蘭難度 VI.5+/6 級、8a/8a+、5.13b/c，歐特克最困難的攀登之一，位於靠近克拉科夫的普羅德尼克谷地（Prądnik Valley）。他在一九九三年四十六歲的時候完攀這條路線。*Bernadette McDonald*

歐特克一九九四年在 K2 峰基地營。這次是和卡洛斯・布勒與克里茨多夫・維利斯基嘗試攀登西壁。*Krzysztof Wielicki, Voytek Kurtyka collection*

一九九四年的嘗試攀登期間，布勒在 K2 峰西壁下方的冰河背隙。
Voytek Kurtyka

嘗試攀登南迦帕爾巴特峰的馬西諾山脊，一九九五年。
Andrew Lock

一九九五年，安德魯・洛克在馬西諾山脊上嘗試攀登，此次攀登的成員有歐特克、洛克、道格・史考特、山迪・艾倫（Sandy Allan）和瑞克・艾倫（Rick Allen）。*Voytek Kurtyka collection*

作家歐特克。*Voytek Kurtyka collection*

歐特克忽視「嚇唬猴子」前方「未經授權請勿入內」的標示。請注意，他二十年前已獨攀過這面山壁，所以他可能實際上已獲得授權。
Bernadette McDonald

「中國大君」，歐特克著名的獨攀，經過位於懸崖二十五公尺最高處的平滑斜板。他在一九九三年以四十六歲的年紀獨攀此路線。*Piotr Drożdż*

二〇〇〇年，歐特克最後一次嘗試攀登 K2 峰後。這一回，他鎖定東壁，跟山野井泰史及山野井妙子一起攀登。*Voytek Kurtyka collection*

歐特克和他的女兒艾格妮絲。
Voytek Kurtyka collection

歐特克和托萊在二〇一六年於法國拉格拉夫重聚。*Anna Piunova*

歐特克和他的兒子艾利克斯。
Piotr Bujak

歐特克在二〇一六年於法國拉格拉夫舉辦的金冰斧獎典禮上，看起來有點緊張嚴肅。
Voytek Kurtyka collection

歐特克和蕭爾在二〇一六年於法國拉格拉夫重聚。*Anna Piunova*

歐特克和朋友們在法國拉格拉夫。由左至右為：林賽・葛里芬、歐特克、柏娜黛・麥當勞和米克・法勒（Mick Fowler）。*Voytek Kurtyka collection*

致謝

我曾聽人說過，養育一個小孩需要一座村莊的力量。我認爲寫書也是一樣，而對《自由的技藝》而言，這座村莊是整個世界。

若不是有爲登山史留下寶貴研究和傑出作品的前輩支持，我根本不可能考慮處理這個寫作題目。感謝鮑伯・蕭弗豪・奧伯汀（Bob Schelfhout Aubertijn）、麥可・甘迺迪、卡麥隆・麥克尼什（Cameron McNeish）、大衛・西蒙奈（David Simmonite）、維克多・桑德斯（Victor Saunders）、加拿大洛磯山脈懷特博物館（Whyte Museum of the Canadian Rockies）、葛雷格・柴爾德、羅多夫・波皮葉（Rodolphe Popier）、雅努什・馬傑爾、亞切克・森紹斯基（Jacek Trzemżalski）、楊・吉爾科夫斯基（Jan Kielkowski）、林賽・葛里芬、埃伯哈德・尤加爾斯基（Eberhard Jurgalski）、嘉比・昆恩（Gabi Kuhn）和卡洛斯・布勒，謝謝你們的熱情、時間和知識。

我花了許多時間採訪世界各地的攀登者。有些採訪是多年前我爲另一本書《攀向自由》（*Freedom Climbers*）所做的，不過內容依然和本書相關。感謝尙・托萊、何內・格里尼、羅伯特・蕭爾、山迪・艾倫、葛雷格・柴爾德、卡洛斯・卡索利歐、道格・史考特、萊茵霍爾德・梅斯納爾、卡茲柏・特基爾、盧德維克・維爾辛斯基、史蒂夫・史文森、拉斐爾・斯拉文斯基、克里斯提昂・卓曼斯多夫、史提夫・浩斯、列社克・奇希、克里茨多夫・維利斯基、阿圖爾・哈澤、波格丹・揚考斯基、席莉那・庫庫奇卡（Celina Kukuczka）、雅努什・庫爾扎布、雅努什・馬傑爾、克里斯蒂娜・帕爾莫夫斯卡（Krystyna Palmowska）、安娜・歐科平斯卡（Anna Okopińska）、艾利克山德・克提卡和艾格妮絲・克提卡。

我很幸運能夠從很棒的照片集裡挑選照片。感謝歐特克把他全部的檔案照片都給我看，還要感謝約翰・波特、羅伯特・蕭爾、博爾納德・紐曼（Bernard Newman）、波格丹・揚考斯基、皮奧特・德羅茲特、安娜・皮尤諾瓦（Anna Piunova）、海莉納・克提卡、J・巴爾茲（J. Barcz）、克里茨多夫・維利斯基、安德魯・洛克（Andrew Lock）、皮奧特・布賈克（Piotr Bujak）和雅森提・登得（Jacenty Dędek）。我還要感謝相關人士授權我使用以下人物的影像檔案：達努塔・皮特洛夫斯卡（Danuta Piotrowska）、伊娃・沃爾德克―克提卡、亞捷・庫庫奇卡、艾哈德・羅瑞坦、艾利克斯・麥金泰爾、汪達・盧凱維茲、雅努什・庫爾扎布以及阿圖爾・哈澤。

我的好朋友和登山滑雪夥伴茱莉亞・普威克（Julia Pulwicki）再次為這個寫作計畫締造翻譯奇蹟。在她先前為《攀向自由》所做的翻譯成果之上，茱莉亞接受挑戰，翻譯了無數文章，以及歐特克本人撰寫的一本相當有趣的書。茱莉亞，謝謝妳。

編輯的價值再怎麼強調都不爲過。在這個寫作計畫中，我得到出色的編輯後援，感興趣的朋友推薦我重要的讀物。感謝瓊·波波維奇（Jon Popowich）、哈里·范德維李斯特（Harry Vandervlist）、瑪麗·梅斯（Mary Metz）和鮑伯·蕭弗豪·奧伯汀。珍妮佛·格洛索普（Jennifer Glossop）在寫作計畫早期協助了我，我非常欽佩她在混亂中創造秩序的能力。珍妮佛，謝謝妳。我幸運錄取「班夫中心的山與曠野寫作計畫」（Banff Centre Mountain and Wilderness Writing program），而且從五位共同參與者及兩位世界一流的編輯身上獲益良多。我曾與馬爾尼·傑克森（Marni Jackson）和東尼·威托梅（Tony Whittome）在上一個寫作計畫共事，我想到屋頂上大喊，感謝他們的熱烈支持。如果有讀者正在考慮符合這個計畫的寫作主題，我強烈建議您查看該網站並提出申請。在班夫中心與一小群志趣相投的作家及兩位出色的編輯專注進行爲期三週的集中寫作。夫復何求？

洛磯山脈出版社（Rocky Mountain Books）已經成爲我東歐登山史的最佳出版商。他們總是正面回覆。再次衷心謝謝洛磯山圖書的全體團隊：發行人唐·葛爾曼（Don Gorman）、編輯梅根·克雷文（Meaghan Craven）、設計師希拉·卡地諾（Chyla Cardinal）、目光如炬的校對安·萊爾（Anne Ryall）、行銷大師瑞克·伍德（Rick Wood）、喬·威德遜（Joe Wilderson）、柯瑞·曼寧（Cory Manning），還有每個曾經幫過本書的洛磯山圖書同仁。

非常感謝在這次計畫期間忠心支持我的登山和寫作友人。同時感謝我的丈夫，在這趟旅程中再度展現無比的耐心和支持。

最後，我想感謝歐特克。寫傳記，尤其是爲還在世的攀登者做傳，有時感覺起來像爬八千公尺巨峰那麼難。爲歐特克這樣複雜難懂的攀登者做傳，則像是以空身夜攀的方式攀登八千巨峰。若沒有他的容忍、信任、誠實、慷慨和幽默，這本書不會存在。非常感謝你，歐特克。

附錄　主要攀登年表

以下沒有特別注明的攀登者均來自波蘭。

1970 年

- Kutykówka 路線，難度 VI+ 級，小米勒峰，斯洛伐克塔特拉山脈，東壁。首登。被視爲繼波蘭攀登者完成 VI 級難度路線後，塔特拉山脈的最難路線。隊友：米豪．伽百耶、雅努什．庫爾扎布。

1971 年

- 下水道路線，難度 VI，A3 級，米耶古斯卡威奇卡山壁，波蘭塔特拉山脈。冬季首登。隊友：米豪．伽百耶、雅努什．庫爾扎布、Andrzej Mierzejewski、Janusz Skorek。
- 直線攀登路線，難度 VI，A2-A3 級，米耶古斯卡威奇卡山壁，波蘭塔特拉山脈。冬季首登。隊友：米豪．伽百耶、Tadeusz Gibiński、Andrzej Wilusz。

1972 年

- 蜘蛛路線，難度 VI，A3 級，米耶古斯卡威奇卡山壁。冬季首登。隊友：卡齊米茲．葛雷扎克、馬雷克．凱西斯基、Andrzej Wilusz。
- 阿徹奇奧奇峰，7,017 公尺，阿富汗興都庫什山脈，西北壁和西脊。新路線。隊友：萊萬多夫斯基、亞切克．盧謝斯基。
- 特茲峰，6,995 公尺，阿富汗興都庫什山脈，北脊。新路線。隊友：艾莉卡．貝德納茲、雷沙德．柯吉歐。
- 阿徹奇奧奇峰，7,017 公尺，阿富汗興都庫什山脈，北壁。新路線，阿爾卑斯式攀登。隊友：皮奧特．雅辛斯基、馬雷克．柯瓦爾切克、亞切克．盧謝斯基。

1973 年

- Petit Jean 路線，難度 TD 級，難度 VI，A1 級，德魯峰（Petit Dru），法國阿爾卑斯，北壁。首登。隊友：亞捷．庫庫奇卡、Marek Łukaszewski。
- 超級下水道路線，難度 V，A2 級，90 度冰壁，米耶古斯卡威奇卡山壁，波蘭塔特拉山脈。冬季新路線。隊友：皮奧特．雅辛斯基、克里茨多夫．維利斯基、Zbigniew Wach。

1974 年

- 法國路線，巨魔壁，魯姆斯達谷（Romsdal Valley），挪威，北壁。冬季首登。隊友：齊米茲．葛雷扎克（只攀了部分路段）、馬雷克．凱西斯基、雷沙德．科瓦盧斯基、塔德烏斯．皮歐特洛斯基。

1975 年

- 洛子峰，8,516 公尺，喜馬拉雅，尼泊爾。遠征隊由安傑伊．扎瓦達率領，爲首度以冬季登頂八千公尺高峰爲目標的隊伍，歐特克爲成員之一。亞捷．庫庫奇卡攀及的最高點：7,800 公尺；安傑伊．扎瓦達和安傑伊．海因里希攀及的最高點：8,250 公尺。
- 波蘭路線（Polish Route），難度 TD，V+ 級，60 度山壁，800 公尺，海倫角（Pointe Hélene），大喬拉斯峰（Grandes Jorasses），法國阿爾卑斯。首登。隊友：與亞捷．庫庫奇卡、Marek Łukaszewski。

1976 年

- K2，8,611 公尺，喀喇崑崙山脈，巴基斯坦。由雅努什．庫爾扎布率領的波蘭 K2 東北脊遠征隊。亞捷．庫庫奇卡攀及的最高點：7,900 公尺；尤金紐斯．克羅巴克和弗伊傑．弗洛茲攀及的最高點：8,400 公尺。
- 阿拔斯戈柱，波蘭難度 VI.3+、7a+ 級、頂繩攀登，布萊霍維卡山谷（Dolina Bolechowicka）。成功登頂，是當時在波蘭以自由岩攀成功登頂的紀錄中最困難的。

1977 年

- 班達卡峰，6,843 公尺，興都庫什山脈中段，阿富汗，東北壁。新路線，阿爾卑斯式攀登。隊友：艾利克斯．麥金泰爾（英國）、約翰．波特（英國）。

1978 年

- Czyżewski–Kurtyk 路線，難度 VI+，A2+ 級，米耶古斯卡威奇卡山，波蘭塔特拉山脈。冬季新路線。隊友：Zbigniew Czyżewski。
- 強卡邦峰，6,864 公尺，加瓦爾喜馬拉雅，印度，南拱壁。新路線，阿爾卑斯式攀登。隊友：艾利克斯．麥金泰爾（英國）、約翰．波特（英國）、克濟斯托夫．祖列克。

1979 年

- 道拉吉利峰，8,167 公尺，喜馬拉雅，尼泊爾。於東壁嘗試攀登。隊友：瓦倫蒂．菲烏特。

1980 年

- 道拉吉利峰，8,167 公尺，喜馬拉雅，尼泊爾，東壁。新路線，阿爾卑斯式攀登。最高點：7,500 公尺，位於東南脊。之後，在同一次遠征，成功經東北脊登頂。隊友：何內．格里尼（法國）、艾利克斯．麥金泰爾（英國）、盧德維克．維爾辛斯基。

- Kant Filara 路線，難度 VII+ 級，米耶古斯卡威奇卡山壁，波蘭塔特拉山脈。首度以自由攀登登頂。隊友：Władysław Janowski

1981 年

- 春季：馬卡魯峰，8,485 公尺，喜馬拉雅，尼泊爾，西壁。以阿爾卑斯式嘗試攀登，達 6,800 公尺。隊友：Kunda Dixit（尼泊爾）、Padam Gurung（尼泊爾）、Cornelius Higgins（英國）、艾利克斯．麥金泰爾（英國）。只有麥金泰爾與歐特克攀上西壁。
- 秋季：馬卡魯峰，8,485 公尺，喜馬拉雅，尼泊爾，西壁。以阿爾卑斯式嘗試攀登，最高點為 7,900 公尺。隊友：亞捷．庫庫奇卡、艾利克斯．麥金泰爾（英國）。之後撤退，亞捷．庫庫奇卡於西北脊獨攀登頂。

1982 年

- 布羅德峰，8,051 公尺，喀喇崑崙山脈，巴基斯坦。常規路線，阿爾卑斯式攀登。隊友：亞捷．庫庫奇卡。

1983 年

- 加舒爾布魯木 II 峰，8,034 公尺，喀喇崑崙山脈，巴基斯坦，東南脊。新路線，阿爾卑斯式攀登。隊友：亞捷．庫庫奇卡。
- 加舒爾布魯木 I 峰，8,080 公尺，喀喇崑崙山脈，巴基斯坦，西南壁。新路線，阿爾卑斯式攀登。隊友：亞捷．庫庫奇卡。
  （此次遠征命名為「波蘭人悼念艾利克斯．麥金泰爾的遠征」。兩人在同一登山季以阿爾卑斯式攀登完成以上兩條八千尺高峰的新路線。）

1984 年

- 布羅德峰縱走，喀喇崑崙山脈，巴基斯坦，縱走北峰（7,490 公尺）、中峰（8,011 公尺）與主峰（8,051 公尺）峰頂。新路線，阿爾卑斯式攀登。隊友：亞捷．庫庫奇卡。

1985 年

- 加舒爾布魯木 IV 峰，7,392 公尺，喀喇崑崙山脈，巴基斯坦，西壁。新路線，共十天的阿爾卑斯式攀登（未能登頂）。經未有人攀過的北脊下山。隊友：羅伯特．蕭爾（奧地利）。
- 阿拔斯戈柱，波蘭難度 VI.3+，7a+ 級，布萊霍維卡山谷。徒手獨攀登頂。

1986 年

- 川口塔峰，6239 公尺，喀喇崑崙山脈，巴基斯坦。嘗試攀登東壁。隊友：

齋藤一弘（日本）、山田昇（日本）、吉田憲司（日本）。

1987年

- Kurtyka–Marcisz路線，難度IV，A2級，80至90度冰壁，米耶古斯卡威奇卡山壁，波蘭塔特拉山脈。以二十六小時完成冬季新路線。隊友：Andrzej Marcisz。
- K2，8,611公尺，喀喇崑崙山脈，巴基斯坦。嘗試攀登西壁。隊友：尚·托萊（瑞士）。

1988年

- 川口塔峰，6,239公尺，喀喇崑崙山脈，巴基斯坦，東壁，難度ED+，VI，A3級，1100公尺。新路線，膠囊式攀登。隊友：艾哈德·羅瑞坦（瑞士）。

1989年

- K2，8,611公尺，喀喇崑崙山脈，巴基斯坦。嘗試攀登西壁。隊友：艾哈德·羅瑞坦（瑞士）、尚·托萊（瑞士）。

1990年

- 卓奧友峰，8,188公尺，喜馬拉雅，尼泊爾和西藏，西南壁。新路線，空身夜攀。隊友：艾哈德·羅瑞坦（瑞士）、尚·托萊（瑞士）。
- 希夏邦馬峰，中峰，8,008公尺，喜馬拉雅，西藏，南壁（於南斯拉夫路線離開）。新路線，空身夜攀。隊友：艾哈德·羅瑞坦（瑞士）、尚·托萊（瑞士）。

1991年

- Łamaniec路線，波蘭難度VI.5、7c+級，拉塔威切尖峰，波蘭塔特拉山脈西區。新路線，在塔特拉山脈中需以錨栓岩攀登的最難路線之一。隊友：格加葛許·扎伊達同攀。

1992年

- Gacopyrz Now路線，難度VIII+，米耶古斯卡威奇卡山壁，波蘭塔特拉山脈。新路線。隊友：與Andrzej Marcisz。
- K2，8,611公尺，喀喇崑崙山脈，巴基斯坦。嘗試攀登西壁。隊友：艾哈德·羅瑞坦（瑞士）。

1993年

- 南迦帕爾巴特峰，8,125公尺，喜馬拉雅，巴基斯坦。遠征馬西諾山脊（Mazeno Ridge）。隊友：道格·史考特（英國）。史考特開始攀爬路線前被雪崩掃落，腳踝重傷。
- 「中國大君」，波蘭難度 VI.5、7c+ 級，布萊霍維卡山谷，波蘭優瑞高地（Polish Jura）。以徒手獨攀登頂。完成時年屆四十六，是波蘭最困難的徒手獨攀之一，至今依然如此。
- 「嚇唬猴子」路線，波蘭難度 VI.5+/6、8a/8a+ 級，紅點攀登，博希力斯岩（Pochylec），普羅德尼克谷地。

1994 年

- K2，8,611 公尺，喀喇崑崙山脈，巴基斯坦。嘗試攀登西壁。隊友：卡洛斯·卡索利歐（美國）、克里茨多夫·維利斯基。

1995 年

- 洛薩，700 公尺高的冰攀，南崎巴札，喜馬拉雅，尼泊爾。成功登頂。隊友：Maciej Rysula。
- 南迦帕爾巴特峰，8,125 公尺，喜馬拉雅，巴基斯坦。嘗試攀登馬西諾山脊。隊友：山迪·艾倫（蘇格蘭）、瑞克·艾倫（蘇格蘭）、安德魯·洛克（澳洲）、道格·史考特（英國）。

1996 至 2002 年

- 馬蘭普朗峰，6,573 公尺，喜馬拉雅，尼泊爾。與不同隊友嘗試攀登北壁。

1997 年

- 南迦帕爾巴特峰，8,125 公尺，喜馬拉雅，巴基斯坦。嘗試攀登馬西諾山脊。隊友：艾哈德·羅瑞坦（瑞士）。以一天半時間攀登近半山脊，在極佳天氣中返回。

2001 年

- 畢亞徹拉希中塔峰，5,700 公尺，喀喇崑崙山脈，巴基斯坦，南壁。新路線，難度 5.9，A2 級。隊友：山野井泰史和山野井妙子夫妻。

2003 年

- 「帝國反擊」（Imperium Kontratakuje）路線，波蘭難度 VI.5+、8a 級，瓦次卡威斯山（Łaskawiec），普羅德尼克谷地。完成時年屆五十六。
- Poniekąd Donikąd 路線，難度 V+，A2+ 級，250 公尺，亞里布科瓦塔峰（Jarząbkowa Turnia），斯洛伐克塔特拉山脈。冬季新路線。隊友：Marcin Michałek。

注釋

1. Sylvie Simmons, *I'm Your Man* (Toronto: McClelland & Stewart, 2012), 459.
2. Voytek Kurtyka and Zbyszek Skierski, "View from the Wall," *Alpinist* 43 (Summer 2013): 68.
3. Bernadette McDonald, *Freedom Climbers* (Calgary: Rocky Mountain Books, 2011).
4. Ludwik Wilczyński, "The Polish Himalayan Boom 1971–91," *Taternik* 3 (2012): 33.
5. J.A. Szczepański, "Dekalog," *Bularz* 91 (1991): 39.
6. 特茲峰的海拔高度在之前估算爲 7,015 公尺。此書使用的海拔高度由 Eberhard Jurgalski 提供，其網頁爲 8000ers.com。他的資料來源包括 Gerald Gruber Survey 和 Finnmap。
7. Marek Brniak, "Troll Wall in Winter," *Climber and Rambler* (March 1976): 22.
8. Brniak, "Troll Wall in Winter," 25.
9. John Porter, *One Day as a Tiger* (Sheffield: Vertebrate Publishing, 2014), 107
10. Ibid., 109.
11. A0 指以輔助攀登的方式移動，利用裝備（有時是岩釘）向上攀升。
12. Porter, *One Day as a Tiger*, 146.
13. Ibid., 148.
14. Alex MacIntyre, "Broken English," *Mountain* 77 (January 1981): 36.
15. Porter, *One Day as a Tiger*, 179.
16. MacIntyre, "Broken English," 37.
17. Ibid.
18. Ibid.
19. Ibid.
20. Jerzy Kukuczka, *My Vertical World* (Seattle: The Mountaineers Books, 1992), 36.
21. Ibid.
22. Porter, *One Day as a Tiger*, 179.
23. Doug Scott and Alex MacIntyre, *Shisha Pangma* (Seattle: The Mountaineers Books, 2000), 21.
24. Oswald Ölz, "Cho Oyu, South Face Winter Attempt," *American Alpine Journal* 25, no. 57 (1983): 233.
25. Wojciech Kurtyka, *Chiński Maharadża* (Krakow: Góry Books, 2013), 25.
26. Voytek Kurtyka, "The Polish Syndrome," *Mountain Review* 5 (November–December 1990): 44.
27. Voytek Kurtyka, "The Gasherbrums Are Lonely," *Mountain* 97 (May–June 1984): 38.
28. Kurtyka, "The Polish Syndrome,"46.
29. Kurtyka, "The Gasherbrums Are Lonely," 38.
30. Ibid., 42.
31. Ibid.
32. Valery Babanov, "Karakoram Doubleheader," *American Alpine Journal* 51, no. 83 (2009): 70.
33. Kei Taniguchi, "Being with the Mountain," *Alpinist* 52 (Winter 2015): 63.
34. Voytek Kurtyka, "Broad Peak North Ridge," *Climbing* 94 (February 1986): 41.
35. Ibid.
36. Ibid.
37. Ibid.
38. Ibid., 42.
39. Ibid.

40. Ibid., 40.
41. Voytek Kurtyka, "The Art of Suffering," *Mountain* 121 (May–June 1988): 35
42. A.V. Saunders, "Book Reviews," *Alpine Journal* 94, no. 338 (1989): 281.
43. Kurtyka, "The Art of Suffering," 35.
44. Kurtyka, "Broad Peak North Ridge," 40.
45. Taniguchi, "Being with the Mountain," 63.
46. Michael Kennedy, "Gasherbrum IV," *Alpinist* 2 (Spring 2003): 22.
47. Walter Bonatti, "Gasherbrum IV," *Alpinist* 2 (Spring 2003): 26.
48. Voytek Kurtyka, "The Shining Wall of Gasherbrum IV," *American Alpine Journal* 28, no. 60 (1986): 3.
49. Robert Schauer, "Shining Wall," *Climbing* 95 (April 1986): 42.
50. Ibid.
51. Ibid., 41.
52. Kurtyka, "The Shining Wall of Gasherbrum IV," 3.
53. Greg Child, *Mixed Emotions* (Seattle: The Mountaineers Books, 1993), 186.
54. Kurtyka, "The Shining Wall of Gasherbrum IV," 5.
55. Taniguchi, "Being with the Mountain," 63.
56. Voytek Kurtyka, "The Shining Wall," *Alpinist* 2 (Spring 2003): 31.
57. Kurtyka and Skierski, "View from the Wall," 71.
58. Lindsay Griffin, "Playing the Game," *Alpine Journal* 115, no. 359 (2010/11): 89.
59. Andrej Štremfelj, "Observations from the Roof of the World," *American Alpine Journal* 43, no. 75 (2001): 158.
60. Dave Dornian, "Mixed Messages," *American Alpine Journal* 46, no. 78 (2004): 122.
61. Erhard Loretan, *Night Naked* (Seattle: Mountaineers Books, 2016), 130.
62. Kurtyka and Skierski, "View from the Wall," 69.
63. Ibid., 66.
64. Kurtyka, *Chiński Maharadża*, 21.
65. Artur Hajzer, *Atak Rozpaczy* (Gliwice, Poland: Explo Publishers, 1994).
66. Kukuczka, *My Vertical World*, 156.
67. Wilczyński, "The Polish Himalayan Boom 1971–91," 43.
68. Dornian, "Mixed Messages," 122.
69. Kurtyka, "The Polish Syndrome," 46.
70. Bernadette McDonald, *Tomaž Humar* (London: Hutchinson, 2008), 235.
71. Martin Boysen, "Last Trango," *Mountain* 52 (November/December 1976): 32.
72. Voytek Kurtyka, "Nameless Tower Attempt, Trango Towers," *American Alpine Journal* 29, no. 61 (1987): 283.
73. Kurtyka, "The Polish Syndrome," 47.
74. Voytek Kurtyka, "Trango Extremes," *Mountain* 127 (May/June 1989): 22.
75. Ibid.
76. Loretan, *Night Naked*, 129.
77. Kurtyka, "Trango Extremes," 25.
78. Loretan, *Night Naked*, 133.
79. Ibid., 134.
80. Ibid.
81. Ibid., 136.
82. Kurtyka, "Trango Extremes," 26.
83. Loretan, *Night Naked*, 137.
84. Ibid., 139.

85. Todd Skinner, *Beyond the Summit* (New York: Portfolio, 2003), 61.
86. Loretan, *Night Naked*, 140.
87. Kurtyka, "The Art of Suffering," 36.
88. Kurtyka, "The Polish Syndrome," 44.
89. Loretan, *Night Naked*, 146.
90. Ibid., 148.
91. Ibid.
92. Voytek Kurtyka, "New Routes, Cho Oyu and Shisha Pangma," *American Alpine Journal* 33, no. 65 (1991): 16.
93. Loretan, *Night Naked*, 149.
94. Ibid., 150.
95. Ibid., 151.
96. Ibid.
97. Ibid., 152.
98. Ibid.
99. Child, *Mixed Emotions*, 184.
100. Loretan, *Night Naked*, 141.
101. Steve House, "Divided Interests and the Hope for American Alpinism," *American Alpine Journal* 42, no. 74 (2000): 57.
102. Štremfelj, "Observations from the Roof of the World," 156.
103. Voytek Kurtyka, "Breaker," translated by Jurek Kopacz, Lone Sail Far Away website, accessed January 2015. Originally published as "Łamaniec," *Gory* 1 (1991).
104. Ibid.
105. Ibid.
106. Ibid.
107. Ibid.
108. Voytek Kurtyka, "Losar," *Alpinist* 4 (Autumn 2003): 68.
109. Kurtyka, "The Art of Suffering," 32.
110. Kurtyka, *Chiński Maharadża*, 12.
111. Ibid.
112. Ibid., 11.
113. Ibid.
114. Ibid., 31.
115. Ibid., 52.
116. Ibid.
117. Ibid., 54.
118. Ibid., 115.
119. Ibid., 119.
120. Ibid., 120.
121. Ibid.
122. Ibid., 121.
123. Ibid., 129.
124. Voytek Kurtyka, "The Path of the Mountain," *Bularz* 88–89: 43.
125. Wilczyński, "The Polish Himalayan Boom 1971–91," 36.
126. Kurtyka and Skierski, "View from the Wall," 67.
127. Ibid.
128. Kurtyka, *Chiński Maharadża*, 70.
129. Kurtyka and Skierski, "View from the Wall," 66.
130. Kurtyka, *Chiński Maharadża*, 81.
131. Kurtyka, "Losar," 79.
132. Dornian, "Mixed Messages," 121.
133. Kurtyka, "The Polish Syndrome," 46.
134. Babanov, "Karakoram Doubleheader," 65.
135. Pico Iyer, *The Art of Stillness* (New York: Simon & Schuster, 2014), 53.
136. Alice Munro, *My Best Stories* (Toronto: Penguin Random House, 2009), xvii.
137. Ursula Le Guin, *A Wizard of Earthsea* (Boston: Houghton Mifflin, 1968), 127.
138. Kurtyka and Skierski, "View from the Wall," 67.
139. Ibid., 75.

參考書目及資料

書目

Alter, Stephen. *Becoming a Mountain*. New York: Arcade Publishing, 2015.
Buffet, Charlie. Erhard Loretan: *Une vie suspendue*. Chamonix: Editions Guérin, 2013.
Child, Greg. Mixed Emotions: *Mountaineering Writings of Greg Child*. Seattle: The Mountaineers Books, 1993.
Davies, Norman. *God' s Playground: A History of Poland*. Rev. ed., Vol. 2, 1795 to the Present. Oxford and New York: Oxford University Press, 2005.
Hajzer, Artur. *Atak Rozpaczy*. Gliwice, Poland: Explo Publishers, 1994.
Kukuczka, Jerzy. *My Vertical World: Climbing the 8000-Metre Peaks*. Seattle: The Mountaineers Books, 1992.
——. *Moj Pionowy Świat, Czyli 14 x 8000 Metrow*. London: Wydawnictwo Arti, 1995.
Kurtyka, Voytek. *Chiński Maharadża*. Krakow: Góry Books, 2013.
——. *Trango Tower*. Warsaw: Wydawnictwo Text Publishing Co., 1990.
Loretan, Erhard. *Night Naked*. Seattle: Mountaineers Books, 2016.
McDonald, Bernadette. *Freedom Climbers*. Calgary: Rocky Mountain Books, 2011.
中文版：《攀向自由：波蘭冰峰戰士們的一頁鐵血史詩》，劉麗眞譯，臉譜，2021 年出版
——. *Tomaž Humar*. London: Hutchinson, 2008.
Pawłowski, Ryszard. *Smak Gor. Seria Literatura Gorska na Świecie*. Katowice, Poland: Grupa Infomax, 2004.
Porter, John. *One Day as a Tiger*. Sheffield: Vertebrate Publishing, 2014.
Porter, John. *One Day as a Tiger*. Calgary: Rocky Mountain Books, 2016.
Scott, Doug. *Up and About*: The Hard Road to Everest. Sheffield: Vertebrate Publishing, 2015.
Skinner, Todd. *Beyond the Summit*. New York: Portfolio, 2003.
Tichy, Herbert. *Cho Oyu: By Favour of the Gods*. London: Methuen, 1957.
Wielicki, Krzysztof. *Korona Himalajow: 14 × 8000*. Krakow: Wydawnictwo Ati, 1997.

期刊、報紙、雜誌

Alpine Journal, years: 1989, 2001, 2008, 2010–11.
American Alpine Journal, years: 1983–84, 1986–87, 1989, 1991, 2000–01, 2004.

Brniak, Marek. "Troll Wall in Winter." *Climber and Rambler* (March 1976): 22–25.
Child, Greg. "Between the Hammer and the Anvil." *Climbing* 115 (August–September 1989): 78–86.
Kurtyka, Voytek. "The Abseil and the Ascent." *The Himalayan Journal* 42 (1984–85): 121–126.
——. "The Art of Suffering." *Mountain* 121 (May–June 1988): 32–37.
——. "Breaker." Translated by Jurek Kopacz. Lone Sail Far Away website. Accessed January 2015. Originally published as "Łamaniec" in *Gory* 1 (1991): 8–11.
——. "Broad Peak North Ridge." *Climbing* 94 (February–March 1986): 40–42.
——. "Die Leuchtende Wand (12/85)." *Der Bergsteiger* (June 1986): 30.
——. "The East Face of Trango's Nameless Tower." *American Alpine Journal* 31, no. 63 (1989): 45–49.
——. "Gasherbrum II and Hidden Peak: New Routes." *American Alpine Journal* 26, no. 58 (1984): 37–42.
——. "Gasherbrum IV: Świetlistą Ścianą." *Taternik* 2 (1985): 61–62.
——. "The Gasherbrums Are Lonely." *Mountain* 97 (May–June 1984): 38–42.
——. "Losar." Alpinist 4 (Autumn 2003): 66–81.
——. "New Routes, Cho Oyu and Shisha Pangma." *American Alpine Journal* 33, no. 65 (1991): 14–18.
——. "The Path of the Mountain," *Bularz* 88–89: 37–43.
——. "The Polish Syndrome." *Mountain Review* 5 (November–December 1993): 36–47.
——. "The Shining Wall." *Alpinist* 2 (Spring 2003): 31–33.
——. "The Shining Wall of Gasherbrum IV." *American Alpine Journal* 28, no. 60 (1986): 1–6.
——. "Trango Extremes." *Mountain* 127 (May–June 1989): 22–26.
——. "The Trango Tower." *Alpinism* 1 (1986).
——. "Troje." *MEM* 3. Accessed January 2015. www.facebook.com/chinskimahara dza.
Kurtyka, Voytek, and Zbyszek Skierski. "View from the Wall." *Alpinist* 43 (Summer 2013): 65–75.
MacIntyre, Alex. "Broken English." *Mountain* 77 (1981): 36–37.
Porter, John. "Changabang South Buttress." *Climbing* 55 (1979): 2–6.
——. "South Side Story." *Mountain* 65 (1979): 44–47.
Rogozińska, Monika. "Góry Pod Powiekami." *Gazeta Wyborcza*, March 7, 2009.
Schauer, Robert. "Erstdurchsteigung der Westwand des Gasherbrum IV." *Der Bergsteiger* (December 1985): 26–29.
——. "The Shining Wall." *Climbing* 95 (April–May 1986): 41–44.
Szczepański, Dominik, and Łukasz Ziółkowski. "Wojciech Kurtyka: Igrzyska Śmierci." *Gazeta Wyborcza*, May 15, 2014.
Szczepański, J.A. "Dekalog." *Bularz* 91 (1991): 39.
Taniguchi, Kei. "Being with the Mountain." *Alpinist* 52 (Winter 2015): 62–63.

Wilczyński, Ludwik. "The Polish Himalayan Boom 1971–91." *Taternik* 3(2012): 32–44.

影片

Kłosowicz, Marek. 2007. *Himalaiści: Ścieżka Gory–Wojciech Kurtyka*. TVN S.A., Poland.
Porębski, Jerzy. 2008. *Polskie Himalaje: The First Conquerors*. Artica, Poland.
——. 2008. *Polskie Himalaje: The Great Climbing*. Artica, Poland.
——. 2008. *Polskie Himalaje: The Great Tragedies*. Artica, Poland.
——. 2008. *Polskie Himalaje: The Ice Warriors*. Artica, Poland.
——. 2008. *Polskie Himalaje: Women in the Mountains*. Artica, Poland.

Common 65

自由的技藝：登山的受苦、涉險與自我塑造

Art of Freedom: The Life and Climbs of Voytek Kurtyka

作　　者｜柏娜黛・麥當勞（Bernadette McDonald）
譯　　者｜葉品岑
視覺設計｜格式 INFORMAT DESIGN CURATING
內頁排版｜謝青秀
專業詞彙顧問｜張國威
責任編輯｜韓冬昇
編輯協力｜吳姿瑾
校　　對｜魏秋綢
行銷企畫｜陳詩韻
總 編 輯｜賴淑玲
社　　長｜郭重興
發行人暨出版總監｜曾大福
出 版 者｜大家出版
發　　行｜遠足文化事業股份有限公司
｜231 新北市新店區民權路 108-2 號 9 樓
電　　話｜(02)2218-1417
傳　　眞｜(02)8667-1065
劃撥帳號｜19504465　戶名・遠足文化事業有限公司
法律顧問｜華洋法律事務所　蘇文生律師
初版一刷｜2022 年 9 月

定　　價｜420 元
I S B N｜978-986-5562-74-8

國家圖書館出版品預行編目 (CIP) 資料

自由的技藝 : 登山的受苦、涉險與自我塑造 / 柏娜黛 . 麥當勞 (Bernadette McDonald) 作 ; 葉品岑譯 . -- 初版 . -- 新北市 : 大家出版 : 遠足文化事業股份有限公司發行 , 2022.09
面；　公分 . -- (Common ; 65)
譯自 : Art of freedom : the life and climbs of Voytek Kurtyka.
ISBN 978-986-5562-74-8 (平裝)

1. CST: 克提卡 (Kurtyka, Wojciech, 1947-) 2. CST: 登山 3. CST: 傳記 4. CST: 波蘭

784.448　　111013079